JN411655

술 수 학
고전번역
총서 **1**

조
인
철 趙仁哲 zho, in-choul

2010년까지 건축사사무소 '자연과건축'의
대표건축사로 활동하였다.
2005년 성균관대학교 대학원에서 이상해교수의
지도하에 대한민국의 풍수향법을 종합정리 한
「풍수향법의 논리체계와 의미에 관한 연구」로
건축학박사학위를 취득하였다.
묘지풍수보다는 '5대현대생활풍수'라고 할 수 있는
건축 · 도시 · 부동산 · 인테리어 · 조경풍수에 많은
관심을 가지고 있으며,
풍수의 실용적 적용과 풍수학의 학문적 체계의
정립을 위해서 노력하고 있다.
『우리시대의 풍수』(민속원, 2008) 외에 여러 종의
풍수저서가 있으며, 풍수관련 다수의 논문이 있다.
대구한의대학교 사회개발대학원 풍수지리학과
겸임교수와 중국 칭다오이공대학에서
건축설계강의전담교수를 역임하였고,
현재 원광디지털대학교 동양학과에서
풍수전임교수로 재직하고 있다.

술 수 학
고전번역
총서 **1**

황제택경

초판1쇄 발행 2017년 10월 20일
초판2쇄 발행 2021년 8월 10일

지은이 조인철
펴낸이 홍종화

편집 · 디자인 오경희 · 조정화 · 오성현 · 신나래
박선주 · 이효진 · 최지혜 · 정성희
관리 박정대 · 임재필

펴낸곳 민속원
창업 홍기원
출판등록 제1990-000045호
주소 서울 마포구 토정로 25길 41(대흥동 337-25)
전화 02) 804-3320, 805-3320, 806-3320(代)
팩스 02) 802-3346
이메일 minsok1@chollian.net, minsokwon@naver.com
홈페이지 www.minsokwon.com

ISBN 978-89-285-1079-5 94380
SET 978-89-285-1078-8

술 수 학
고전번역
총서 1

황제택경
黃帝宅經

조인철

민속원

머리말

'황제택경'은 '택경'이라고도 불린다. 청나라시기에 제작된 고금도서집성본에서 황제택경, 사고전서본에서 택경으로 각각 명명되었다. 이 책에서는 고금도서집성본에 근거하여 황제택경이라고 부른다. 황제택경은 황제黃帝의 이름을 빌려 제목으로 삼은 것인데, 이는 책의 권위를 높이려는 의도로 보인다. 풍수고전 중에는 황제택경과 같이 실제와 다르게 저자명을 가탁하는 경우가 종종 있다. 그렇다면 황제택경의 실제 저작자는 누구이며 어느 시기에 저술된 것인지가 궁금해진다. 지금까지의 연구결과에 따르면 황제택경이 수당隋唐시기에 저술된 것으로 추정되고 있다. 저작자에 대해서는 확실하게 알려진 바가 없으나 황제택경의 내용상 서술하고 있는 여러 정황으로 미루어 볼 때, 당대唐代의 장안성이나 낙양성내의 방성坊城에 거주하였던 귀족계층의 지식인이었던 것으로 볼 수 있을 것 같다.

황제택경은 그 명칭에서부터 중국의 중요의학서적인 황제내경黃帝內經과 대응시켜볼 수 있다. 인간의 신체내부에 대한 내용을 담고 있는 것이 황제내경이라고 한다면, 그 몸의 외부를 감싸는 집에 대한 내용을 담고 있다는 측면에서 황제택경은 황제외경黃帝外經이라고 할 수 있지 않을까 싶다.

풍수공부 좀 했다고 하는 사람이라면, 이 책 이전에 금낭경 · 청오경을 보았을 것이다. 사실 그러한 책은 묘지풍수에 관한 것이고, 현존 최초의 명실상부한 건축풍수서라면 바로 이 황제택경이라고 할 수 있을 것이다. 요즈음 묘지풍수의 시대는 저물고 소위 5대 현대생활풍수라고 하는 건축풍수 · 도시풍수 · 부동산풍수 · 인테리어풍수 · 조경풍수가 떠오르고 있는 것이다. 풍수에 관심이 있는 사람으로서 이러한 시대변화적 조류에 선도적으로 나아가기 위해서 제일 먼저 읽어보아야 할 책이 바로 이 황제택경인 것이다. 사실, 작금의 한국의 풍수는 주로 조선시대의 묘지풍수로 전수되어온 것이 주류이기 때문에 지금까지 건축풍수서인 황제택경에 대해서는 별로 주목하지 않았던 것이 사실이고, 그 연구 또한 일천한 형편이었다.

필자가 황제택경에 관심을 가지게 된 것은 2005년 박사학위논문을 준비하면서이다. 그 이전에도 간혹 여러 풍수책에서 황제택경의 내용 중의 일부 특히 오허오실五虛五實에 대한 것 등이 간간이 소개된 적이 있었다. 오허오실은 집에 대한 다섯 가지 허와 실을 제시한 것으로써, 주로 윤리적 입장에서 집의 형식보다는 내실을 강조하는 내용으로 되어있다. 그런데, 중요한 것은 여러 풍수책에서 소개된 이 오허오실은 황제택경에서 말하고자 하는 주된 내용이 아니라는 점이다. 황제택경의 내용상 줄기를 이루는 부분은 집을 음양기의 관점에서 인간의 몸이나 살아있는 용으로 본다는 것이다. 물론 집을 음과 양으로 이분하고 24방위상의 특정용도의 실을 두기에 적합한 곳이 어딘지를 따지는 황제택경의 이러한 내용들이 풍수초보자에게는 다소 어렵게 느껴질 수도 있겠다.

우리가 황제택경을 다시보는 이유 중의 하나는 황제택경이 시대상황에 부응하는 건축풍수이론을 정립하는데 있어서 많은 영감을 주기 때문이다. 황제택경의 저자가 서序에서 말하고 있듯이 당시에도 요긴한 비술로써 5가지라고 하면 점택占宅, 점장占葬, 점복占卜, 점성占星, 상면相面(관상) 등이 있는데, 그 중에서도 이 택법이 으뜸이라는 것이다. 결국 명청대에 쏟아져 나온 많은 양택서들도 모두 일정부분 이 황제택경의 내용에 근거하고 논리를 발전시킨 것들이라고 할 수 있다. 필자의 입장에서 오허오실 외에도 황제택경의 내용 중에 주목하고 싶은 것은 묘지풍수서에서 볼 수 없는 '이래移來라는 용어로 제시된 동선계획'에 대한 언급이다. 동선계획은 건축설계시에 매우 중요시하는 요소 중의 하나이다. 그 다음, 귀두청龜頭廳, 초고수옥稍高豎屋에 대한 것으로, 이는 자연환경조건이 아닌 인공적 환경조건에서 발생할 수 있는 살기殺氣에 대하여 최초로 언급한 것이다. 그외에도 황제택경의 내용 중에서도 가장 중요하게 의미를 되새겨 보아야할 것이라면 바로 '황제택경의 택법이 양생영지성법養生靈之聖法'이라는 것이다. 즉, 건축풍수가 인간의 영혼을 양생하는 가장 중요한 법이라는 것이다. 환경양생을 통한 인간영혼의 양생을 말하고 있는 것이다. 동양의학에서도 인간의 몸과 영혼을 건강하게 유지하기 위하여 황제택경에서 말하는 이 환경양생이 중요한 요건임을 강조하고 있다는 측면에서 서로 통하는 점이 있는 것이다.

앞에서 언급한 5대 현대생활풍수가 과거 묘지풍수처럼 절대적 명당을 찾아다니는 것이 아니라, 주어진 환경조건을 잘 다듬어서 살만한 곳으로 만든다는 것에 주안점을 두고 있다는 측면에서 이러한 양생풍수적 사고는 우리시대에 꼭 필요한 것이라 할 수 있겠다.

황제택경(또는 택경)의 내용을 수록하고 있는 여러 책들이 있는데, 본 책을 저술함에 있어서 저본底本으로 삼은 것은 사고전서에 수록되어 있는 것이다. 아시다시피 사고전서는 청나라 건륭황제시기(1781년)에 완성된 것으로 엄청난 내용의 서적들이 총망라된 것이다. 학계의 사고전서본에 대한 평가는 다소 엇갈리고 있는 편인데, 내용이 풍부하고 주석도 상세하여 어려운 부분의 이해를 돕고 있다는 측면과 원본의 내용을 임의로 수정한 부분이 있어서 원전연구에는 어려움을 주고 있다는 측면이 있다.

황제택경은 돈황석굴에서 발견된 것이 가장 오래된 것이고, 설부본說郛本(元代, 1300년대), 정통도장본正統道藏本(明代, 1445년), 진체비서본津逮秘書本(明代, 1600년대), 안거금경본安居金鏡本(1700년대), 고금도서집성본古今圖書集成(清代, 康熙帝시기, 1725년), 사고전서본四庫全書本(清代, 乾隆帝, 1781년)으로 이어진다. 그 외의 것들은 거의 앞에서 언급한 것들을 저본으로 삼아 집성된 것으로 보인다. 본 책을 집필하면서 위의 여러 자료를 일일이 대조해본 결과, 사고전서본은 정통도장본이나 진체비서본의 내용과 비슷하고, 고금도서집성본은 설부본과 비슷한 것으로 드러났다. 이들의 차이점은 주로 주석의 부분에서 나타났으며, 간혹 오탈자에서도 볼 수 있었다. 본 책에서는 자세한 주석과 제요 등을 포함하고 있는 사고전서본의 택경을 번역을 위한 저본으로 하되 앞에서 언급한 여러 자료와 다른 것들을 각주에 표기함으로써 앞에서 언급된 사고전서에 대한 학계의 우려를 불식하고자 노력하였다. 이러한 여러 본本에 대한 비교가 가능하게 된 것은 일본교토대에서 학위과정을 마친 정재상박사의 도움이 있었기 때문이다.

이 책을 쓰면서 기존의 번역서도 도움이 되었지만, 이해가 어렵고 애매한 부분은 왕옥덕王玉德의 『택경』 역주서譯註書를 주로 참고하였다. 황제택경은 이미 국내외에서 다른 저자에 의해서 번역해설서가 다수 출간된 바가 있다. 건축풍수의 발전을 위해서 황제택경도 묘지풍수서인 '장경'처럼 다양한 형식의 해설서가 출간되었으면 한다. 이런 점에서 건축풍수를 연구하는 사람의 시각으로 실제적용을 감안한 해설위주의 번역서를 내게 된 것이다. 이 책이 황제택경과 건축풍수에 관심이 있는 분들에게 조금이나마 도움이 되었으면 한다.

2017년 5월 어느 날,
관악산에서 발원한 도림천이 옥대수로 흐르는
원광디지털대학교 서울캠퍼스 연구실에서
조인철 씀

차례

제1부

『황제택경』의 이해와 적용*

1. 『황제택경』의 개념 확대와 우리시대의 풍수
2. 『황제택경』의 현실적 적용
3. 『황제택경』 발라내기

* 1부의 글은 저자가 황제택경에 관한 책을 출간하기 전에 논리적 엄정성을 검증받기 위하여 학술지에 정식으로 제출하여 게재된 두 편의 논문을 바탕으로 하고 있습니다. 그래서 이미 발표한 논문의 내용과 일부 중복된 부분이 있음을 미리 밝혀 둡니다.
참고논문 : 조인철, 「중국 풍수고전 『황제택경』의 논리체계와 의미에 관한 연구—음양이택도(陰陽二宅圖)의 청룡(靑龍)과 적룡(赤龍)을 중심으로」, 『중국학논총』 제49호, 고려대학교 중국학연구소, 2015.8.31, 1~24쪽; 조인철, 「풍수고전 『황제택경』에 관한 연구—오행론과 금기적 내용을 중심으로」, 『원불교사상연구』, 원광대학교 원불교 사상연구원, 2015.9.30, 299~327쪽.

01
『황제택경』의 개념 확대와 우리시대의 풍수

1. 최초의 건축풍수서 : 『황제택경』

1) 『황제택경』에서의 집 : 생명체

『황제택경』은 책명에서도 드러나듯이 특정용도인 주거건축 즉, '택宅'에 국한하여 서술한 택경宅經임을 인정해야 한다. 하지만, 『황제택경』이 저술된 시기[唐代]의 거의 모든 시설에 주거용도적 기능이 포함되어 있다고 볼 때, '택'은 모든 건축물의 용도를 대표하는 것으로 그것을 '건축'이라는 용어로 바꾸어 불러도 전혀 이상할 것이 없다. 그래서 『황제택경』을 특정용도를 강조하여 굳이 '주거풍수서'라고 부르지 않고 '건축풍수서'라고 하더라도 무방한 것이다. 『황제택경』을 대하는 우리로서는 주거건축 외에 모든 건축에 관한 기본적인 풍수서로, 오늘날의 건축과 풍수를 위한 복합적 내용을 담고 있는 것으로 그 개념을 확대하고자 하는 것이다. 『황제택경』의 내용은 건축적 관점에서 볼 수 있고, 풍수적 관점에서도 볼 수 있다.

건축에 대한 생각은 시대, 지역, 사람에 따라 각기 다를 수 있다. 건축, 즉 건축물을 어떻게 볼 것인가? 우리시대의 건축에 대한 인식은 부동산적 가치에 초점이 맞추어져 있는 듯이 보인다. 건축을 예술로서 보는 인식이 다소 강화되기는 하였다고 하지만, 그것도 따지고 보면 결국 부동산적 가치를 높이기 위해 충족되어야 할 하나의 조건으로 치부되는 경우가 많다.

먼 과거의 건축은 주로 은신처로서 기능하는 것이었으며, 주로 그것이 필요한 사람의 손에 의해서 직접 만들어지는 것이 대부분이었다. 봉건시대의 건축은 특정집단의 요구와 특정한 용도에 한하여 그 수요에 따라 일부분 전문가의 손을 빌려 지어지는 경우가 있었다. 그렇다고 하더라도 특정한 시설을 제외한 대부분의 건축은 여전히 필요한 사람의 손에 의해서 직접 지어지는 경우가 많았다. 하지만, 근대건축의 시기가 되면서 복잡한 기능을 가진 고층건축물의 탄생과 함께 건축구조, 전기기계설비분야의 전문가적 기술이 통상적으로 요구되었다. 소위 수요자 측인 의뢰자와 전문가 측인 건축가의 역할이 점차 분리되는 상황이 전개되었던 것이다. 지금에 이르러서는 조그만 단층의 건물조차도 건축가가 개입하는 상황이 펼쳐지고 있는 것이다.

소위 장인의 손을 거치지 않고 필요한 사람이 직접 집을 짓던 먼 옛날의 시기에는 건축을 부동산적 가치로 보거나 예술적 가치의 대상으로 보기보다는 집을 하나의 은신처로서 자기 신체와 동일시하고 살아있는 생명체로서 보는 성향이 강했다고 할 수 있겠다. 그러한 건축에 굳이 명칭을 부여하자면 '생존건축生存建築'이라고 할 수 있다. 조금 더 사회가 복잡해지고, 상하관계의 계층이 생겨나면서 건축은 사회신분을 드러내기 위한 상징물로, 또는 특정한 의식을 진행하기 위한 장치로서 성격이 강화되었다. 건축학계에서는 전자의 건축을 권위건축權威建築이라고 하고 후자를 예제건축禮制建築이라고 한다. 그렇게 나누어 지칭하기는 하지만 사실 봉건시대의 주요건축물은 권위건축이면서 예제건축인 경우가 대다수이다. 전통시대의 건축은 바로 이러한 권위적이면서 예제적인 가치에 중점을 두었던 것이라고 할 수가 있을 것이다. 이에 비해 부동산적 가치에 몰입하고 있는 우리시대의 건축은 소위 기능건축機能建築이라고 할 수 있겠다. 기능건축은 비용절감과 효율성을 앞세워서 최소의 비용으로 기능적으로 꼭 필요한 것만을 건축화하는 것이라고 할 수 있겠다. 그래서 기능주의적 건축은 과거 전통시대의 권위주의적 건축이나 예제적 건축과는 전혀 판이한 건축형식을 보여주고 있는 것이다. 예를 들면 예제건축에서 흔히 볼 수 있는 삼문三門은 기능건축에서는 거의 볼 수가 없다. 삼문형식에서 가장 큰 문은 가운데 있는 문인데 사용빈도로만 따지면 좌우의 문에 비해서 거의 쓸모가 없는 것이다. 그럼에도 불구하고 비용과 정성을 가장 많이 쏟는 것은 바로 그 중문中門이 가진 권위적이고 예제적인 가치에 큰 의미를 두었기 때문이다. 건축이 은신처라는 단순한 수준에서 벗어나서 권위적이고 예제적인 성격을 띠게 되면서, 건축의 규모, 동선 그리고 장식은 건축을 구성하는 매우 중요한 요소로서 자리 잡게 된다. 그래서 『황제택경』의 내용은 바로 은신처로서 기능하는 원초적 건축에 권위적이며 예제적 건축의 성격이 가미된 건축에 대한 서술이라고 할 수 있겠다.

『황제택경』에서 본능적이며 원초적인 은신처로서의 성격이 드러나는 대표적인 언급은 바로 "택宅의 형形과 세勢를 사람의 신身과 체體라고 한다."[1]는 것이다. 이러한 언급은 바로 택을 몸의 확장된 일부분으로 생각하는 것이다. 그 다음 『황제택경』에서는 "음양陰陽의 택宅은 바로 용龍이다."[2]라고 하여 집을 살아있는 용으로 가정하고 있다.

건축을 사람의 신체와 같이 생각하는 것은 집이 없다면 여름철의 따가운 햇볕과 겨울철의 찬바람으로부터 내 몸을 보존할 수가 없기 때문인데, 집은 바로 신체 그 자체로 '몸집'이 되는 것이다. 건축을 용으로 생각하는 것은 여러 가지 간절한 의미를 포함하고 있는 것이지만, 그 출발은 용의 품속에 들어가서 내 몸을 보존하고자 하는 마음이 반영된 것이라고 할 수 있는 것이다. 이때의 용은 상상의 동물이기는 하지만, 사람이 기댈 수 있는 영험하고 든든한 동물인 것이다. 『황제택경』에서 "사람은 집에 의지하여 일어서고, 집은 사람이 관리해주니 존재하고, 사람과 집이 상부상조相扶相助하니 천지가 감통感通한다."[3]라고 언급한 것이 바로 이러한 견해를 뒷받침하고 있는 것이다. 『황제택경』에서 살아있는 생명체로서 집과 인간은 서로가 서로를 돕고 관리하면서 상부상조하는 관계로 설정되어 있는 것이다.

『황제택경』에서 집은 하나의 살아있는 생명체이며 인격체인 것이다. 건축을 하나의

---

1 『黃帝宅經』「凡修宅次第法」, 〈搜神記〉又云, 宅以形勢爲身體, 以泉水為血脈, 以土地為皮肉, 以草木為毛髮. 以舍屋為衣服, 以門戶為冠帶, 若得如斯, 是事儼雅, 乃為上吉.

2 『黃帝宅經』「總論」, 陰陽之宅者 卽龍也.

3 『黃帝宅經』「總論」』, 故不可獨信命也.

인격체로 가정하고 그 성격까지도 상정하고 있는데 너무 잘난 척하지 않을 뿐더러, 도덕적으로도 건전한 존재라는 것이다. 그렇지만 권위건축이나 예제건축은 아이러니컬하게도 비윤리적인 건축이 되기 쉬운 조건을 갖추고 있다. 권위와 형식을 드러내는 가장 중요한 장치가 되는 건축은 인간의 끝없는 자기 과시욕과 사치욕을 채우는 대상이 되기 쉬운 것이다. 『황제택경』에서 이러한 태과太過에 대한 경고로써 함축적으로 보여주는 것이 바로 오허오실五虛五實이다.

건축의 규모와 동선은 권위건축과 예제건축에서 중요하게 다루어야 하는 요소이다. 『황제택경』에는 "무릇 사람이 어디에 거처한다는 것은 집이 있지 않고서는 될 수 없는데, 다만, 집집마다 집의 규모가 크고 작음으로써 서로 같지 않고, 집의 음양에서 서로 다른 점이 있다."[4]라고 하여 먼저 규모에 대한 이야기를 하였다. 그 다음 "고정된 사물 그 자체로서 택宅이 바로 그 택기宅氣가 아니며 그 택기宅氣는 이래移來(여기서는 動線)로 인하여 변하는 것이다."[5]고 하여 동선에 대하여 언급하고 있다. 즉, 건축에서의 규모와 동선에 대하여 특히 강조하여 언급하고 있는 것이다. "넓은 집에 곧 환희歡喜가 있다고 할 수 없다."고 하고 "식구수食口數를 계산하여 그의 반半에 해당하는 정도[6]로 방房의 수數로 집을 축조하면 반드시 장수長壽하게 될 것이다."고 하여 적정한 건축규모의 중요성에 대하여 강조하였다. 또한 허세虛勢를 부리고 권위적인 것을 내세우기 위하여 식구가 적은데 집을 과도하게 크게 한다든지, 대문을 크게 내는 것, 과도하게 터를 크게 잡는 것 등을 모두 '허虛하다'고 하였던 것이다.

한편, "사람들이 수동修動[7]을 범犯하기 때문에 집을 지은 사람이 집을 짓고도 거처하지

---

4 『黃帝宅經』「序」, 凡人所居, 無不在宅, 雖只大小不等, 陰陽有殊.

5 『黃帝宅經』「凡修宅次第法」, 是知宅非宅氣, 由移來以變之.
역자주 : 왕옥덕의 견해는 '이래(移來)'를 '외부이래적기(外部而來的氣)'라고 해석하였으나 여기서는 집 안팎의 동선(動線)으로 본다. 묘지풍수에서는 거의 거론되지 않았던 '동선의 기운'이 건축풍수에서 매우 중요하게 다루어지는 것으로 본다는 것이다.

6 『黃帝宅經』「總論」, 計口半造, 必得壽考

7 수동(修動)은 수리(修理)와 이래(移來, 動線)를 모두 포함하는 것인데 결국 동선으로 묶어서 생각할 수 있다고 본다.

못하게 되는 것이다."라고 하여 수리와 동선의 중요성을 일깨워주고 있는데 그것의 원리는 모두 음양론에 근거하고 있다. 음양론은 결국 자연의 이치를 말하는 것으로 그것에 역행하지 말 것을 강조하는 것이다. "혼가婚嫁(婚事), 장전莊田이나 육축六畜을 매입買入하는 일, 선영先塋을 다스리는 일, 상관上官(집주인)이 이익을 구하러가는 일 등에 있어서, 모두 의당宜當 향택向宅인 복덕방福德方으로 왕래往來를 해야 구구길경久久吉慶할 것이다."[8]고 하였다. 동선의 방향에 대한 길흉을 이야기하고 있지만 결국 예법을 말하고 있는 것이다. 결국 이러한 점에서 『황제택경』에서 말하는 음양상득이나 포음포양은 음양론에 근거한 예법을 반영하고 있는 것이라고 할 수 있는 것이다.

이와 같이 『황제택경』의 내용 중에서 태과에 대한 경고나 음양의 원리를 강조하는 것은 건축을 하나의 인격체로 보는 것임과 동시에 집주인의 인격을 드러내는 대상으로 보는 것이다. 한편, 집의 윤리적인 측면을 강조하여 건축이 자칫 사치심이나 탐욕을 분출하는 통로가 되지 않도록 경계하고 있는 것이다.

우리시대의 건축은 단순한 재산적 가치로만 산정되는 부동산적 투자대상물로서, 소위 천민자본주의적 성격을 드러내는 명품가방이나 고급승용차와 같은 소비재가 되고 있는 것이 사실이다. 이러한 인식을 바람직한 방향으로 전환하기 위해서도 『황제택경』에서 강조하고 있는 생명체로서의 건축관과 건축의 윤리적 가치에 대한 내용을 다시 거론할 여지는 충분한 것이라고 할 수 있겠다.

2) '건축풍수'의 독립적인 행보를 위해서

『황제택경』의 사고전서본에서 총교관總校官 육비지陸費墀 등이 작성한 제요提要에서 『황제택경』을 평가하길 "의리義理가 적지 않으며, 문사文辭(문장) 또한 우아하고 잘 다듬어져 있

---

8 『黃帝宅經』「凡修宅次第法」, 悉宜向宅福德方往來, 久久吉慶. 若為刑禍方往來, 久久不利.
역자주 : 길한 일을 보러 왕래할 때는 향방위인 복덕방으로 다니고, 흉한 일을 보러 왕래할 때는 형화방으로 다닌다는 원칙.

습니다."[9]라고 하였는데, 이것에 대하여 우리시대의 풍수계적 상황에 빗대어 다시 한 번 살펴볼 필요가 있다.

학계에서나 재야에서나 풍수가 미신인가, 과학인가에 대한 논란이 끊임없이 일어나고 있는 시점에서 이러한 평가문구는 되새겨 볼만한 것이다. 풍수를 미신으로 보는 이유는 사실상 풍수라는 넓은 범주 속에는 사회적으로 볼 때 바람직하지 못한 내용이 들어있기 때문이다. 시중에 근거 없이 떠도는 이야기에도 이러한 것이 포함되어 있을 뿐 아니라, 풍수역사상 이름 있는 풍수대가라는 사람이 저술한 풍수고전이라고 하는 것들에도 이러한 내용이 적지 않게 들어있는 것이 사실이다. 풍수가 멀쩡한 묘자리를 흠잡아서 이장시킨다든지, 내 조상을 더 좋은 자리에 모시고 나 혼자 복 받겠다는 욕심으로 남의 묘소를 훼손하는 파렴치한 행위를 부추기는 역할을 하였던 측면이 없었다고 할 수가 없는 것이다. 아마도 『황제택경』이 사고전서에 수록될 당시에도 풍수로 인한 그러한 사회적 문제가 적잖이 발생하였고, 육비지등이 생각할 때 그래도 『황제택경』이라면 비록 풍수책이기는 하지만, 그 쓰레기 같은 다른 책들과 비교할 때 상대적으로 의리가 적지 않고 문장이 우아한 것이라고 평가한 것으로 볼 수가 있는 것이다.

『황제택경』에서 택통의 내용을 인용하며 "묘흉墓凶에 택길宅吉이라면 그래도 다른 것은 몰라도 자손에게 관록官祿 정도는 있을 것이다."[10]라고 하면서 묘지풍수보다 건축풍수에 대한 중요성을 강조하는 것은 『황제택경』이 건축풍수서이기 때문에 어쩌면 당연한 주장일 지도 모를 일이다. 하지만 이러한 주장을 요즈음과 같이 매장埋葬에 의한 장례방식이 소멸되고, 화장火葬이 대세를 형성하고 있는 상황에 비추어 본다면, 앞으로 풍수가 어느 방향으로 가야할 지를 제시해주고 있다고도 할 수 있는 것이다.

한편, "택宅은 사람의 근본根本이며, 사람에게 택이란 바로 일가一家이다."[11]고 하고 "거처가 편안하면 가대창길家代昌吉(번창)할 것이요, 불안하면 문족쇠미門族衰微할 것이며… 위로는

---

9 『黃帝宅經』「提要」, 主於陰陽相得, 頗有義理, 文辭亦皆雅馴.

10 『黃帝宅經』「總論」, 墓凶宅吉, 子孫官祿. 墓吉宅凶, 子孫衣食不足.

11 『黃帝宅經』「序」, 故宅者, 人之本, 人以宅爲家.

군국軍國, 주군현읍州郡縣邑, 아래로는 촌방서책村坊署柵 내지 산거山居에 이르기까지 인소처人所處(사람이 있는 곳)라면 모두 이것의 적용사례가 될 수 있다."[12]고 하였다. 이러한 내용에 근거한다면, 『황제택경』에서 말하는 건축풍수라는 것을 바로 넓은 의미의 환경풍수로 볼 수 있겠다는 것이다.

또한 "사람과 집이 상부상조相扶相助하니 천지가 감통感通하기 때문에 사람이 명命만을 유일하게 믿는 것은 불가하다."[13]고 하여 천부적인 것 외에도 집을 포함한 살아가는 환경적인 것이 인간의 운명을 가르는 매우 중요한 것임을 강조하고 있다.

『황제택경』의 내용 중에 묘지풍수를 배제하거나 소홀하게 취급해도 좋다는 언급은 없으며, 사주팔자와 같은 천명적인 것을 폄하하는 내용도 없다. 하지만, 『황제택경』의 이러한 내용들은 묘지풍수를 벗어나 새로운 풍수의 길을 가야 하는 오늘의 우리의 관점에서 볼 때, 풍수를 발복풍수가 아니라 환경풍수의 관점으로 다시 볼 수 있는 동기를 부여하고 있다고 할 수 있는 것이다.

전문풍수가의 대다수는 건축풍수와 묘지풍수를 어느 한쪽도 소홀하게 다룰 수 없다고 말한다. 특히 한국에서는 풍수의 전통이 묘지풍수에 의해서 명맥을 유지해왔기 때문에 『황제택경』에서의 견해와는 달리 건축풍수보다는 묘지풍수에 큰 비중을 두고 있는 것이 사실이다. 『황제택경』의 제요에서 육비지가 말하고 있듯이 상묘相墓보다는 상택相宅이 먼저인 것이 사실이라고 한다면, 상묘가 없던 시절에는 상택만 있었다고 할 수 있을 것이다. 화장으로 매장이 없어지면 묘지풍수도 따라서 소멸할 것은 불 보듯 뻔한 상황이다. 이제 풍수가들의 입장에서는 어쩌면 상묘가 없는 상택의 시대로 돌아갈 준비를 해야 하지 않을까 싶다.

이러한 과도기적 상황에서 우리가 제거해야 할 몇 가지 걸림돌이 있는데, 그 중에서도 선결되어야 할 중요한 한 가지는 소위 음양론적 관계성으로 음택－묘지풍수, 양택－

---

12 『黃帝宅經』「序」, 居若安卽家代昌吉, 若不安卽門族衰微, 墳墓川岡, 並同玆說. 上之軍國, 次及州郡縣邑, 下之村坊署柵, 乃至山居, 但人所處, 皆其例焉.

13 『黃帝宅經』「總論」, 人宅相扶, 感通天地, 故不可獨信命也.

건축풍수로 서로가 꽁꽁 엮여있는 것을 푸는 작업이라고 할 수 있다. 『황제택경』의 기본 논리가 음양론이듯이 거의 모든 풍수이론이 음양론을 포함하고 있는 상황에서 이렇게 고착화된 음양의 관계성을 뜯어내는 것은 쉽지 않은 일이다. 즉, 음택풍수가 없는 양택풍수는 이미 그 명칭 상에 짝을 잃은 꼴이 된다는 것이다.

묘지풍수로부터 건축풍수가 독립하기 하기 위해서는 '묘지풍수 = 음택풍수', '건축풍수 = 양택풍수'라는 상대적이며 음양론적인 결합등식부터 풀어야 한다. 그러기 위해서는 묘지풍수 = 음택, 건축풍수 = 양택이라는 등식이 언제부터 형성되었는지를 살펴볼 필요가 있다. 『황제택경』의 내용을 검토해볼 때, 최소한 『황제택경』이 저술될 당시에는 그런 등식이 일반화되지 않았음을 알 수 있다. 『황제택경』에서 말하는 양택과 음택이란 집의 좌향에 따라 집 자체를 두 개의 형식으로 구분한 것이지, 흔히 말하는 묘지풍수를 음택, 건축풍수를 양택이라고 한 것이 아님이 명백하게 드러난다.

만일 당시에 묘지풍수를 음택으로 칭하는 것이 일반적인 분위기이었다면, 『황제택경』에서 건축풍수 속에 또다시 음택 · 양택이라는 명칭으로 24로를 양분하여 혼란을 초래하는 서술방식을 택하지는 않았을 것이라는 이야기이다. 즉, 『황제택경』이 최초 저술되던 시기만 하더라도 앞에서 거론된 것처럼 묘墓와 택宅으로 구분하였고, 묘지풍수를 음택, 건축풍수를 양택으로 칭하지 않았다는 점이 명백해지는 것이다.

사실, 송대나 원대의 문헌에서는 음택, 양택이라는 용어보다는 총塚 · 택宅이라는 용어가 많이 등장하고 있다. 건축풍수를 양택이라고 하고, 죽은 이를 매장하는 묘를 하나의 '택'으로 간주하고 '음택'이라는 상대적 이름으로 일반적으로 부르게 된 시기는 『인자수지』라는 음택전문서적이 성행한 명대明代이후가 아닐까 한다.

『황제택경』에서 거론되는 음양이택도陰陽二宅圖는 상묘相墓와 결별하고 새로운 상택相宅의 시대로 나아가기 위한 하나의 중요한 열쇠인 셈이다. 그래서 『황제택경』에 근거하면, 상묘와 상택상택으로서 음택풍수와 양택풍수는 별개로 시작한 것이었으므로 언제든지 서로를 묶어두었던 음양의 굴레를 벗고 독립적이며 새로운 음양의 세계로 나아갈 수 있는 것이다.

이제, 시대적 변화에 따라 풍수에서 다루는 내용도 달라져야 하는 시점에 도달하였다. 현대사회가 요구하는 풍수는 5가지로 요약할 수 있는데, 그것이 바로 현대의 5대 생활풍수로서 도시풍수, 건축풍수, 부동산풍수, 인테리어풍수, 조경풍수라는 것이다. 이것은 묘지풍수와 결별한 건축풍수가 다양한 전문분야로 세분화된 것이다. 이러한 생활풍수들을 건축풍수라는 명칭으로 하나로 묶을 수 없는 것처럼 양택풍수라는 용어로 모두를 대변할 수 없는 것이다. 이런 이유에서라도 묘지풍수 = 음택풍수, 건축풍수 = 양택풍수라는 등식을 이제는 벗어던져야 한다. 음양의 논리는 이제 총택의 관계에서 이루어지는 것이 아니라 황제택경에서와 같이 건축풍수 속에서 음택과 양택의 논리전개가 이루어지고, 도시풍수 · 부동산풍수 · 인테리어풍수 · 조경풍수의 나름의 이론을 전개하면서 그 속에서 등장하면 되는 것이다.

공멸하지 않기 위해서 이제 묘지풍수 없이 건축풍수만의 영역에서 음양론을 손상시키는 일이 없이 음택, 양택의 용어를 사용하며 구분하고 논리를 전개할 수 있어야 하는 것이다. 그 다음, 건축풍수의 정립을 위해서 중요한 것은 '풍수風水'라고 할 것인지 '풍수지리風水地理'라고 할 것인지에 대해서 고민해 보아야 할 것이다.

2. 용도풍수로 나아가기

황제택경의 내용에서 방위에 따른 각실의 위치와 규모에 대하여 언급하는 것을 발견할 수 있다. 예를 들어, '〈양택도설陽宅圖說〉'에서 언급된 내용을 요약해보면 다음과 같다.

손巽(동남. 이하 시계방향으로 24방위)방위에 고장하거나 옹색한 시설을 설치하면 흉하고, 사巳방위에는 장실하게 하면 길하다. 병丙방위에 대문, 축사, 창고를 설치하고, 오午방위는 평실하게 하고, 혹시 귀두청龜頭廳이 있으면 흉하다. 정丁방위에는 창고나 육축을 두면 좋고, 미未방위에는 창고나 측간을 둔다. 곤坤방위에는 우마牛馬를 두고 두텁고 실하게 하면 좋다. 신申방위에 우마옥牛馬屋을 두면 좋다. 경庚방위에는 마차두는 곳으로 하고, 닭장을 두며, 방앗간을 설치하되 연접장활連接長闊하게 하면 좋다. 유酉방위에는 주인방과 손님방을 설치하면 좋다. 신辛

방위에는 문門을 둘 수 있고 고루대옥高樓大屋을 설치하면 길하다. 술戌방위에는 청결장고淸潔壯高하게 하면 길하다.

비록 집안의 시설에 국한된 것이기는 하지만, 이러한 내용에 주목하는 것은 각 용도별 필요한 규모와 실의 위치에 대한 언급이기 때문이다. 즉, 용도에 따른 적합한 위치와 규모가 따로 있다는 것이며, 그것이 모두 상대적임을 이야기하고 있는 것이다. 집안의 시설에 국한하지 않고 이러한 용도별 언급에 대하여 마을 단위나 도시의 단위로 확대하여 생각해본다면, 그것은 다양한 용도에 대한 상대적 적합성을 논할 수 있는 것이다.

〈표 1〉 양택 방위별 건축용도와 규모

양택							
형화방의 용도/규모				복덕방의 용도/규모			
건	–/平穩實吉, 絶高壯凶	간	–/缺薄恐慌吉	손	–/高壯壅塞凶	곤	牛馬廐/重而兼實吉
해	–	인	–	사	–/壯實吉	신	牛馬屋/–
임	–	갑	–	병	安門, 牛畜舍, 倉庫, 舍/–	경	車屋, 鷄棲, 碓磑/連接長闊吉
자	–	묘	–	오	–/平實吉, 龜頭廳凶	유	客舍, 宅主/–
계	–	을	–/屋低小吉	정	倉庫, 六畜/–	신	門/高樓大屋吉
축	–	진	–	미	倉庫, 厠間/–	술	–/淸潔壯高吉

〈표 2〉 음택 방위별 건축용도와 규모

음택							
형화방의 용도/규모				복덕방의 용도/규모			
손	–/平穩空缺疏通吉壅塞凶	곤	馬廐불가/荒缺低薄吉	건	–/連接長遠, 高壯闊實吉	간	–/厚實重吉
사	우물설치불가/–	신	–	해	–	인	車舍, 牛舍/–
병	문설치불가/–	경	문설치불가/–	임	集學經史庫/高樓大舍吉	갑	門, 碓磑/連接壯觀吉
오	–	유	–	자	牛屋/平實吉	묘	客舍, 宅主/–
정	–	신	–	계	門戶, 客舍, 簞厠/高厚吉	을	–/高樓大舍
미	–	술	–	축	倉庫, 厠間/高樓大舍吉	진	–/靑龍壯高吉

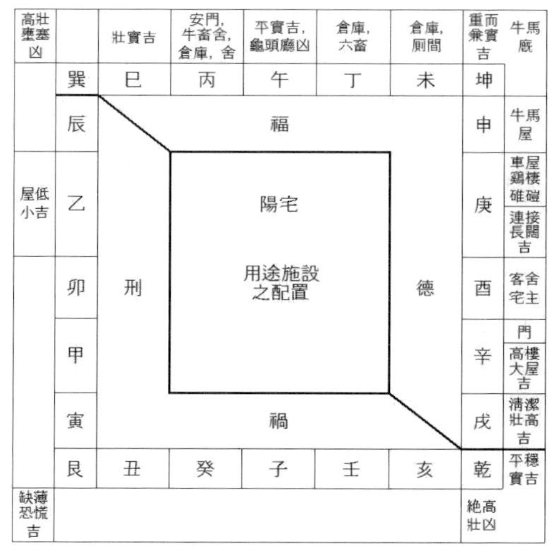

〈그림 1〉 양택 용도별 시설배치도

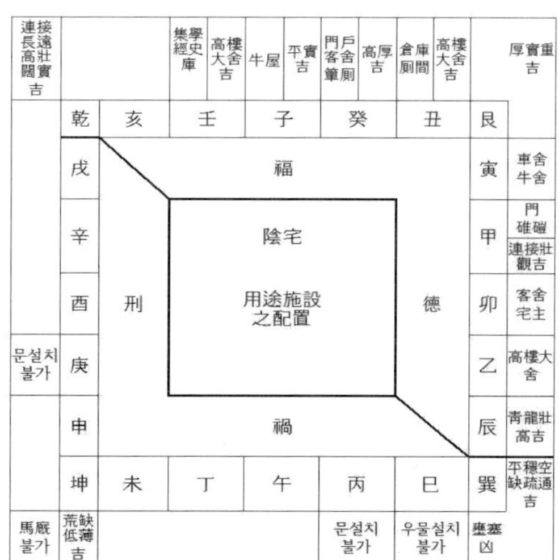

〈그림 2〉 음택 용도별 시설배치도

황제택경에서 말하는 용도별 방위, 규모, 형태 등에 대한 것을 '용도풍수'라고 정의한다면, 한국의 전통마을에서도 상대적 용도풍수用途風水는 존재하였다. 마을은 여러 사람이 집단적으로 모여 사는 곳이므로 주거용도가 가장 많은 개체수를 차지하였다. 하지만, 단순히 주거용도의 집만이 있는 것은 아니다. 종교시설인 성황당이나 불교사찰과 암자도 있고, 마을사람들의 쉬는 장소인 정자각, 마을사람들의 됨됨이를 상징하는 열녀문, 정려문, 그리고 방앗간 등의 시설이 있는 것이다. 이러한 용도들은 그 쓰임새와 의미적 가치에 따라 각기 적당한 장소 즉 그 용도에 적합한 상대적 명당에 세워져 있는 것이다.

대개의 묘지풍수의 이론적 근거는 상대적 명당의 개념보다는 절대적 명당의 개념에 치우쳐 있다고 할 수 있겠다. 묘지풍수에서 자주 거론되는 '명당찾아 삼천리', '진혈眞穴을 얻어야 발복할 수 있다'는 등의 내용은 거의 절대적 명당의 개념을 근저에 깔고 있는 것이다. 누가 들어가도 발복할 수 있는 곳, 어떠한 시설이 자리를 잡아도 발복할 수 있는 곳이 바로 진혈이며 그것은 만병통치약으로 간주되는 산삼山蔘(wild ginseng)과 같은 것이다. 진혈은 절대적 개념의 명당을 의미하는 것이며, 그러한 곳을 찾아 헤매는 것이 바로 묘지풍수의 기본 개념이자 목적인 것이다.

〈그림 3〉 안동 하회마을의 성황당
성황당이 있는 곳과 주거용도가 밀집되어 있는 곳은 엄연히 다르다. 마을의 뒷동산 깊숙한 곳에 자리하고 있다. 2014년 촬영.

〈그림 4〉 대구 옻골마을의 최흥원의 정려각
마을 어귀에 자리 잡고 있다. 2011년 촬영.

그에 반해 절대적으로 좋은 땅이나, 나쁜 땅은 없으며, 그 땅을 어떻게 활용하며, 어떠한 용도로 사용하느냐에 따라 그 땅이 명당이 될 수도 있고 흉지가 될 수도 있다고 보는 것이 바로 상대적 명당의 개념이다. 이러한 개념은 용도에 따라서, 그 땅을 사용하는 사람에 따라서, 그 땅의 이용방식에 따라서, 또는 그 외의 조건에 따라서 상대적인 명당가치를 따지는 것이다.

『황제택경』에서는 용에 빗대어 논리를 전개하고 있지만 전통풍수의 '용론'과는 그리 밀접한 관련성을 갖고 있다고 보기 힘들다. 그래서 『황제택경』에서는 묘지풍수의 주요한 개념 중의 하나인 산줄기에 대한 용론적龍論的 언급이 없고, 혈론적穴論的 언급이 없다. 오히려 〈범수택차제법〉이라고 하여 집을 고쳐서 명당으로 만드는 방법에 대한 내용이 상당히 비중 있게 다루어지고 있는 것이다. 즉, '천작天作'을 중요시하는 전통풍수보다는 '인작人作'에 주안점을 두는 현대풍수에 더욱 효과적인 적용이 될 것으로 기대가 되는 것이다.

『황제택경』에서 용도에 따른 상대적 위치와 규모를 언급하고 있다고 하더라도 그것을 오늘날 5대 현대생활풍수에 그대로 적용하기에는 미흡하고 무리한 점이 많은 것이 사실이다. 『황제택경』에서 상대적 명당의 개념에 바탕을 둔 용도풍수用途風水[14]의 단서를 주었다는 것에 가치를 두어야 하며, 이것을 5대 현대생활풍수의 개념에 적합하게 발전시켜나가는 것은 우리의 몫이다.

현대주택에서도 사실상 각실을 상대적 기운의 관점에서 음양陰陽과 오행五行의 성격분류를 해볼 수 있다. 안방이 정靜적인 공간이라면, 거실은 동動적인 공간이다. 안방이 사私적인 공간이라면, 거실은 공公적인 공간이다. 그래서 안방은 음陰의 성격을 가진 곳이고, 거실과 현관은 상대적으로 양陽의 성격을 가진 공간이다. 집안에 애들이 사용하는 공간이 있다고 할 때, 안방에 비해서 동動적인 곳이므로, 양陽적인 공간라고 할 수 있다. 한편, 아이들의 방을 오행적 기운의 관점에서 살펴본다면, 아이들의 성장단계 중에서 학습의 시기인지 아니면, 재물을 모아야할 시기인가에 따라서 구분될 수 있다. 아이들이 공부를 열심히 하여야 할 시기라면 목木기운이 충만한 공간으로 만들어야 할 것이고, 성장하여 돈벌이에 나설 시기라면 금金기운이 충만한 공간으로 만들어야 할 것이다. 키친의 공간은 과거 주로 화기火氣를 사용하는 공간이었지만, 지금은 우물가의 기능과 합쳐진 공간으로서 화火와 수水가 공존하는 성격의 공간이다.

이와 같이 주택의 내부에서도 『황제택경』의 음양택구분과 좀 다르기는 하지만 현대적 의미로 음의 성격의 공간, 양의 성격의 공간 또는 오행적 성격의 공간으로 구분할 수가 있는 것이다.

그 외에 건축물의 여러 용도[15]를 두고 현대적 차원에서 음양과 오행적 성격으로 구분할 수가 있을 것 같다. 즉, 주택과 같이 사私적인 성격이 강한 것을 음기陰氣의 용도라고 한다면, 공공업무시설인 시청사 같은 것은 양기陽氣의 용도라고 할 수 있는 것이다. 한편, 공장과 창고의 용도를 오행적 성격으로 구분해본다면, 생산행위 위주의 공장이 목木기운의 성격을 가졌다면, 창고는 저장과 정리행위를 위주로 하는 금金기운의 성격을 가졌다고 할 수가 있을 것이다. 한편, 교육연구시설을 목木기운, 위락시설을 화火기운, 의료시설을

---

14 용도풍수의 현대적 의미와 활용에 대해서는 조인철, 『양생풍수의 비밀』, 다산북스, 2010, 273~303쪽 참조.

15 건축법상에는 건축물의 용도를 28가지로 용도를 구분하고 있다. 건축법 제2조 2항, 건축법시행령 제3조의 4, 〈건축물의 용도분류〉 참조.

금金의 기운으로 용도분류가 가능하겠다.

인테리어풍수를 용도풍수적 관점에서 논하여 본다면, 앞에서 언급한 것보다는 훨씬 더 폭넓고도 구체적으로 언급할 수 있다. 아파트용도의 인테리어가 아니라 상가용도 또는 사무실용도의 인테리어를 용도풍수적 관점에서 생각해보면 상당히 세분화할 수가 있다는 것이다. 상가의 경우도 어떤 물품을 취급하며, 어떤 계층의 누구를 상대하는 것이냐에 따라, 요구되는 인테리어 성격은 상대적으로 다르게 될 것이다. 사무실 용도의 경우도 마찬가지로 개인사무실이냐 여러 사람이 함께 근무하는 사무실이냐에 따라 다를 것이고, 어떠한 업무의 형태이냐에 따라 상대적으로 다른 가구배치와 인테리어가 요구될 것이다. 즉, 현대에는 과거에 묘지와 주거로만 구분되던 시대와는 달리 생각지도 못할 만큼의 다양한 용도의 시설들이 있으며, 그의 특성에 맞는 상대적인 인테리어를 요구하고 있는 것이다.

만일, 부동산풍수에서 특정용도의 입지를 논한다고 할 때도 이러한 용도풍수는 상당히 요구되는 것이다. 24시간 편의점의 용도가 요구하는 입지조건과 상류주택이 요구하는 입지조건은 다를 수밖에 없고, 그것이 바로 상대적인 가치를 논하는 것이며 용도풍수인 것이다.

도시풍수의 관점으로 확대하면, 역시 용도풍수에서 말하는 상대적 개념이 요구되는 부분이 있다. 도시를 구성하는 여러 가지 요소들로서 도로, 공원, 쓰레기 처리장, 시청사 등의 시설들이 어떠한 위치에 어떠한 형식과 규모로 자리할 것인가 하는 것은 모두 용도풍수의 개념에서 다루어질 수 있다는 것이다. 결론적으로 필자가 5대 현대생활풍수라고 주장하는 도시, 부동산, 건축, 인테리어, 조경의 풍수에서 모두 용도풍수적 개념이 요구된다고 할 수 있겠다.

3. 도로살과 건물살에 대한 영감을 얻다

『황제택경』이 당대唐代의 낙양성洛陽城이나 장안성長安城의 성곽 속에서 이루어진 풍수이론이라면, 그것은 여러 가지 측면에서 고밀도의 현대 도시와 같은 생활환경을 반영하고 있는 것이라고 볼 수 있는 것이다. 사실, 장안성의 구조는 격자형 가로와 방형의 블록 속에 또 방형의 집들이 오밀조밀하게 자리를 잡고 있다는 측면에서 여러모로 현대도시와 유사한 부분이 많다. 다만, 그곳이 높은 성벽으로 내외를 겹겹이 둘러싸고 있어서 폐쇄적이기 때문에 외부로 개방적인 현대도시와 다른 점이 있다고 할 수 있는 것이다. 외부로 성벽을 쌓은 것은 외적의 침입을 방어하기 위한 것일 터이고, 그 내부에 블록별로 또다시 성벽을 쌓아 구분한 것은 내부의 반란이나 주민의 소요를 효율적으로 관리하기 위함인 것이다.

장안성과 같은 환경 속에서 저술된 『황제택경』의 내용 중에서 현대도시생활에 적용할 수 있는 것들이 여러 가지가 있을 수 있으나, 그 중에서도 특히 도로체계와 관련된 내용은 특히 우리가 주목할 만한 대상인 것이다. 『황제택경』에서 거론하고 있는 도로는 도로 그 자체라기보다는 도로 위를 유동流動하는 동선動線에 대한 것이라고 해야겠다. "택기宅氣는 이래移來(여기서는 動線)로 인하여 변하는 것이다."[16]고 하여 소위 '이래移來'라는 용어를 통해서 우리가 거론하고자 하는 동선이 등장한다. 동선은 왕래에 의해서 직선이나 곡선으로 그려지는 선인데, 택기宅氣 즉 집의 기운이 이것으로 인하여 변한다고 할 만큼, 그것이 어떤 선형으로 그려지는가 하는 것이 매우 중요하다는 것이다.

사실 풍수에서 동선이라는 문제는 묘지풍수에서는 거의 언급되지 않고 건축풍수에서 중요하게 취급되는 것이라고 할 수 있다. 여느 묘지풍수와 관련된 전통풍수이론 책을 보더라도 동선과 관련된 언급을 찾기는 매우 어렵다. 현대건축에서도 특정 용도의 건축물을 설계한다고 할 때, 건축계획의 관점에서 매우 중요하게 다루고 있는 것이 동선계획인데, 지금까지 대체로 풍수분야에서는 이 부분에 대하여 매우 소홀하게 취급한 측면이 있다는 것이다.

특이하게도 『황제택경』에서는 이러한 동선에 관한 언급이 등장하고 있으므로 건축풍수의 새로운 논리를 정립하고자 하는 우리로서는 이와 관련된 내용을 하나하나씩 살펴

---

16 『黃帝宅經』「凡修宅次第法」, 是知宅非宅氣, 由移來以變之.

볼 필요가 있다. 『황제택경』에서 말하는 풍수적 가치를 지닌 동선은 우선 형세론적 의미보다는 이기론적 의미로 제시되는 경우가 많다. 『황제택경』의 중심이론인 득음득양론을 설명하는 과정에서 입음入陰과 입양入陽과 관련된 내용이 등장하는데 그것이 바로 이기론적 동선논리를 설명하는 것이다.

> 무릇 손巽에서 건乾으로, 오午에서 자子로, 곤坤에서 간艮으로, 유酉에서 묘卯로, 술戌에서 진辰으로 향하여 [수리하거나][17] 이동하는 것을 '입양入陽'으로 본다. (*이사 또는 전보승진발령으로 인한 거처이전에 대한 것으로 멀고 가까움을 따지지 않고 적용한다.) 역으로, 건乾에서 손巽, 자子에서 오午, 간艮에서 곤坤, 묘卯에서 유酉, 진辰에서 술戌로 향하여 이동하는 것을 '입음入陰'으로 본다. (*이런 경우 전보 또는 승진발령으로 인한 거처이전에 대한 것인데 멀고 가까움을 따지지 않고 적용한다.) (*표시는 역자주)[18]

이를 장안성의 구조에 대비시켜서 살펴보면, 앞에서 살펴본 대로 방성坊城의 출입문이 2개 또는 4개가 있을 수 있는데, 위의 언급은 어느 쪽을 사용할 것인가를 정해주는 내용이라고 할 수 있겠다. 우리시대에 비추어볼 때 하나의 아파트 단지를 상정하고 단지 내의 도로체계 상에서 정문과 후문 또는 대단지라면 여러 개의 문이 있는 경우에 어느 문을 통할 것인가에 대한 내용인 것이다.

> 두 번 연속해서 '입음入陰' 또는 '입양入陽'일 경우, '무기無氣'가 된다. 세 번 연속될 경우 '무혼無魂'이 되고, 네 번 연속될 경우 '무백無魄'이 된다. 무혼無魂 · 무백無魄이 되면 가파도산家破逃産하고 자손子孫은 끊어진다.(*경經에서 말하길, 이중二重, 삼중三重, 사중四重으로 연이어 범犯하는

17 수리하는 것은 뒤에 무기(無氣), 무혼(無魂) 등으로 언급된다. 이동하는 것은 동선(動線)을 말하는 것으로 본다. 멀던 가깝던 시작점에서 목표점까지의 이동경로의 방향성을 보고 양의 방위에서 음의 방위로 이동하면 '입음(入陰)', 음의 방위에서 양의 방위로 이동하면 '입양(入陽)'으로 간주한다.(1부 3장의 그림16 참조)

18 『黃帝宅經』「總論」, 凡從巽向乾, 從午向子, 從坤向艮, 從酉向卯, 從戌向辰移. (已上移轉及上官所住, 不計遠近, 悉入陽也.) 從乾向巽, 從子向午, 從艮向坤, 從卯向酉, 從辰向戌移. (已上移轉及上官悉名入陰.)

것을 멈추지 못하면 멸문절사滅門絶嗣한다는 것이 바로 이를 의미하는 것이다.) 만일, 한번은 음에서 양으로, 한번은 양에서 음으로 [수리하거나] 왕래한다면, 그것이 천도天道에 부합하는 것이다. 그렇게 된다면, 자연히 길하고 번창하게 될 것이다.[19]

〈택서〉에 따르면, "옛 것을 철거하고 새로 건축할 때에는 효爻와 점대筮(서)가 서로 일치해야 한다. 이남사북移南徙北할 때에는 음양교분陰陽交分해야 하는데, 그것이 바로 화음양자기和陰陽者氣라는 것이다. 사람이 이를 쫓아 음양의 변화를 미리 읽어낼 수 있다면, 길을 흉으로, 흉을 길로 변화시킬 수가 있는 것이다. 어떤 일을 능히 홍하게 할 수 있는 이유는 천지의 운행運行과 전환轉換이 무궁無窮하기 때문이다."[20]

『황제택경』에서 말하고자 하는 것은 득음득양의 논리로 한번은 음의 방위에 있는 문을 통하고, 한번은 양의 방위에 있는 문을 통하라는 것이다. 그것이 바로 화음양자기和陰陽者氣인 것이다. 매일 출근하는 경우라면 출입문을 하루하루 교대로 이용하는 것이 좋다는 것이다. 즉, 오늘날의 관점에서 출입문이 A와 B 두 개라면, 방위와 관계없이 한번은 A, 또 한 번은 B로 출입하라는 의미로 넓게 해석하면 될 것이다. 4개의 문이 각기 사방으로 흩어져 있는 경우라면 좀 더 구체적으로 입음과 입양을 따져볼 수 있겠다.

무릇, 집을 변별할 때 (새집의 중심에서) 어느 방위에서 이사移徙를 왔는가를 따진다.[21] 그래서 그때의 방위는 가로街路를 중심으로 가북街北이니, 가동街東이니 하여 그것을 양陽으로 보지

19 『黃帝宅經』「總論」, 再入陰, 入陽, 是名無氣. 三度重入陰陽, 謂之無魂, 四入謂之無魄. 魂魄既無, 即家破逃散, 子孫絕後也. (經云 連犯不止, 滅門絕嗣. 此之謂也.) 若一陰陽往來, 即合天道, 自然吉昌之象也.

20 『黃帝宅經』「凡修宅次第法」, 又『宅書』云, 拆故營新, 爻卜相伏. 移南徙北, 陰陽交分, 是和陰陽者氣也. 逐人得變, 吉凶者化也. 隨事能興, 故天地運轉無窮.

21 이사 오기 전의 집과 이사 온 집의 중심에서 방위를 따질 때, 24방위를 기준으로 하며, 음택 방위로 중복되거나 양택 방위로 중복되는 것을 피한다. 즉 양택의 방위에서 음택의 방위로 오거나 음택의 방위에서 양택 방위로 넘어가는 것이 좋다는 이야기이다. 정히 방위가 중복될 때는 다른 쪽에서 45일이나, 75일간 머물다가 옮겨오면 무탈하다는 것이다. 즉, 진(辰)방위에서 해(亥)방위로 간다고 할 때, 양(陽)이 중복되므로, 음방위인 유(酉)방위로 갔다가 임시로 머문 뒤 해(亥)방위로 가면 된다는 것이다.

않는다. (*또한 양의 방위로 와서 음택을 짓고 살면 길하다는 것에 얽매이지 않는다.) 또한 가남街南이니 가서街西니 하여 그것을 음陰으로 보지도 않는다. (*마찬가지로, 양택陽宅을 짓고 살면 길하다는 것에 구애되지 않는다.) 무릇, 이사 온 거리의 멀고 가까움을 따지지 않는다. 1리이든지 100리, 1,000리든지 10보든지 100보든지 관계없다.[22]

좀 더 구체적으로 입음과 입양을 따져야할 경우에 가장 문제가 되는 것이 나침반을 놓는 중심을 어디로 할 것인가 하는 것이다. 이남사북移南徙北의 경우에 장안성 내의 다른 방성[23]에서 올 수도 있고, 멀리 떨어진 낙양성에서 장안성의 방성으로 온 것일 수도 있다. 그것은 중요하지 않고 새로 이사 온 집의 중심에 나침반을 놓고, 그 출발점이 어느 방위인가를 따진다는 것이다.

또, "혼가婚嫁, 婚事, 장전莊田이나 육축六畜을 매입買入하는 일, 선영先營을 다스리는 일, 상관上官(집주인)이 이익을 구하러가는 일 등에 있어서, 모두 의당宜當 향택向宅인 복덕방福德方으로 왕래往來를 해야 구구길경久久吉慶할 것이다. 만일 형화방刑禍方으로 왕래往來하면 구구불리久久不利할 것이다."[24]

음양상득론의 관점과는 별개로 길한 일로 왕래하느냐 아니면 흉한 일로 왕래하느냐에 따라 왕래할 방향을 정하는 방법도 있다. 『황제택경』의 기본 원칙인 복덕방은 길한 것을 관장하고, 형화방은 흉한 것을 관장한다는 것인데, 길한 것을 구하러 갈 때는 복덕방

---

22 『黃帝宅經』「總論」, 夫辨宅者, 皆取移來方位, 不以街北街東為陽, (不妨是陽之位 作陰宅居之即吉) 街南街西為陰. (不妨作陽宅居之吉) 凡移來不勒遠近, 一里百里千里, 十步與百步同.

23 예를 들면, 태평방(太平坊)에서 무본방(務本方)으로 이사온 것을 말한다. 같은 단지내의 아파트에서 동이나 호수만 바뀐 것을 말하는 것이다.

24 『黃帝宅經』「凡修宅次第法」, 凡人婚嫁, 買莊田六畜, 致營域, 上官求利等, 悉宜向宅福德方往來, 久久吉慶. 若為刑禍方往來, 久久不利.
역자주 : 길한 일을 보러 왕래할 때는 향방위인 복덕방으로 다니고, 흉한 일을 보러 왕래할 때는 형화방으로 다닌다는 원칙.

으로 왕래하고, 흉한 일에는 형화방으로 왕래하라는 것이다. 이것도 장안성과 같은 성벽으로 둘러싸인 환경 속에서 어느 방문坊門 또는 성문城門을 이용할 것인가를 정해준다는데 그 의미가 있다.

한편, 『황제택경』에서 동선의 선형적인 관점에서 언급하는 내용이 있는데, 그것이 바로 내로來路, 저로抵路라는 것이다.

> 내로來路(지나온 길)를 수리하는 것이 불길하다고 할 수 없지만, 저로抵路(맞닥뜨린 길)를 범犯하면 편안하다고 할 수 없다. 가령, 근종동래近從東來(동쪽에서 오다)로 이집에 들어와서 거주하다가 수탁서방修拓西方(서방을 수리하고 넓힘)하였다면 그것이 저로抵路(들어온 맞은 편 부분)를 수리한 것이 된다. 만일 각수탁동방却修拓東方(동방을 깎아내고 수리하여 넓힘)하였다면, 내로來路(들어온 부분)를 수리한 것이 된다.[25] 여타의 방위로 이전移轉하거나 상관上官(주택주인)이 왕래往來하는 것은 원근遠近에 관계없이 위의 사례에 따라 판단하면 된다.[26]

내로와 저로는 방위와 관계없이 일종의 이동선형移動線形이라고 볼 때, 그것은 바로 동선動線인 것이다. 골목길의 경우처럼 사람의 이동선과 도로선형이 같은 경우도 있지만, 광장 같은 곳이라면 그 속을 활보하는 사람의 동선은 공간의 형태와는 별개로 다양한 형태로 나타날 수 있는 것이다. 이러한 점을 감안하여 본 글에서는 단순한 도로와 구분하기 위하여 '내로동선來路動線', '저로동선抵路動線'이라고 부르기로 한다.

내로를 넓히고 수리하는 것은 별 문제가 없지만, 어떤 방식이든 저로를 훼손하는 것은 문제가 될 수 있다는 것이다. 여기서 저로를 손댄다는 것이 과연 어떤 의미의 것인지를 살펴볼 필요가 있다. 저로를 앞에 맞닥뜨리는 길[방향]이라고 할 때, 그 부분은 '내로동

---

25 역자주 : 집안의 중심에서 나침반을 놓고 잴 때 이사 오기 전에 머물렀던 방위가 내로(來路), 그것의 맞은편의 방위가 저로(抵路)가 된다. 내로(자기가 들어온 길)를 수리하는 것은 가능하지만, 괜히 그 맞은편의 방위인 저로(아직 가지 않은 길)는 손대지 말라는 의미이다. 내로와 저로는 처음 이사 온 동선방위와 수리관계, 복덕방과 형화방은 집에 안착한 후 왕래하는 동선관계로 파악된다.

26 『黃帝宅經』「總論」, 又云, 修來路即無不吉, 犯抵路未嘗安. 假如近從東來, 入此宅住後更修拓西方, 名抵路, 却修拓東方, 名來路. 餘方移轉, 及上官往來, 不計遠近, 準此為例.

선'의 계속 나아가려는 관성慣性에 의해서 일종의 '충살衝殺'을 받게 되는 부분'이라고 할 수 있다. 만일 '저로동선'이 나아가는 바로 그 방향에 있는 '길[저로]'을 넓히거나 수리한다면 문제가 될 수 있다는 것이다. 당대의 장안성과 낙양성의 상황에 비추어 볼 때, 격자형 가로계획의 목적은 거주민의 편의성과 위생적 측면이 고려된 것이라고 할 수 있겠지만, 한 편으로 황궁에서 한 눈에 방성을 내려다 볼 수 있게 하여 앞에서 언급한 것처럼 주민 통제의 효율성을 확보하려는 목적도 있는 것이다. 그렇다면 내로와 저로를 모두 넓혔을 때 일종의 통과도로가 생기는 형식이 되어 교통량이 늘어날 뿐 아니라, 그 속도도 빨라지기 때문에 택宅의 안정적 측면에서 좋을 것이 없다는 이야기이다. 우리시대의 아파트의 단지에서 정문과 후문이 하나의 중심도로상에 위치하고 있다면, 단순히 단지의 반대 측으로 넘어가는 통과차량들로 인하여 주거환경이 열악해지기 쉽다. 이러한 이유 때문에 여러 아파트 단지에서 정문과 후문을 통과하는 차량을 통제하거나 아예 후문을 차단하는 경우가 발생하는 것이다. 이러한 점에서 『황제택경』에서 내로동선과 저로동선으로 구분한 것은 충살을 도로살의 개념으로 다룬 현존 최초의 문헌이라고 할 수 있겠다.

『황제택경』의 동선을 다룬 내용 중에서 입음입양에 대한 것 외에도 형화·복덕의 방위적 개념을 살펴볼 필요가 있다.

> (형화방과 복덕방에 수리할 것이 있다면), 형화방을 먼저 수리하고 그 후에 복덕방을 수리하는 것이 길하다. 복덕방을 먼저 수리하고 형화방을 수리하는 것은 흉하다. 음택에서는 사巳(음룡머리)방위에서 기공起功하여 시계방향順轉으로 수리하고, 양택에서는 해亥(양룡머리)방위에서 기공하여 시계방향順轉으로 수리한다. 형화방刑禍方에 100의 공력을 투입하였다면, 복덕방에 200의 공력을 투입한다. 그렇게 함으로써 형화방을 진압鎭壓한다면 길하다工力壓勝. 양택은 주로 집의 외부 면을 수리하고, 음택은 집의 내부 면을 수리한다.[27]

---

27 『黃帝宅經』「凡修宅次第法」, 先修刑禍, 後修福德即吉, 先修福德, 後修刑禍即凶. 陰宅從巳起功順轉, 陽宅從亥起功順轉. 刑禍方用一百工, 福德方用二百工壓之即吉. 陽宅多修於外, 陰宅多修於內.
역자주 : 길한 것은 복덕방, 흉한 것은 형화방이 감당한다고 할 때, 흉한 것을 먼저 정리하고 그 후에 길한 것을 극대화 시키는 방법을 제시하는 것으로 판단된다.

내로와 저로의 개념과는 별개로 집의 수리에 있어서도 순서적이면서도 일정한 선형적 원칙을 지킬 것을 요구하는 언급이 있다. 수리를 할 때는 집을 용龍이라고 할 때, 머리에서 꼬리방향으로 위에서 아래로 순차적으로 해야 한다는 것이다. 음택이든 양택이든 모두 머리에서 꼬리로 시계방향의 원형적圓形的 곡선을 그리면서 진행하라는 것이다.

『황제택경』에서 전통풍수에 나오는 옥대수玉帶水, 반궁수反弓水라는 구체적 용어를 사용한 것은 아니지만, 이러한 것들은 현대 도로풍수의 이론을 정립하는데 힌트를 주는 매우 의미심장한 언급이라고 할 수 있는 것이다.

『황제택경』의 〈범수택차제법〉에서 내로 · 저로에 관한 언급 바로 뒤에 등장하는 것이 바로 귀두청龜頭廳에 대한 내용이다.

> 귀두청龜頭廳을 기피忌避하는데, 그것이 남쪽에 자리하고 있어서 북쪽의 당堂을 충衝하는 것을 말하며, 이름하여 흉정凶亭이라고 한다.[28]

이것은 일종의 건물살建物殺을 언급한 것으로 볼 수 있는데, 전통풍수에 빗대어 말한다면 산살山殺에 해당하는 것이다. 산줄기가 혈자리를 향하여 쏘듯이 다가오는 것을 산살이라고 하는데 바로 앞의 건물이 이러한 모양새로 다가오는 듯한 것을 말한다. 여기서 귀두청이란 평면적으로 볼 때 거북이 머리처럼 생긴 건물을 말한다. 남쪽에 있는 거북이가 머리 부분을 들이밀듯이 북쪽의 집안으로 향하고 있는 것이다. 즉, 이 귀두청살은 뾰족한 부분이 집안을 향하고 있는 모습으로 다르게 말하면 일종의 모서리살과 같은 것이다. 밥상을 대할 때 모서리에 앉으면 할머니가 손사래를 치면서 모서리를 피하여 옆으로 옮겨 앉으라는 것과 같은 원리인 것이다.

한편, 『황제택경』 〈범수택차제법〉에서 초고수옥稍高竪屋에 대한 언급이 있는데 이것은 귀두청과는 또 다른 건물살을 말하고 있는 것이다. 즉, 귀두청이 평면적인 형태를 말하는 것이라면 초고수옥은 입면적인 형태를 말하는 것이다.

---

28 『黃帝宅經』「凡修宅次第法」, 又忌龜頭廳, 在午地向北衝堂, 名日凶亭.

초고수옥稍高竪屋이 있으면 또한 불리不利하다. 결訣에서 말하길, 귀두龜頭가 남쪽으로 되어 있으면 반드시 집주인이 바뀔 수 있고, 또 말하길, 방주妨主(집주인을 방해하는)하는 제원諸院(주변의 여러 건물)이 있는 것도 또한 불길하다.[29] 집의 오사午巳, 동손東巽방위에 고루대사高樓大榭가 있으면 모두 불리하니, 의당 제거해야 길하다.[30]

초고수옥 즉, 나뭇가지의 끝이 삐죽하게 높이 올라와서 더벅머리처럼 된 집이다. 이것은 지붕부분의 마무리가 깨끗하게 되어 있지 않고 뭔가 삐죽삐죽한 것이 불규칙하게 솟아있는 형태를 말하는 것이다. 이러한 것을 두고 소위 첨탑살尖塔殺이라고 하는데 산의 봉우리 부분이나 능선 상에 날카롭고 삐죽삐죽한 형태의 바위가 돌출되어 있는 것으로 일종의 석살石殺[31]과 같은 유형이다. 초고수옥이나 고루대사는 건물의 입면적 형태로 판단할 때 화형火形에 속하는 건물이다. 목조로 이루어진 주택에 이러한 화형의 건물이 있다면 화기火氣를 북돋는 것으로 바람직하지 못한 일이라고 보는 것이다. 그것도 화火에 속하는 오사午巳방위나 목木에 속하는 동손東巽방위에 자리하는 것은 화재로 인한 큰 재난을 일으킬 수 있다는 논리이다. 여기서 고루대사는 압박하는 기운이 있기 때문에 첨탐살 외에 일종의 능압살凌壓殺을 주는 대상으로 판단할 수도 있을 것 같다. 『황제택경』은 우리에게 귀두청, 초고수옥, 고루대사를 통하여 모서리살, 첨탑살, 능압살에 대하여 의미심장한 암시를 주었다. 이외에도 전통풍수이론의 사론砂論을 접목시킨다면 규봉살, 도끼살 등의 여러 종류의 건물살로 확대 전개할 수가 있을 것이다.

29 역자주 : 자기 집이 귀두청형식이거나 주변의 건물이 귀두청이거나 모두 흉하게 본다.

30 『黃帝宅經』「凡修宅次第法」, 有稍高竪屋亦不利. 訣云, 龜頭午, 必易主. 亦云, 妨主諸院有之, 亦不吉. 凡宅午巳東巽巳來有高樓大榭, 皆不利, 宜去之吉.

31 서유구, 안대회 역, 『산수 간에 집을 짓고—임원경제지에 담긴 옛사람의 집짓는 법』, 돌베개, 2009, 153~154쪽. 층층이 올라간 계단과 첩첩이 쌓인 봉우리, 험준한 절벽과 깎아지른 바위, 날카로운 봉우리와 송곳같은 뫼부리가 칼날을 세워놓고 창끝을 모아 놓았으며, 이를 드러내고 뼈를 드러내서 그 형상이 마치 탑과 같은데 이것을 바위의 화살[石箭]이라고 부른다.

4. 양생풍수의 출발점 :『황제택경』

이주 오래 전부터 동서양에 관계없이 인간에게 주어진 운명이라는 것이 있다고 믿는 사람들이 있었고, 지금도 많은 사람들이 그렇게 믿고 있는 것이 사실이다.『황제택경』〈총론〉에서 〈자하〉의 내용을 인용하여 “사람은 집에 의지하여 일어서고, 집은 사람이 관리해주니 존재한다고 하고, 이렇게 사람과 집이 상부상조相扶相助하니 천지가 감통感通하며, 그래서 사람이 명命만을 유일하게 믿는 것은 불가하다.”[32]고 하였다. 아마도『황제택경』이 저술된 당시에도 이러한 운명론적 풍조가 있었던 것 같다.

위에서 언급한 '사람이 명만을 유일하게 믿는 것은 불가하다'는 것에 미루어 볼 때『황제택경』의 논조가 운명론 자체를 부정하는 것은 아닌 듯하다. 다만, 그 사람의 운명을 결정하는데 있어서 천명天命이 전부는 아니고, 그 사람이 살아가는 집, 즉 택宅이 매우 중요하다는 것이다. 여기서 말하는 택宅이란 현대적 용어로 다시 말하면 바로 환경環境이다. 그래서 위의 인용문을 통하여『황제택경』이 말하고자하는 바는 인간에게 '타고난 운명'이 중요하기는 하지만, 그 사람이 어떠한 환경에 놓이는가 하는 것도 그 사람에게 앞으로의 '펼쳐질 운명'을 좌우할 수 있다는 것이다.

천명론자들은 '타고난 운명'에 따라 앞으로 펼쳐질 운명도 이미 정해져 있기 때문에 아무리 아등바등 해봐야 크게 변하지 않는다고 주장한다. '운명'이라는 화두를 붙잡고 있는 천명론자들의 강점이라면 힘들었던 과거나 고단한 현실을 순순히 받아들이게 함으로써 개인의 마음에 안정을 주는 것이다. 반면에 단점이라면 사회체제나 열악한 환경에 대해 저항하지 못하고 무기력하게 순응하게 한다는 것이다.

물론 '선천적 명命'보다는 '후천적 환경'이 인간의 운명에 미치는 영향이 더 크다고 보는 환경론자들도 있다. 환경론자들 중에도 천명론적 결정론에 뒤지지 않을 정도의 극단적 환경결정론을 펼치는 이들도 있다.[33] 극단적 환경결정론의 위험성은 후진적 환경에

---

32 『黃帝宅經』「總論」,〈子夏〉云, 人因宅而立, 宅因人得存, 人宅相扶, 感通天地, 故不可獨信命也.

33 강현식,『꼭 알고 싶은 심리학의 모든 것(All That Psychology)』, 원앤원북스, 2010, 61쪽. “결정론이란 어떤 현상

서 태어난 사람은 열등적 존재일 수밖에 없다는 주장에 있다. 이러한 주장의 대표적인 사례로 인종차별을 일으키는 백인 우월주의적 사고방식을 들 수 있다.

이와 같이 천명론이나 환경결정론의 어느 한쪽으로 치우쳐서 인간의 운명을 가늠하는 방식은 여러 측면에서 비판 받고 있다. 『황제택경』에서 말하는 바는 이러한 천명과 환경의 중요성에 대하여 균형감 있게 다루어줄 것을 독자에게 요구하고 있는 것이다. 『황제택경』은 천명론에 관한 것이 아니라 택 즉, 환경에 관한 내용을 담고 있으므로 여기서는 주로 환경론적 관점에서 이야기를 전개하고자 한다.

『황제택경』에서는 "이 법식(음양이택법)을 실實로 양생령성지법養生靈聖之法[34]이라 할 수 있겠다."[35]고 하여 환경이 인간의 운명에 영향을 미치는 것이기는 하지만, 극단적인 환경결정론을 주장하는 것은 아니며, 환경을 잘 관리하고 개선함으로서 인간의 삶의 질에 변화를 줄 수 있다는 것을 말하고 있는 것이다.

『황제내경』의 내용[36]과 『황제택경』의 내용 간의 상관성에 대해서는 별도의 깊이 있는 연구가 이루어져야 할 것이지만, 『황제택경』의 내용에서도 이러한 '양생'이라는 문구가 등장하고 있다는 측면에서 함께 살펴 볼 필요가 있는 것이다. 또한 『황제택경』의 양생령養生靈과 『황제내경』의 '영추靈樞'의 '영靈'이 동일한 글자임에 주목한다면 이미 두 개의 서적에서 추구하는 바가 서로 통하고 있음을 알 수 있는 것이다.

이 우연이나 선택의 자유가 아닌 어떤 원인이 존재한다는 이론이다. 다시 말해 인과법칙에 따라 결정된다는 것이다. 결정론은 일반적으로 물질을 연구대상으로 하는 자연과학에 적용된다. … 과학은 어떤 현상의 원인을 밝혀 인과적으로 설명을 하고, 더 나아가 예측과 통계라는 목적을 가진다. 결정론을 자연(물질) 현상에 적용하는 일은 매우 자연스러워서 그 누구도 문제를 제기하지 않는다. 하지만 이를 사람에게 적용시키면 여러 가지 문제가 생긴다. 결정론은 자유의지와 양립할 수 없기 때문이다."

역자주 : 이러한 환경결정론적 사고방식은 인종, 성별, 출신지역별 차별을 정당화하는 도구가 될 수 있다는 측면에서 위험성을 내포하고 있다.

34 王玉德 외, 王鋭, 『宅經』, 中華書局, 2011, 30쪽. 〈黃帝宅經〉的作者非常自信, 聲稱這本書是先民長期積累的經驗, 堪稱 "養生靈" 的 "聖法". 意爲 : 如果有人掌握了 〈黃帝宅經〉, 就等于掌握了神聖的法典. 正因爲此書被擡到了无以復加的地位, 因此, 就長期影響着中華先民.

35 『黃帝宅經』「序」, 此實養生靈之聖法也.

36 『황제내경』은 크게 2개의 부분으로 나눌 수가 있는데, 질문과 답변의 형식으로 이루어진 〈소문(素門)〉과 인체의 생리, 병리, 진단, 치료 등의 내용을 담고 있는 〈영추(靈樞)〉로 이루어져 있다. 자세한 내용은 이은주 외, 「황제내경(黃帝內經) 영추(靈樞)에 관한 연구」, 『동서의학』, 2011.12, 191~196쪽 참조.

> 재앙을 누르고 화禍를 중지시켜야 하는데, 그것은 마치 어떤 약藥이 병病에 효력이 있는 것과 같은 것이며, 택宅은 사람의 근본根本이며, 사람에게 택이란 바로 일가一家이다. 거처가 편안하면 가대창길家代昌吉(번창)할 것이요, 불안하면 문족쇠미門族衰微(쇠미)할 것이다.[37]

『황제택경』이 황제에 가탁한 택서임은 이미 알고 있는 바이다. 동양의학계의 『황제내경黃帝內經』도 가탁한 의서醫書일 것으로 보고 있다. 둘 다 가탁한 고전이라고 하더라도 우리가 주목해야 할 것은 그 속에 담고 있는 내용인 것이다. 『황제내경』의 내용 중에는 양생養生에 관한 내용이 적지 않게 포함되어 있다.[38] 특히 한의학의 보사補瀉의 개념은 양생의 바탕개념이라고 할 수 있겠다. 한의학 관련서적을 보면 건강과 관련된 여러 가지 양생법이 소개되고 있다. 그 중에서 『황제택경』과 관련하여 관심을 불러일으키는 것이 바로 '환경양생環境養生'이라는 항목이다.

> 이는 주거지를 잘 선택하고 주거 환경을 잘 조성하여 건강을 증진시키는 방법으로 현대의 환경위생을 포함하여 풍수지리와도 깊은 연관관계를 가진다. 사람이 거처하는 풍토지리와 주택은 기본적인 삶의 터전이 되기 때문에 직간접적으로 건강보건에 매우 큰 영향을 미친다. 아무리 주택이 좋아도 저습지대나 고산지대, 사막건조지대, 고온지대, 한랭지대 등에 위치할 경우에는 그 지역의 영향을 받지 않을 수 없고 아무리 주거지가 좋아도 주택의 정황이 매우 열악하다면 또한 건강을 잘 지키기가 어려운 것이다.[39]

『황제택경』에서는 병든 몸에 약처방을 하듯이 집안의 환경을 조절하여야함을 강조

---

37 『黃帝宅經』「序」, 犯者有災, 鎭而禍止, 猶藥病之效也. 故宅者, 人之本, 人以宅爲家, 居若安卽家代昌吉, 若不安卽門族衰微.

38 정우진, 「養生과 한의학 : 『黃帝內經』의 순환론을 중심으로」, 『도교문화연구』 제32집, 2010, 167~192쪽 참조.

39 김규열 외, 『한의학개론』, 성보사, 2010, 108쪽. 이 책에서는 2장 제2절에서 예방치병관(豫防治病觀) / 미병선방(未病先防)의 내용으로 다음과 같은 양생의 여러 종류를 소개하고 있다. 환경양생은 그 중의 하나이다. 조신양생(調神養生), 음식섭생 · 위생(飮食攝生 · 衛生), 기거양생(起居養生), 방사양생(房事養生), 기공양생(氣功養生)－체육보건(體育保健), 약물보양(藥物補養), 보건애구(保健艾灸), 순시양생(順時養生), 환경양생(環境養生).

하고 있다. 한의학의 보사개념은 바로 풍수에서 말하는 비보裨補 또는 압승壓勝의 개념과도 통하는 것이다. 비보나 염승厭勝은 불안전한 환경을 가능한 인간의 개선노력으로 완전하게 만들어가는 수단이나 방법인 것이다. 이러한 점으로 미루어 볼 때 『황제택경』은 『황제내경』에 대응하는 『황제외경黃帝外經』인 셈이다.

『황제택경』의 내용에서 언급된 비보로는 "중복해서 입음入陰 또는 입양入陽을 해야 할 경우라면, 반드시 천도天道에 따라 (음양의 원리에 적합한) 임시거처에서 45일이나, 75일[40]을 지낸 뒤에 원하는 방위로 왕래한다면 재해災害에 대한 근심이 없다."고 하는 '시간비보時間裨補'가 소개되고 있다. 시간이 지나면 해결된다는 것이 바로 여기에 적용된 것이다. 그 다음 "형화방刑禍方에 100의 공력을 투입하였다면, 복덕방에 200의 공력을 투입하며 그렇게 함으로써 형화방을 진압鎭壓한다면 길하다."고 하였다. 그 외에도 이미 일어난 흉한 일을 정리하고 싶다면 형화방을 수리하고 길한 일을 일으키고 싶다면 복덕방을 넓히라는 내용이 있다. 이것이 바로 공력압승工力壓勝을 언급하는 것이다.

> "집을 번수翻修하고, 담장을 평정하면, 재앙을 삭감削減시킬 수 있다"고 하였다. (*불리한 연도에 집을 고치면서, 구설 또는 질병 등이 있게 되면, 마땅히 형화방을 번수하고, 복덕방을 증축한다. 담장을 고치고 이전하면, 재난은 소멸되고, 그 결과 크게 길하고 번창하게 된다.)[41]

한편, 『황제택경』에서는 약을 남용하는 것이 오히려 건강을 해치듯이 비보나 염승의 효과를 바라고 윤리적인 측면을 소홀히 하여 태과太過를 저지르면 오히려 길이 흉으로 바뀐다는 사실을 강조하고 있다.

---

40 왜 45일이나 75일이어야 하는지에 대해서는 알기 어렵지만, 이렇게 일정시간을 경과한 뒤에 진행하라는 내용이 풍수고전에서 종종 발견된다. 예를 들면, 부엌에 흉한 철물을 들여왔을 경우 100일 정도 묵혔다가 사용하면 좋다는 내용이 있다. 趙廷棟, 『繪圖陽宅三要』 卷一 解凶灶法條, 千頃堂書局, 1924, 6b-7a쪽. 至于凶灶中之鐵器, 乃强硬之物. 恐凶氣未, 退宜放空房內, 遲百日外, 方用, 則凶氣散矣.

41 『黃帝宅經』「總論」, 又云, 翻宅平牆, 可爲銷殃. (宅之行年不利, 或口舌疾病等, 即宜翻刑禍, 添益福德. 改移牆壁, 即消災, 致其大吉昌也.)

(*형화방이 넓어져서 복덕방을 침해할 정도가 되는 것도 경계하여야 하지만, 너무 축소縮小하면 기부족氣不足이 되므로 재록財祿의 손실損失이 생길 수 있다. 복덕방도 넓혀서 형화방을 침범하는 것을 경계해야 한다. 이 또한 과하면 좋지 않다. 태과太過(지나침)는 복을 감소시킨다. 복은 지극히 미미하면서도 사라지지 않게 할 수 있어야 두터운 복이 있게 되는 것이다. 범사凡事에 만족滿足할 줄 알고 태과太過를 경계해야 할 것이다. 형화방이든 복덕방이든 그 수數를 넓혀서 본택本宅[42]을 넘어선다면 그것이 바로 태과太過인 것이다.)[43]

『황제택경』에서는 음양의 조화, 태과太過 즉, 과유불급過猶不及에 대한 언급이 자주 등장한다. 간혹 어느 누추한 골목길에 위치한 음식점이 잘 된다고 하여 그 장소를 벗어나서 번듯한 길에 접한 넓은 곳으로 옮겼는데, 그 다음부터는 왠지 손님도 줄고 음식 맛도 없어지게 되어, 결국 망하게 되었다는 사례를 보게 된다. 이와 반대로 잘 되는 집을 끝까지 옮기지 않고 그 자리를 고수하는 경우를 볼 수 있다. 그것은 바로 『황제택경』에서 말하는 "집이 점점 번창하면 궁당宮堂(집)을 버리지 말 것이며, 쇠하지 않는데 굳이 옮기려고 하지 말아야 할 것이며, 이를 어기면 재앙을 받게 될 것이다."[44]라는 것과 통하는 것이다. 그래서 『황제택경』에서는 오히려 "넓은 집에 곧 환희歡喜가 있다고 할 수 없다."[45]고 하고 "식구수食口數를 계산하여 그의 반半 정도에 해당하는 방房의 수數로 축조하면 반드시 장수長壽하게 될 것이다(* 집이 넓다는 것이 마땅한 것은 아니다)."[46]고 하면서 과유불급에 대한 경고를 하고 있다. 그리고 넓은 집만 좋아할 것이 아니며 "또한 밭이 아무리 좋다고 해도 호서薅鋤(김매다)질을 해야 분방芬芳(꽃다운 좋은 향기)해지듯이, 집이 아무리 좋아도 수이修移(관리)해야 번창할 것이

---

42 넓히는 정도가 원래 있었던 집의 규모이상이 된다면 태과라고 본 것이다. 즉 한번에 2배 이상의 증축을 태과라고 본 것이다. 만일, 형화방과 복덕방을 한꺼번에 증축할 경우는 집 전체의 2배가 될 것이다. 형화방이나 복덕방의 일부분을 증축한다고 한다면, 본택(本宅)은 형화방의 사장(舍墻), 복덕방의 사장이 기준이 된다.

43 『黃帝宅經』「總論」, 又云, 刑禍之方縮復縮, 猶恐災殃枉相逐. 福德之方拓復拓, 子子孫孫受榮樂. (刑禍之方戒侵拓也. 不得太縮, 縮即氣不足, 不足則損財祿. 福德之方宜戒侵拓也. 亦不得太過, 太過即減福. 會至微不消, 厚福所臨也. 凡事足戒太過, 所侵拓之數, 過於本宅, 名曰太過.)

44 『黃帝宅經』「總論」, 又云, 宅乃漸昌, 勿棄宮堂, 不衰莫移, 故為受殃.

45 『黃帝宅經』「總論」, 舍居就廣, 未必有歡.

46 『黃帝宅經』「總論」, 計口半造, 必得壽考. (宅不宜廣)

다."[47]고 하여 유지관리의 중요성을 설파하고 있는 것이다. 이러한 원리를 종합하여 『황제택경』에서 제시하고 있는 것이 바로 오허오실五虛五實에 대한 것이다.

인간의 영혼을 양생하는 법이 바로 환경을 조절하는 법[48]인데, 그것의 근간이 되는 것이 바로 음양론이라는 것이다. 좀 더 구체적으로 말하면, 그 음양론은 포음포양하고 있는 음양이 득음득양하는 과정을 거쳐 양생이 되어야 한다는 것이다. 그래서 "사람과 집이 상부상조相扶相助하니 천지가 감통感通하고 그래서 사람이 명命만을 유일하게 믿는 것은 불가하다."[49]고 한 것이다. 결국 집이 양생養生宅되면 사람의 영혼까지도 양생養生靈이 되어 인간의 삶이 행복하고 윤택해질 것이라는 말이다.

『황제택경』에서 음양상득론을 통하여 환경의 양생을 통한 영혼의 양생에 대하여 언급하였다고 하더라도, 오늘날 우리시대에도 그러한 방식으로 환경을 양생할 수가 있겠는가 하는 것이 우리에게 던져진 화두인 것이다.

현대의 도시 속에서 기존의 전통풍수에서 많이 언급된 비보방식 즉, 돌탑쌓기, 연못만들기, 숲가꾸기, 사찰건립 등의 방법으로 환경양생에 대한 요구를 모두 충족시키기는 매우 어렵다. 그래서 환경양생의 방법으로 『황제택경』에서 말하는 포음포양론을 바탕에 둔 득음득양론 외에도 음양배합론, 음양교합론, 극음극양론, 소음소양론, 정음정양론 등의 음양변화원리를 동원할 수 있어야 한다는 것이다. 음양론 외에 오행론도 환경양생에 유용할 수가 있는데, 두 개의 요소 간의 상생상극론 외에 그 개념을 확대한 생왕설노살론生旺泄奴殺論[50]이 있다.

무릇 사람이 어디에 거처한다는 것은 집이 있지 않고서는 될 수 없는데, 다만, 집집마다 집의 규모가 크고 작음으로써 서로 같지 않고, 집의 음양에서 서로 다른 점이 있다. 설사

---

47 『黃帝宅經』「總論」, 又云, 其田雖良, 薅鋤乃芳, 其宅雖善, 修移乃昌.

48 중국에서는 환경양생을 주로 개조(改造)라는 용어를 사용하여 양생풍수(養生風水)라기보다는 개조풍수(改造風水)라고 흔히 사용하고 있는 것으로 보인다. 慧緣, 『風水學』, 線裝書局, 2014, 144쪽. 改造風水的 主要方法 참조.

49 『黃帝宅經』「總論」, 〈子夏〉云, 人因宅而立, 宅因人得存, 人宅相扶, 感通天地, 故不可獨信命也.

50 조인철, 『우리시대의 풍수』, 민속원, 2008, 410쪽 참조.

일실一室에 거처한다고 하더라도 각 방房[51]마다 선악善惡이 있으므로, 대자대설大者大說(대이론)과 소자소론小者小論(소이론)이 있게 된다.[52]

"집집마다 집의 규모가 크고 작음으로써 서로 같지 않다."는 것은 건축풍수적 입장에서 말하는 것이고, "설사 일실一室에서 거처한다고 하더라도… 대자대설, 소자소론이 있다."는 것은 인테리어 풍수적 입장에서 말하는 것으로 볼 수 있다. 그래서 위의 언급에서도 볼 수 있듯이 집집마다 또는 집안에서조차 방마다 기운이 다른 다양한 환경에서 요구되는 환경양생의 현실적 적용을 위해서는 보다 다양하고 세밀한 양생풍수의 이론을 정립해야 할 필요성이 요구되는 것이다.

『황제택경』의 내용이 당대의 장안성이나 낙양성의 격자형의 고밀도 성곽구조 속에서 서술된 것으로 가정할 때, 오늘날의 도시환경을 양생하는데 유용한 요소가 많은 것은 사실이지만 그것이 전부일 수가 없는 것이다. 그래서 우리가 『황제택경』의 내용을 살펴보는 것에 그치지 말고, 그 내용을 철저히 분석하여 우리시대에 적합한 이론을 재창출해 내고 그것을 바탕으로 현대의 5대 생활풍수를 발전시켜나가야 할 것이다.

51 하나의 실(室) 속에 여러 개의 방(房)이 있는 것으로 보고 있다.

52 『黃帝宅經』「序」, 凡人所居, 無不在宅, 雖只大小不等, 陰陽有殊. 縱然客居一室之中, 亦有善惡, 大者大說, 小者小論.

02

『황제택경』의 현실적 적용

1. 공사착공을 위한 택일과 고사告祀

『황제택경』에는 건축공사를 하면서 토지를 파거나 변경할 경우 고려해야 할 점에 대한 언급이 있는데, 그것이 바로 '토기소충지방土氣所衝之方'이다. 토를 잘못 건드리면 집안의 안정이 흔들릴 수 있다. 그러나 토를 건드리지 않고는 수리나 신축 따위의 건축행위를 할 수가 없으므로 그러한 행위를 '동토動土'라고 하고, 그로 인한 토기운의 변화에 대하여 미리 준비하고 조심할 것을 강조하고 있는 것이다. 『황제택경』에서는 동토행위이전에 '토기소충지방'에 제사를 지낼 것을 요구하고 있는데, 오늘날 공사착공시에 행하는 안전기원제와 같은 것으로 생각된다. 이러한 제사의식을 통하여 공사에 참여하는 모든 일꾼에게 안전사고에 대한 경각심을 고취시키고, 불의의 사고를 조금이라도 줄여보고자 하는 것이다. 제사의식이라는 것은 그 대상을 누구로 하든지 간에 정성이 들어가고 예법에 적합해야 그 효력이 있는 것이다. 『황제택경』에서는 동토에 대한 양재禳災의 효과를 극대화하기 위해서 고사지내는 적합한 방위를 정해주고 있다.

'토기소충지방土氣所衝之方'이라는 것은 동토시動土時 해당 월에 토지신土地神에게 제사를 지내는 방위土氣禳災方位를 말하는 것이다.

수축원장修築垣牆을 하거나, 건조택우建造宅宇할 시에 토기소충지방土氣所衝之方(토기가 충하는 방위)으로부터 인가人家로 향하여 재앙災殃이 일어날 수 있으니, 의당宜當 법식法式에 의거하여 양재禳災(제사를 지내 일어날 재앙을 소멸시킴)를 해야 한다.[1]

토기소충방위의 내용을 잘 살펴보면, 사유방四維方에 해당하는 방위인 건곤간손乾坤艮巽에 대해서 각기 1개월씩 배분하고, 자오묘유의 4방위[2]에 대해서는 어떤 달도 배당하지 않았으며, 나머지 인접한 천간과 지지에 대해서 하나씩 짝을 지어 1개월씩을 배당하고 있다.

24방위와 해당 월을 배당한 상황을 언뜻 살펴보면, 매우 불규칙한 배열인 것처럼 보인다(그림 1). 하지만, 24방위상의 네모서리를 차지하고 있는 건곤간손을 중심으로 다시 보면 일정부분 규칙성을 발견할 수 있다. 우선, 곤坤(土)방위가 2월로 되어있는데, 그것의 좌左(시계 방향)의 신경申庚에 12월, 그것의 우右(시계반대 방향)의 정미丁未에 1월이 배속되어 있는 것이다. 그래서 신경이 12월, 정미가 1월, 곤이 2월의 순서로 배당되었다. 마찬가지로 건乾(金)이 있는 모서리를 중심으로 좌우를 살펴보면, 임해壬亥가 3월, 신술辛戌이 4월, 건乾이 5월이 된다. 그 다음, 간艮(土)모서리에서는 갑인甲寅이 6월, 계축癸丑이 7월, 간艮이 8월이 되고, 손巽(木)모서리에서는 사병巳丙이 9월, 진을辰乙이 10월, 손巽이 11월이 된다.

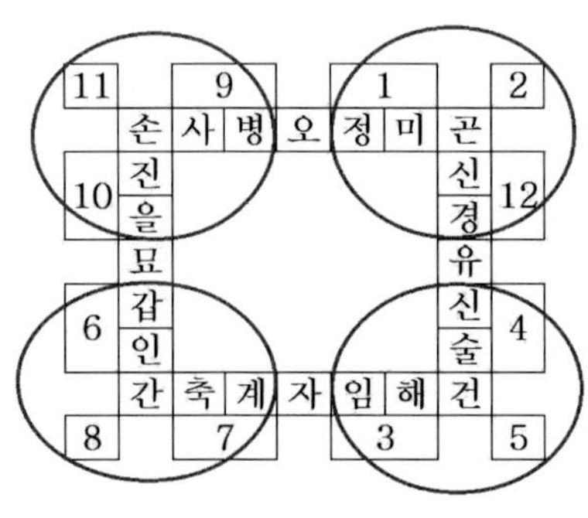

〈그림 1〉 토기양재방위
토지신에게 제사를 지내는 방위

종합하면, 토기소충지방을 각 월에 배당함에 있어서도 자오묘유를 경계로 4등분하고 네 모서리에 자리하고 있는 팔괘를 중심으로 3·4·5월, 6·7·8월, 9·10·11월, 12·1·2월로 배당하고 있는 것이다. 그래서 팔괘 중심으로 오행의

---

1 『黃帝宅經』「陽宅圖說」, 凡修築垣牆, 建造宅宇, 土氣所衝之方, 人家即有災殃, 宜依法禳之.

2 자오묘유(子午卯酉)의 방위는 팔괘 중 감리진태(坎離震兌)가 지지에 의해 가려져 드러나지 않는 특이한 방위이다.

상황을 보면 토[간, 곤]가 둘, 목[손]과 금[건]이 하나씩 각 모서리를 차지하고 있는 것이다. 수와 화는 각기 자오에 가려져서 드러나지 않았고 토기양재월土氣禳災月을 배당받지 않고 있다. 토기소충방위는 어디까지나 유구한 세월동안 안정된 상태를 유지하였던 토지를 인간의 필요에 의해서 느닷없이 동토動土(땅을 움직임)를 하게 될 때 정성을 기울여야 할 부분을 언급하는 것이므로 토기를 중심으로 구성하는 것은 어찌 보면 당연한 것이라고 할 수 있다.

토기소충지방 외에 유사한 논리로 제시되고 있는 것이 특정 월의 수리방위이다. 특정 월의 수리방위를 길흉으로 나누어서, 길한 방위로 생기生氣 · 천덕天德 · 월덕月德이 있고 흉한 방위로 사기死氣를 제시하고 있다. 특히 "본래 복덕福德의 방위는 천도天道에 의거하여 더욱 세부적으로 각 달[월]의 천덕天德, 월덕月德, 생기生氣가 이 방위에 도달할 때 수리하여야 한다."[3]고 하고 "복덕의 방위를 청결하고, 넓고 두텁게 하면 한 집안이 편안하고, 부귀영화를 누릴 것이다."[4]라고 하였다.

"매년 12개월이 있는데, 매월에 생기生氣와 사기死氣의 방위가 정해져 있다."[5]고 하고 "단지 수월修月(수리하는 달)의 생기生氣 방위는 복이 들어오는 방위이다."[6]고 하였다. 각월에 생기生氣가 있는 방위 외에도, 천도天道, 월덕月德에 해당하는 방위도 모두 수리에 길한 것으로 언급하고 있다. 하지만 "수리하는 해당 월에 24로路 중의 사기死氣방위를 범犯하면 흉재凶災가 있을 수 있다."[7]고 하여 해당 월에 피해야 할 방위도 언급하고 있다.

---

3 『黃帝宅經』「總論」, 故福德之方, 勤依天道, 天德, 月德, 生氣到其位即修.

4 『黃帝宅經』「總論」, 令清潔闊厚, 即一家獲安, 榮華富貴.

5 『黃帝宅經』「凡修宅次第法」, 每年有十二月, 每月有生氣死氣之位.

6 『黃帝宅經』「凡修宅次第法」, 但修月生氣之位者, 福來. 集月生氣與天道, 月德合, 其吉.

7 『黃帝宅經』「凡修宅次第法」, 路犯月死氣之位, 為有凶災.

〈표 1〉 생기사기(生氣死氣),[8] 천월덕,[9] 사왕신 일람표

月支	天德 取	月德 取	生氣 取	死氣 避	四王神 避
1寅	丁	丙	子, 癸	午, 丁	春東 寅卯辰
2卯	坤(申)	甲	丑, 艮	未, 坤	
3辰	壬	壬	寅, 甲	申, 庚	
4巳	辛	庚	卯, 乙	酉, 辛	夏南 巳午未
5午	乾(亥)	丙	辰, 巽	戌, 乾	
6未	甲	甲	巳, 丙	亥, 壬	
7申	癸	壬	午, 丁	子, 癸	秋西 申酉戌
8酉	艮(寅)	庚	未, 坤	丑, 艮	
9戌	丙	丙	申, 庚	寅, 甲	
10亥	乙	甲	酉, 辛	卯, 乙	冬北 亥子丑
11子	巽(巳)	壬	戌, 乾	辰, 巽	
12丑	庚	庚	亥, 壬	巳, 丙	

생기, 사기, 천덕, 월덕에 대한 각 방위의 배당을 자세하게 살펴보면 일정한 규칙성을 발견할 수가 있다. 각 월에서의 수리가 가능한 생기방위生氣方位는 지지地支와 천간天干 혹은 지지地支와 사유四維를 하나의 짝으로 묶어서 자子부터 시작하여 24로의 순서대로 배당하고 있는 것이다. 해당 월의 생기의 지지방위의 결정은 월지月支의 시계반대방향으로 양진兩辰을 후퇴한 지지地支를 배속한다. 즉, 1월의 인寅에 대하여 생기방위의 지지는 자子가 된다. 그래서 1월은 자계子癸를 시작으로 2월에 축간, 3월에 인갑 등으로 해서 12월에 해임으로 마무리하며 배속하였다. 그에 비하여 사기방위는 24로상 생기방위에 배속된 지지와

---

8 盧生上人, 『『宅經』心得』, 江蘇人民出版社, 2010, 22쪽. 『歷例』一書說, '生氣者, 常居月建后兩辰' … 而死氣, 則在生氣的對角線對衝方, 寅的生氣在子月, 死氣就在午月.

9 위의 책, 22쪽. 所謂天德者, 按『乾坤寶典』的說法, '天德者, 天之福德也, 所理之方, 所直之日, 可以興土功, 營宮室'. 『堪輿經』上又說, '天德者, 正月丁, 二月坤, 三月壬, 四月辛, 五月乾, 六月甲, 七月癸, 八月艮, 九月丙, 十月乙, 十一月巽, 十二月庚' … '而月德與天德相類, 是月的德神, 取土造屋修建, 宜向月德的方位'. 『歷例』上說, '月德者, 正,五,九月在丙, 二,六,十月在甲, 三,七,十一月在壬, 四,八,十二月在庚'.

천간의 반대쪽에 있는 방위[10]를 배당하고 있다. 1월의 생기방위인 자子에 대하여 오午, 계癸에 대하여 정丁, 2월의 축丑에 대하여 미未, 간艮에 대하여 곤坤, 3월의 인갑寅甲에 대하여 신경申庚이 배속되고 12월에 생기방위인 해임亥壬에 대하여 사병巳丙이 사기방위死氣方位로 배속되었다.

그 다음, 천덕天德과 월덕月德에 대해서 알아본다. 천덕을 잘 살펴보면 앞에서 살펴본 '토기소충지방'과 통하는 부분이 있다는 것을 알 수 있다. 천덕과 토기소충지방의 관련성에 대해서는 『협기변방서』에서 어느 정도 단서를 얻어낼 수가 있다. 천도天道·천덕天德을 설명하면서 〈광성력广圣历〉의 내용을 인용하여 토기소충지방과 일치하는 내용을 언급하고 있는 것이다.[11]

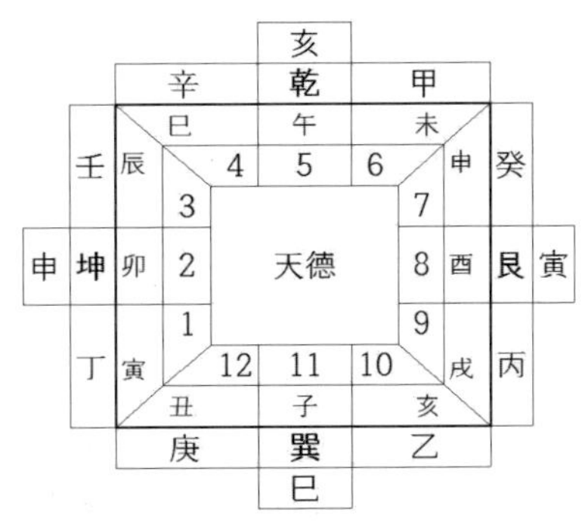

〈그림 2〉 월별 천덕

그래서 천간방위天干方位와 사유방위四維方位만을 놓고 앞에서 다룬 '토기소충지방'과 비교해보면 서로 일치하는 것을 알 수 있다. 즉, 다르게 이야기하면 해당 월의 천덕방위가 곧 토지신에게 제사를 지내야 할 방위라는 것이다.

천덕의 구성을 살펴보면 10월의 을乙과 4월의 신辛, 1월의 정丁과 7월의 계癸가 을신정계로 서로 마주보고 있으며, 6월과 12월의 갑甲과 경庚, 9월과 3월의 병丙과 임壬이 갑경병임으로 서로 마주보고 있다. 10월은 지지로 해亥월에 해당하는데 삼합오행의 기준으로 볼 때, 해亥는 목木의 생위生位이며, 그에 배당된 천덕天德의 을乙은 음목陰木에 해당한다. 즉 지지의 생목生木과 천간의 음목陰木[12]이 결합된 것이다. 4월은 사巳월로 신辛천덕이 배당되어 생금生金과 음금陰金이 결합되어 있는 것이다. 1월의 인寅과 정丁은 생화生火와 음화陰火, 7월의

---

10 명리학에서는 충(冲)이라고 칭한다. 일반적으로 흉하게 보는 경향이 있다.

11 允祿, 何國宗(主編), 『協紀辨方書－上卷』, 中國文聯出版社, 2007, 203쪽. 『廣聖曆』曰：天道正月, 九月在南方, 二月在西南方, 三月, 七月在北方, 四月, 十二月在西方, 五月在西北方, 六月, 十月在東方, 八月在東北方, 十一月在東南方也.

12 음목, 음금, 음수, 음화, 음토에 대한 구분은 제1부 3장 〈표 8·9·10·11〉 참조.

신申과 계癸는 생수生水와 음수陰水가 배당된 것이다. 종합하면, 해당 월을 의미하는 지지는 '생生'으로 그에 대응하는 천덕의 천간은 음陰이 된다. 그것도 삼합오행상의 생生 · 왕旺 · 묘墓 중에서 생生에 해당하는 인신사해의 월에 동일오행의 음천간을 각각 배속한 것이다.

6월의 갑甲과 12월의 경庚, 9월의 병丙과 3월의 임壬은 갑경병임으로 서로 대응하고 있다. 6월의 미未월과 갑甲천덕은 묘목墓木과 양목陽木의 관계이다. 12월의 축丑과 경庚은 묘금墓金과 양금陽金, 9월의 술戌과 병丙은 묘화墓火와 양화陽火, 3월의 진辰과 임壬은 묘수墓水와 양화陽火의 관계이다. 종합하면, 삼합오행상 묘궁墓宮에 해당하는 진술축미의 해당 월에 대하여 양천간陽天干을 배속한 것이다.

천덕의 각월별 배속을 살펴보기 위하여 『협기변방서』의 내용[13]을 참조하면, 천덕은 천간을 사용하고 지지를 사용하지 않는다.[14] 다만, 2 · 5 · 8 · 11월(묘 · 오 · 유 · 자)에서는 천일지육天一地六의 원리에 의하여 건곤간손乾坤艮巽[15]을 배치하고 술사들이 이를 인신사해寅申巳亥[16]로 대체하여 시공간적 용도로 사용하고 있는 것이다.

월덕은 천간의 병갑임경만을 번갈아가며 순서대로 배속하고 있다. 1 · 5 · 9월에 병丙, 2 · 6 · 10월에 갑甲, 3 · 7 · 11월에 임壬, 4 · 8 · 12월에 경庚을 배속하였다. 오행으로 보면 병화丙火, 갑목甲木, 임수壬水, 경금庚金으로 모두 양陽이며, 무토戊土는 가운데 방위이기 때문에 배제된 것으로 판단된다.

월덕의 경우도 기본 원리는 삼합오행론에 근거하고 있다. 인오술寅午戌의 화삼합火三合에 대하여 병화丙火, 해묘미의 목삼합에 갑목, 신자진의 수삼합에 임수, 사유축의 금삼합에 경금을 각각 배속한 것이다. 지금까지 천덕 · 월덕 · 생기 · 사기의 설정원리와 규칙성을 알아보았으므로 이제, 생기, 사기, 천덕, 월덕의 적용방식에 대해서 살펴볼 차례이다. 이

---

13 允祿, 何國宗(主編), 『協紀辨方書－上卷』, 中國文聯出版社, 2007, 203~208쪽.

14 위의 책, 205쪽. 今天德旣用十干, 卽不應雜以十二地支之義.

15 위의 책, 204쪽. 然必正丁, 五乾, 九丙者何也? 地以寅爲火之生, 則天必丁爲火之成矣. 地以戌爲火之成, 則天必丙爲火之所從生矣. 火生于日, 天必居乾, 戌爲火之終始, 天執其兩端而地乃得用其中焉. 余可類推, 皆, 〈易〉 天一, 地六之義也.

16 위의 책, 207쪽. 又按 〈蠡海集〉 上說, 術士取照天道的方法, 到子,午,卯,酉月居于四卦之上, 每卦有兩支, 人們懷疑它. 大概天德不加于戊己的. 天氣不親于土. 它的子, 午, 卯, 酉月只用巳亥寅申, 不用四墓.

러한 것들은 적용할 때, 첫째, "음양이기陰陽二氣에 순응하는 것이 정법正法"[17]이며 "여러 형살刑殺이 형화방刑禍方에[18] 있게 되면, 천덕天德, 월덕月德에 해당되는 방위라고 하더라도 역시 수리하는 것을 피하는 것이 좋다."[19]는 것이다.

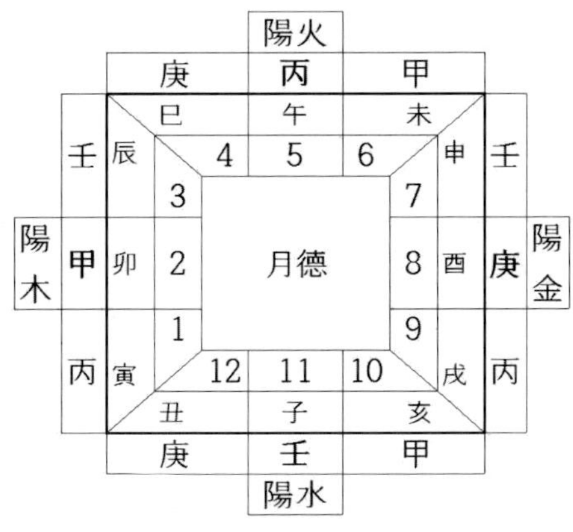

〈그림 3〉 월별 월덕

申 午 丑
巳 午 未
辰 辰 4 5 6 申 寅
3 7
子 卯 2 刑殺 8 酉 酉
1 9
巳 寅 12 11 10 戌 未
丑 子 亥
戌 卯 亥

〈그림 4〉 형살[歲刑, 月刑]

형살의 배속은 4가지 정도로 유형화 할 수가 있다. 3 · 5 · 8 · 10월은 해당월지와 형살지지가 각각 진진, 오오, 유유, 해해로 같다.[20] 그 다음 1 · 4 · 7월에서는 인–사, 사–신, 신–인으로 인寅 · 사巳 · 신申이 서로 삼각관계를 형성하고 있음을 알 수 있다. 그 다음 2월과 11월의 경우로서 자子와 묘卯가 서로 대응하고 있으며, 6 · 9 · 12월에 축丑 · 술戌 · 미未가 삼각관계를 형성하고 있다.[21] 이러한 배당의 원리 속에는 『협기변방서』에 언급된

---

17 『黃帝宅經』「總論」, 順陰陽二氣為正.

18 형살이 형화방에 있다는 것은 어떤 경우를 말함인가? 수리를 하려는 해가 자년(子年 즉, 甲子年, 壬子年 등 해당)이라면 그해의 형살(刑殺)은 묘(卯)인데, 양위택(陽位宅)이라면 묘(卯)가 형화방에 있는 것이므로 불리하다는 것이다. 1부 2장 〈표 2 형살〉 참조.

19 『黃帝宅經』「總論」, 凡諸刑殺在刑禍方者, 設天德月德到, 亦須避之.

20 3월 지지가 진(辰)이고 형살지지도 진(辰), 5월 지지가 오(午)이고 형살지지도 오(午)이다. 8월은 유(酉)–유(酉), 10월은 해(亥)–해(亥)가 된다.

21 진오유해의 자형(自刑) 외에 나머지를 삼형살(三刑殺)이라고도 하는데, 백영관의 저서에는 인사신의 관계를 지세지형(持勢之刑), 축술미의 관계를 무은지형(無恩之刑), 자묘의 관계를 무례지형(無禮之刑)으로 분류하였다. 白靈

'황극중천이십위살수皇極中天以十爲殺數'의 개념이 포함되어 있다.[22]

〈표 2〉 형살(刑殺)[23]

해당월	10	11	12	1	2	3	4	5	6	7	8	9
해당년 또는 띠	해	자	축	인	묘	진	사	오	미	신	유	술
형살	해	묘	술	사	자	진	신	오	축	인	유	미
양택	형화방						복덕방					
음택	복덕방						형화방					

둘째, "만일 신살神殺이 복덕방에 있다면, 천덕天德, 월덕月德, 생기일生氣을 기다렸다가 편하게 수리하라."[24]는 것이다. 셋째, "만일 신살의 위치가 불명확할 경우 천덕, 월덕, 생기방위에 정성과 노력을 기울여 편하게 수리하면 된다."[25]는 것이다. 넷째, "만일, 신살의 위치가 불명확한 가운데 정성을 기울이지 않는다면, 큰 차원의 길흉을 제어할 수 없게 된다."[26]고 하였다. 『황제택경』에는 형살과 신살에 대한 언급이 등장하는데, 이것들은 모두 동양술수학에서 자주 거론되는 것으로써 그것을 참조하면 된다. 신살은 12신살이라

觀, 『四柱精說』, 明文堂, 2003, 60쪽 참조.

22 允祿, 何國宗(主編), 앞의 책, 132~133쪽. 〈曾門經〉 曰, 巳酉丑金之位, 刑在西方, 言金恃其剛, 物莫與對. 寅午戌火之位, 刑在南方, 言火恃其剛, 物莫與對. 亥卯未木之位, 刑在北方, 言木恃榮華, 故陰氣刑之, 使其凋落. 申子辰水之位, 刑在東方, 言水恃陰邪, 故陽氣刑之, 使不復歸, 所以子刑卯, 丑刑戌, 寅刑巳, 卯刑子, 巳刑申, 未刑丑, 申刑寅, 戌刑未, 辰, 午, 酉, 亥位自刑也. 儲泳 〈祛疑說〉 曰, 三刑是極數. 子卯一刑也, 寅巳申二刑也, 丑戌未三刑也. 自卯順至子. 自子逆至卯, 極十數, 自寅逆至巳, 自巳逆至申, 極十數. 丑順至戌, 戌順至未, 極十數. 皇極中天以十爲殺數, 積數至十則悉空其數. 天道惡盈, 滿則覆也. 此三刑之法所由起也.

23 조인철, 『우리시대의 풍수』, 민속원, 2008, 360쪽, 〈표 13〉. 『협기변방서』에는 세형(歲刑)과 월형(月刑)이 동일한 것으로 언급되어 있다. 이것은 해당년, 해당월에 모두 적용할 수 있음을 의미하는 것이다. 위의 책, 132~133쪽 · 260쪽 참조.

24 『黃帝宅經』「總論」, 若神殺在宅福德方, 即待天德月德生氣到其位, 便須修之.

25 『黃帝宅經』「總論」, 若不明陰陽之氣, 到其位便須修之用功多即善, 故不避也.

26 『黃帝宅經』「總論」, 若不明氣中小數, 故不能制其大綱. 신살(神殺)이라고 하면 12신살을 의미하는데, 그 중에서 겁살, 재살, 세살을 대표로 고려한다. 신살이 복덕방에 있다는 것의 의미는 자년(子年)의 신살을 따진다면 겁살, 재살, 세살로서 각기 사, 오, 미이다. 이때 사, 오, 미의 방위를 음양이택도를 참조해서 살펴보면 양위택의 복덕방에 있는 방위임을 알 수 있는 것이다.

고도 하는데, 그 중에서 겁살劫殺, 재살災殺, 세살歲殺의 삼살三殺을 주로 피해야 할 대상의 살殺로 본다.

〈표 3〉 삼살방위[12신살][27]

좌삼살 \ 연월일시	해묘미	인오술	사유축	신자진	포태
겁살(劫殺)	신(申)	해(亥)	인(寅)	사(巳)	포
재살(災殺)	유(酉)	자(子)	묘(卯)	오(午)	태
세살(歲殺)	술(戌)	축(丑)	진(辰)	미(未)	양
지살(地殺)	해(亥)	인(寅)	사(巳)	신(申)	생
년살(年殺)	자(子)	묘(묘)	오(午)	유(酉)	욕
월살(月殺)	축(丑)	진(辰)	미(未)	술(戌)	대
망신살(亡身殺)	인(寅)	사(巳)	신(申)	해(亥)	관
장성(將星)	묘(卯)	오(午)	유(酉)	자(子)	왕
반안(攀鞍)	진(辰)	미(未)	술(戌)	축(丑)	쇠
역마살(驛馬殺)	사(巳)	신(申)	해(亥)	인(寅)	병
육해(六害)	오(午)	유(酉)	자(子)	묘(卯)	사
화개(華蓋)	미(未)	술(戌)	축(丑)	진(辰)	묘

2. 『황제택경』의 금기와 범犯

1) 사왕신방의 금기와 불용의 원칙

『황제택경』에서 언급하고 있는 금기사항으로 주목해야 할 것은 『황제택경』 〈서〉에서 말하고 있듯이 "사람들이 수동修動을 범犯"[28]하는 것이다. 여기서 수동은 수리에 대한

27 조인철, 앞의 책, 358쪽, 〈표 12〉.
28 『黃帝宅經』「序」, 所以人犯修動.

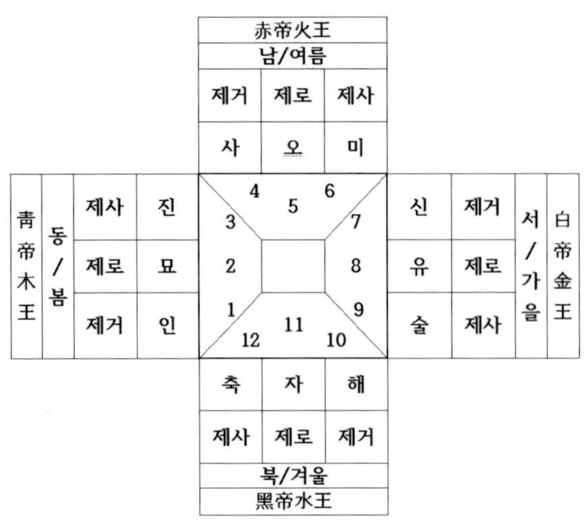

〈그림 5〉 사왕신 배치도

규모, 방위, 일자 등에 대한 것과 동선의 방향에 대한 것으로 요약된다. 수리에 관한 것으로 수조동치修造動治함에 있어서 사왕신四王神을 제일 먼저 고려해야 할 금기사항禁忌事項으로 제시하고 있다. 사왕신四王神이란 동방의 청제목왕青帝木王(1~3월)을 비롯하여, 남방의 적제화왕赤帝火王(4~6월), 서방의 백제금왕百帝金王(7~9월), 북방의 흑제수왕黑帝水王(10~12월)을 말하는 것이다(그림 5 참조).[29]

사왕신의 배치는 360도의 방위를 크게는 동서남북의 4개로, 작게는 사방에 각 3개씩 12개의 지지로 등분하고, 제거, 제로, 제사를 월별 순서대로 배치하였다. 그래서 동방의 인寅에 제거帝車, 묘卯에 제로帝輅, 진辰에 제사帝舍가 배치되고, 남방의 사巳에 제거, 오午에 제로, 미未에 제사가 배치되는 식이다. 만일, 해당 월에 해당 방위의 수리를 일으켰을 때는 금기를 범하는 것이 되고, 그 집안에 가혹한 흉화가 따르게 된다는 것이다. 『황제택경』〈범수택차제법〉에서 〈호경戶經〉을 인용하여 "제거帝車를 범犯하면 아버지가 죽고, 제로帝輅를 범犯하면 어머니가 죽으며, 제사帝舍를 범犯하면 자손이 죽는다."[30]고 하였다. 사왕신을 범하는 것은 음양이택도설에 각각 언급한 부명, 모명, 손명 등의 명좌命座가 배속된 방위를 범하는 것과는 별개로 그 대가를 치르게 된다는 특별한 경고인 것이다.

사왕신은 360도 방위를 4등분하여 봄, 여름, 가을, 겨울로 나누고 각 해당방위에 동방

29 『황제택경』에서 사왕신의 배속월은 한반도에서 양력으로 봄을 3~5월, 여름을 6~8월, 가을을 9~11월, 겨울을 12~2월로 보는 것과는 다르다.

30 『黃帝宅經』「凡修宅次第法」, 〈戶經〉 曰, 犯帝車殺父. 犯帝輅殺母. 犯帝舍殺子孫.

東方을 청제목왕青帝木王, 서방西方을 백제금왕白帝金王, 남방南方을 적제화방赤帝火方, 북방北方을 흑제수방黑帝水方으로 배속하고 있다. 비록 중방中方에 해당하는 황제토왕黃帝土王에 대한 것은 거론되지 않았지만, 사왕신방四王神方에 대한 것은 바로 오행론적 사고방식을 보여주는 것이라고 할 수 있다. 그래서 12분금에 의해서 동서남북 각 방위를 3개씩 배속하여 12개의 지지를 시계방향으로 360도에 채워놓고, 사방 각각에 제거帝車, 제로帝輅, 제사帝舍를 순서대로 대응시키고 있다.

『황제택경』 〈범수택차제법〉의 다음의 내용에서 사왕신방에 대한 구체적인 기준을 제시하고 있다. 사왕신방은 공사를 진행함에 있어서 일종의 월별 방위적 금기사항을 언급하고 있는 것으로 보인다.

> 가령 춘삼월이라면 동방東方이 청제목왕青帝木王을 위한 것으로, 인寅이 제거帝車, 묘卯가 제로帝輅, 진辰이 제사帝舍가 된다. 그래서 정월, 이월, 삼월에 수조동치修造動治를 하고자 한다면 동쪽을 얻을 수가 없는 것이다.[31]

그래서 정월 · 2월 · 3월을 동방, 4월 · 5월 · 6월을 남방, 7월 · 8월 · 9월을 서방, 10월 · 11월 · 12월을 북방으로 배속하고 그 시간적 좌표에 해당할 때 그 공간적 좌표에 해당하는 부위를 수리하는 것은 금기를 범하는 것으로 흉한 사건이 생길 수 있으니 각별하게 조심하라는 것이다.

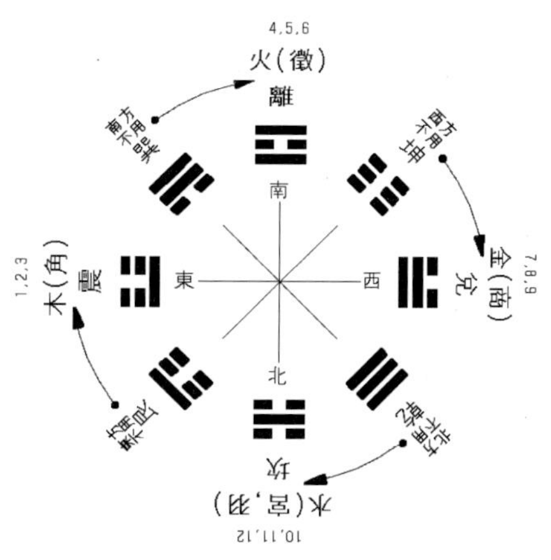

〈그림 6〉 오성불용의 원칙

31 『黃帝宅經』「凡修宅次第法」, 假如春三月, 東方為青帝木王, 寅為車, 卯為輅, 辰為舍, 即是正月, 二月, 三月不得東. 1~3월까지는 동쪽을 건드리지 않는다는 의미이다.

〈표 4〉 사유방의 수리길일과 금기일[32]

	건	간	손	곤
팔괘오행	금	토	목	토
수리길일 육합	5월 정일, 임일	8월 갑일, 기일	11월 병일, 신일	2월 을일, 경일
수리금기	북방불용	동방불용	남방불용	서방불용[33]
	임자일, 정사일	갑자일, 기사일	병자일, 신사일	경자일, 을사일

『황제택경』에서는 사왕신과 유사한 개념으로 사방의 각각에 대하여 불용不用의 원칙을 제시하고 있다. 『황제택경』 〈양택도설〉에서 건방위를 언급하면서 "북방北方은 임자일壬子日과 정사일丁巳日에 수리하지 않는다."[34]고 하고, 간방위에서 동방불용東方不用의 원칙에 의거 갑자일甲子日, 기사일己巳日,[35] 손방위에서 남방불용의 원칙에 따라 병자일丙子日, 신사일辛巳日[36]에 공사를 할 수 없다고 하였다. 그 다음 〈음택도설〉에서 건방위에서는 〈양택도설〉과 똑같이 언급하고, 동방불용의 날짜는 갑자일甲子日, 남방불용은 병자일丙子日로 지목하였으나 〈양택도설〉에서 언급한 기사일, 신사일은 언급하지 않고 있다. 유독 서방에 대해서는 음양이택도설에서 불용의 원칙에 대한 언급을 찾을 수가 없다.

32 사유방의 수리길일과 금기일이 어떠한 논리로 정해졌는지에 대해서는 알기가 어렵다. 다만, 팔괘의 방위와 오행, 날짜를 구성하는 천간과 지지의 오행이 서로 관계를 갖고 있지 않을까 추측된다. 건괘는 북서방위로 시계방향의 그 다음 방위인 북방의 임자계(壬子癸)에서 임(壬), 간괘의 그 다음 방위인 동방의 갑묘을(甲卯乙)에서 갑(甲), 손괘의 그 다음 방위인 남방의 병오정(丙午丁)에서 병(丙)이 언급되었고, 곤괘의 그 다음 방위인 서방의 경유신(庚酉辛)에서 경(庚)이 언급되어야 하나 누락되었다. 정임(丁壬), 갑기(甲己), 병신(丙辛), 을경(乙庚)이 짝을 이룬 것은 육합의 짝으로 이해할 수 있을 듯하다. 육합 중에서 무계(戊癸)만 언급되지 않은 것은 무(戊)가 방위상 가운데 방위를 의미한 것이기 때문으로 이해할 수 있다. 금기일은 특히 갑자일(甲子日), 기사일(己巳日) 등으로 자일(子日), 사일(巳日)을 이와 결합시킨 일관성이 있다.

33 원문에서 곤(坤)방위의 '서방불용'의 언급이 없으나, 논리적 측면에서 보면 누락된 듯 보임.

34 『黃帝宅經』「陽宅圖說」. 北方不用壬子丁巳日, 건방(乾方, 天門)은 오월(五月) 정임일(丁壬日)에 수리하면 길하다고 하고, 집의 북방은 임자일(壬子日)과 정사일(丁巳日)에 수리하지 않는다고 하였다. 건(乾), 간(艮), 손(巽)에 대해서 길일과 금기일을 표기하고 있다. 〈그림 6〉에서 보듯이 시계방향의 다음방위가 불용방위가 된다. 건에서 북방불용, 간에서 동방불용, 손에서 남방불용, 곤에서 언급이 없지만 서방불용으로 볼 수 있다는 것이다.

35 『黃帝宅經』「陽宅圖說」, 東方不用甲子己巳日.

36 『黃帝宅經』「陽宅圖說」, 南方不用丙子吉.

〈표 5〉 방위별 불용의 원칙

방위	동방	서방	남방	북방
방위오행	목	금	화	수
불용일	갑자, 기사	(을사), (경자)	병자, 신사	정사, 임자
간합오행	토	(금)	수	목
관계성	목극토 공극시(空剋時)	–	수극화 시극공(時剋空)	수생목 공생시(空生時)

그 원리적 측면에서는 다소 이해하기가 어렵지만, 어찌되었던 특정방위의 수리일로 적합하지 않은 날짜를 정해놓고 이를 금기로 상정하고 있는 것이다. 즉, 이를 어길 경우도 『황제택경』에서 말하는 금기를 '범하는 것'이 된다는 것이다.

2) 사기死氣와 동선動線에 대한 금기

수리방위와 관련된 것으로는 생기生氣, 사기死氣, 천덕天德, 월덕月德에 대한 것이 있는데, 금기를 어겼다고 볼 수 있는 것은 사기방위를 범했을 경우이다. "매년 12개월이 있는데, 매월에 생기生氣와 사기死氣의 방위가 정해져 있다."[37]고 하고 "수리하는 해당 월에 24로路 중의 사기死氣방위를 범犯하면 흉재凶災가 있을 수 있다."[38]고 하였다.

여기서는 주로 해당 월의 방위에 대한 것에 초점이 맞추어져 있으나, 사실, 천덕, 월덕, 생기, 사기는 수리하는 해당 날짜로 치환될 수도 있는 것이다. 가령, 1월의 생기방위가 자子와 계癸로 되어 있는데, 이를 공간적 개념의 방위가 아니라 시간적 개념의 수리하기 좋은 생기일로 자와 계가 들어간 날짜로 볼 수도 있다는 것이다. 그래서 "음택과 양택을 수리할 때에는 오직 천도天道를 본다. 즉, 천덕天德, 월덕月德, 생기生氣를 따져서 수리한다는 것이다. 그래서 장군將軍, 태세太歲, 표미豹尾, 황번黃幡, 흑방黑方 내지는 성씨姓氏의 음音에

---

37 『黃帝宅經』「凡修宅次第法」, 每年有十二月, 每月有生氣死氣之位.

38 『黃帝宅經』「凡修宅次第法」, 路犯月死氣之位, 為有凶災.

따른 기피忌避를 논하지 않는다."[39]고 하였다. 사기방위死氣方位를 범하였을 경우는 '흉재가 있을 수가 있다'는 정도로만 언급하였으므로, 그야말로 실제로 피해를 입는 것은 각 명좌에 해당하는 대상이 된다는 것을 암시하고 있는 것이다.

『황제택경』의 범犯에 대한 내용 중에 동선動線에 대한 것, 수리해나가는 방향에 대한 것이 있는데, 포음포양抱陰抱陽의 논리에 의하여 중음중양重陰重陽이 되는 것을 꺼린다. 포음이나 중음이 용어상으로는 같은 의미인 것으로 받아들여지기 쉬운데, 여기서 포음포양이라는 것은 시공간적으로 번갈아서 양이 음을 끌어안고, 음이 양을 끌어안는 것을 말한다. 그에 반해 음이 시간적 또는 공간적으로 겹쳐진 것을 중음重陰, 양이 겹쳐진 것을 중양重陽이라고 하는 것이다.

> 중음중양重陰重陽한다면 흉한 것이 된다. 예를 들면, 양택陽宅인데 그 상태에서 동방이나 북방[40]을 더 넓히거나, 음택陰宅인데 서방이나 남방을 다시 넓힌다면 그것이 중重[41]인 것이다. 손巽에서 건乾으로, 오午에서 자子로, 곤坤에서 간艮으로, 유酉에서 묘卯로, 술戌에서 진辰으로 향하여 [수리하거나] 이동하는 것을 '입양入陽'으로 본다. (*이사 또는 전보승진발령으로 인한 거처이전에 대한 것으로 멀고 가까움을 따지지 않고 적용한다.) 역으로, 건乾에서 손巽, 자子에서 오午, 간艮에서 곤坤, 묘卯에서 유酉, 진辰에서 술戌로 향하여 이동하는 것을 '입음入陰'으로 본다. (*이런 경우 전보 또는 승진발령으로 인한 거처이전에 대한 것인데 멀고 가까움을 따지지 않고 적용한다.)[42]

---

39 『黃帝宅經』「總論」, 又此二宅修造, 唯看天道, 天德, 月德, 生氣到即修之. 不避, 將軍, 太歲, 豹尾, 黃幡, 黑方及音姓宜忌.

40 동방(東方)이나 북방(北方)은 양위(陽位)이다. 서방(西方)이나 남방(南方)은 음위(陰位)이다.

41 중음(重陰) 또는 중양(重陽)이 된다는 의미이다.

42 『黃帝宅經』「總論」, 重陰重陽則凶, 陽宅更招東方北方, 陰宅更招西方南方為重也. (是東面為辰南, 西面為戌北之位, 斜分一條, 為陰陽之界.) 凡之(諸)陽宅, 即有陽氣抱陰, 陰宅即有陰氣抱陽. 陰陽之宅者, 即龍也. 陽宅龍頭在亥, 尾在巳. 陰宅龍頭在巳, 尾在亥. (其狀在龍者. 陰龍青, 陽龍赤. 各有命坐, 切忌犯也.) 凡從巽向乾, 從午向子, 從坤向艮, 從酉向卯, 從戌向辰移. (已上移轉及上官所住, 不計遠近, 悉入陽也.) 從乾向巽, 從子向午, 從艮向坤, 從卯向酉, 從辰向戌移. (已上移轉及上官悉名入陰.)

한 번 겹쳐지면 중음중양으로 무기無氣가 되지만, 삼중三重이 되면 무혼無魂, 사중四重이 되면 무백無魄이 된다고 규정하고, 이를 범할 경우 멸문절사滅門絶嗣한다는 것이다.

> 두 번 연속해서 '입음入陰' 또는 '입양入陽'일 경우, '무기無氣'가 된다. 세 번 연속될 경우 '무혼無魂'이 되고, 네 번 연속될 경우 '무백無魄'이 된다. 혼백魂魄이 없다면 가파도산家破逃散하고 자손子孫은 끊어진다.(*경經에서 말하길, 이중二重, 삼중三重, 사중四重으로 연이어 범犯하는 것을 멈추지 못하면 멸문절사滅門絶嗣한다는 것이 바로 이를 의미하는 것이다.)[43]

입음입양론入陰入陽論에 의한 금기사항은 동선계획적 측면에서 언급되고 있는 것으로 소위 묘지풍수에서는 볼 수 없는 것이다. 건축계획상의 동선이라는 요소는 매우 중요하게 다루어져야 하는 것인데, 『황제택경』에서도 "고정된 사물 그 자체로서 택宅이 바로 그 택기宅氣가 아닌 것이다."[44]고 하고 "그 택기宅氣는 이래移來(여기서는 動線)로 인하여 변하는 것이다."[45]고 하여 여러 측면에서 이러한 동선의 중요성을 강조하고 있다.

『황제택경』에서는 입음입양론적 언급 외에 내로저로론來路抵路論에서도 동선의 중요성을 대두시키고 있다. 내로來路를 '지나온 길'이라고 한다면, 저로抵路는 '나아가야할 길'인 것이다. 내로나 저로를 따짐에 있어서 방위의 측정은 집안을 중심으로 해서 판단한다. 『황제택경』에서는 방위를 로路[46]로 표시하고 있으므로, 내로를 '집안으로 들어온 방위', 저로를 집안에서 내로의 그 반대편의 앞으로 '맞닥뜨리는 방위'로 말할 수 있을 것이다. 『황제택경』에서는 내로의 상대가 되는 저로의 방위 즉, 내로 맞은편의 방위를 수리하는 것을 금기시하고 있다. 마찬가지로 이를 범할 경우 구체적으로 일어날 흉화에 대한 언급은 없지만, 전체 문맥상으로 볼 때, 해당방위에 배속된 명좌에 해당하는 사람이 그 피해의

---

43 『黃帝宅經』「總論」, 再入陰, 入陽, 是名無氣. 三度重入陰陽, 謂之無魂, 四入謂之無魄. 魂魄既無, 即家破逃散, 子孫絕後也. (經云 連犯不止, 滅門絕嗣. 此之謂也.)

44 『黃帝宅經』「凡修宅次第法」, 形礙之物, 尚隨變通, 陰陽虛無, 豈為常定.

45 『黃帝宅經』「凡修宅次第法」, 是知宅非宅氣, 由移來以變之.

46 24방위를 묘지풍수에서는 24산(山)이라고 하는데 반해서 건축풍수를 위주로 하고 있는 『황제택경』에서는 24로(路)라고 명명하고 있다.

대상이 될 것으로 판단된다.

> 집을 변별할 때 어느 방위에서 이시移徙를 왔는가를 따진다. 다만, 그 때의 방위는 가로街路를 중심으로 가북街北이니, 가동街東이니 하여 그것을 양陽으로 보지 않는다. (*또한 양의 방위로 와서 음택을 짓고 살면 길하다는 것에 얽매이지 않는다.) 또한 가남街南이니 가서街西니 하여 그것을 음陰으로 보지도 않는다. (*마찬가지로, 양택陽宅을 짓고 살면 길하다는 것에 구애되지 않는다.) 무릇, 이사 온 거리의 멀고 가까움을 따지지 않는다. 1리이든지 100리, 1,000리든지 10보든지 100보든지 관계없다.[47]

> 내로來路(지나온 길)를 수리하는 것이 불길하다고 할 수 없지만, 저로抵路(맞닥뜨리는 길)를 범犯하면 편안하다고 할 수 없다. 가령, 근종동래近從東來(동쪽에서 오다)로 이집에 들어와서 거주하다가 수탁서방修拓西方(서방을 수리하고 넓힘)하였다면 그것이 저로抵路(들어온 맞은 편 부분)를 수리한 것이 된다. 만일 각수탁동방却修拓東方(동방을 깎아내고 수리하여 넓힘)하였다면, 내로來路(들어온 부분)를 수리한 것이 된다.[48] 여타의 방위로 이전移轉하거나 상관上官(주택주인)이 왕래往來하는 것은 원근遠近에 관계없이 위의 사례에 따라 판단하면 된다.[49]

그 외 『황제택경』에서는 수리에 있어서도 시간적 택일만 중요시하는 것이 아니라 방향과 과정도 매우 중요시하고 있다. 『황제택경』 〈총론〉에서 "생기生氣의 복덕방福德方으로 시작하면 길吉할 것이고, 오귀五鬼나 절명絶命의 형화방刑禍方으로 시작하는 것은 더욱 불리

---

47 『黃帝宅經』「總論」, 夫辨宅者, 皆取移來方位, 不以街北街東為陽, (不妨是陽之位 作陰宅居之即吉) 街南街西為陰. (不妨作陽宅居之吉) 凡移來不勒遠近, 一里百里千里, 十步與百步同.

48 집안의 중심에서 나침반을 놓고 이사 오기 전에 머물렀던 방위가 내로(來路), 그것의 맞은 편의 방위가 저로(抵路)가 된다. 내로(자기가 들어온 길)를 수리하는 것은 가능하지만, 괜히 그 맞은 편의 방위인 저로(아직 가지 않은 길)는 손대지 말라는 의미이다. 내로와 저로는 처음 이사 온 동선방위와 수리관계, 복덕방과 형화방은 집에 안착한 후 왕래하는 동선관계로 파악된다.

49 『黃帝宅經』「總論」, 又云, 修來路即無不吉, 犯抵路未嘗安. 假如近從東來, 入此宅住後更修拓西方, 名抵路, 却修拓東方, 名來路. 餘方移轉, 及上官往來, 不計遠近, 準此為例.

할 것이다."[50]고 하였다. 이기론적 측면에서 볼 때, 『황제택경』에서 주목해야 할 것은 양택이냐 음택이냐를 구분한 상태에서 또 형화방과 복덕방을 각각 구분하는 것이다. 그래서 『황제택경』 〈범수택차제법〉에서 "형화방과 복덕방에 수리할 것이 있다면, 형화방을 먼저 수리하고 그 후에 복덕방을 수리하는 것이 길하다."[51]고 하였다. 좀 더 구체적으로 "음택에서는 사巳(머리)방위에서 기공起功하여 시계방향으로 수리하고, 양택에서는 해亥(머리)방위에서 기공하여 시계방향으로 수리한다."는 것이다. 그래서 "형화방刑禍方에 100의 공력을 투입하였다면, 복덕방에 200의 공력을 투입한다. 그렇게 해서 형화방을 진압鎭壓한다면 길하다工力壓勝."[52]고 하였고 "양택에서 주로 집의 외부 면을 수리하고, 음택에서 집의 내부 면을 수리한다."[53]는 추가언급을 놓치지 않고 있다.

특정한 업무에 있어서도 형화방과 복덕방을 나누어 어느 방위로 왕래를 하여야 하는지를 언급해주고 있다. 가령 "혼가婚嫁(婚事) · 장전莊田이나 육축六畜을 매입買入하는 일, 선영先營을 다스리는 일, 상관上官(집주인)이 이익을 구하러 가는 일 등에 있어서, 모두 의당宜當 향택向宅인 복덕방福德方으로 왕래往來를 해야 구구길경久久吉慶할 것이다."[54]고 하고 "만일 [좌택坐宅인] 형화방刑禍方으로 왕래往來하면 구구불리久久不利하다."[55]고 하였다. 그 외에도 "여러 형살刑殺이 형화방刑禍方에 있게 되면, 천덕天德, 월덕月德에 해당되는 날이라고 하더라도, 역시 수리하는 것을 피하는 것이 좋다."[56]라고 하여 수리일로 형살刑殺이나 신살神殺을 범하는 것에 대한 경고를 하고 있다.

금기에 대한 내용을 음양이택도를 통해서 살펴보면 양택에서는 건乾에서 진辰까지의

---

50 『黃帝宅經』「總論」, 更犯五鬼, 絕命, 刑禍者, 尤不利. 시작점이 생기 또는 복덕방이 되면 길하다는 의미.

51 『黃帝宅經』「凡修宅次第法」, 先修刑禍, 後修福德即吉. 先修福德, 後修刑禍即凶. 길한 일에는 복덕방, 흉한 것에는 흉화방 우선의 원칙이 있다고 할 때, 수리는 일단 집이 훼손된 흉한 일에 해당하므로 흉화방을 먼저 수리하는 것으로 볼 수 있다.

52 『黃帝宅經』「凡修宅次第法」, 陰宅從巳起功順轉, 陽宅從亥起功順轉. 刑禍方用一百工, 福德方用二百工壓之即吉.

53 『黃帝宅經』「凡修宅次第法」, 陽宅多修於外, 陰宅多修於內.

54 『黃帝宅經』「凡修宅次第法」, 凡人婚嫁, 買莊田六畜, 致營域, 上官求利等, 悉宜向宅福德方往來, 久久吉慶. 若為刑禍方往來, 久久不利.

55 『黃帝宅經』「凡修宅次第法」, 若為刑禍方往來, 久久不利.

56 『黃帝宅經』「總論」, 凡諸刑殺在刑禍方者, 設天德月德到, 亦須避之.

좌택坐宅의 방위인 형화방을 범하는 것에 대한 불리함을 언급하였고, 음택에서는 사巳에서 술戌까지의 좌택坐宅인 형화방을 범하는 것에 대한 해로움을 언급하고 있다. 이는 음양이택도에서 공히 향택向宅인 복덕방에 대해서는 길한 내용, 좌택인 형화방에 대해서는 흉한 내용을 담고 있음을 나타내는 것이다. 이러한 상황을 종합해볼 때 『황제택경』에서 길한 내용을 일부분 언급하고 있다고 하더라도 전반적으로 볼 때 범할 경우 발생할 수 있는 흉화凶禍에 대한 언급이 많다. 따라서 『황제택경』의 기본적 논조는 흉한 것을 피하는 데 중점을 두고 있다고 할 수 있겠다.

그러나 사전에 조심하고 범하지 말아야 하겠지만, 살다보면 어쩔 수 없이 금기를 범하거나 범하였을 경우가 생기게 마련이다. 이 경우에는 어떻게 하여야 할 것인가 하는 문제가 대두된다. 『황제택경』 〈총론〉에서 "범犯하는 자는 재앙災殃이 있을 것인데, 재앙을 누르고 화禍를 중지시켜야 한다."[57]고 하였고, "그것은 마치 어떤 약藥이 병病에 효력이 있는 것과 같다."[58]고 하였다. 덧붙여 "법도에 적합하지 않게 행하였다면, 예전으로 다시 되돌리는 것이 낫다."[59]고 하였다. 또는 "중복해서 입음入陰 또는 입양入陽을 해야 할 경우라면, 반드시 천도天道에 따라 음양의 원리에 적합한 임시거처에서 45일이나, 75일을 지낸 뒤에 원하는 방위로 왕래한다면 재해災害가 없다."[60]고 하여 이러한 피치 못할 상황에 대한 일부 처방책을 제시하고 있다.

3) 오성론적五姓論的 금기

『황제택경』에서 간혹 언급되고 있는 것 중의 하나가 오성론五姓論인데 그것도 오행론과 밀접한 관계를 갖고 있는 것이다. 가옥家屋과 오성을 서로 연결시키는 것은 사고전서본의 『황제택경』 〈제요〉에서 구당지舊唐志의 〈오성택경〉이 언급되고 있는 것을 볼 때, 그

---

57 『黃帝宅經』「總論」, 犯者有災, 鎭而禍止.
58 『黃帝宅經』「總論」, 猶藥病之效也.
59 『黃帝宅經』「總論」, 行不得度, 不如複故.
60 『黃帝宅經』「總論」, 設要重往, 即須逐道, 住四十五日, 七十五日, 往之無咎.

기원이 상당히 오래된 것임을 알 수 있다. 오성五姓은 궁宮·상商·각角·치徵·우羽의 오음五音으로 대별되는데, 그것은 성씨의 발음과 매우 깊은 관련이 있다.

한편, 『황제택경』에서는 기본적으로 수동修動에 비중을 두고 있으며 오성론五姓論에 근거하여 집의 길흉을 논하는 것을 "모두 대경大經(가장 근본적인 것)을 위범違犯(위반)하는 것으로 재구災咎(재앙과 근심)를 벗어날 수 없는 것들이다."[61]고 하여 평가절하를 하고 있다. 하지만, 『황제택경』에서도 당시의 사회적으로 유행하였던 것으로 보이는 오성론을 완전하게 극복하지 못한 듯이, 간혹 오성론과 연관된 내용을 언급하고 있는 것이 사실이다.

『황제택경』〈총론〉의 오성론과 관련된 언급에서, 〈자하子夏〉의 내용을 인용하며 "묘지의 터잡기와 방위정하기에 있어서 사결四訣[62]이 있는데, 상음商音·각음角音의 이성二姓은 병좌임향, 임좌병향壬坐丙向, 을좌신향, 신좌을향辛坐乙向을 하고, 궁宮·우羽·치徵의 음音에 해당하는 삼성三姓은 갑좌경향, 경좌갑향庚坐甲向, 정좌계향, 계좌정향癸坐丁向을 하는 것이다."[63] 고 하였다. 오행적 측면에서 그 규칙성을 찾아낸다면, 상성商姓이 금金, 각성角姓이 목木에 해당되는데, 양화陽火와 양수陽水에 해당하는 병丙과 임壬이 제시되었고, 오행이 같은 금과 목이지만 음금陰金과 음목陰木인 신辛과 을乙이 동원되었다. 그 다음, 궁성宮姓은 토土, 우성羽姓은 수水, 치성徵姓은 화火이다. 그래서 양목陽木과 양금陽金에 해당하는 갑甲과 경庚이 제시되었고, 오행이 같은 화火와 수水로 음화陰火와 음수陰水가 동원되었는데, 여기서 음토인 기토己土의 제시가 생략된 것은 그것이 좌향으로 삼을 수 없는 중앙의 방위일 뿐 아니라 토와 수를 동궁으로 삼았기 때문으로 판단된다.

즉, 오성과 좌향의 결합은 우선 1단계로 성姓의 오행과 다른 오행의 양천간陽天干을 좌향으로 제시하고, 그 다음 단계로 오성과 같은 오행의 음천간陰天干을 좌향으로 제시하는 규칙성이 발견된다. 같은 한자를 사용하는 성씨라고 하더라도 훈민정음에 의한 발음과 중국성조에 의한 발음이 다르기 때문에 『황제택경』에서 제시한 오성과 좌향의 관계성을

---

61 『黃帝宅經』「序」, 近來學者, 多攻五姓八宅, 黃道白方, 例皆違犯大經, 未免災咎.

62 여기서 사결(四訣)은 득지득궁(得地得宮), 득지실궁(得地失宮), 실지득궁(失地得宮), 실지실궁(失地失宮)의 4가지를 말하는 것으로 판단된다.

63 『黃帝宅經』「總論」, 〈子夏〉云, 墓有四奇(訣), 商角二姓, 丙壬乙辛, 宮羽徵三姓, 甲庚丁癸.

아무데서나 그대로 적용하는 것은 문제가 있는 것이다(표 6 참조).

〈표 6〉 중국발음 오성(五姓)[64] '궁상각치우'와 훈민정음 '아설순치후'의 오행구분[65]

중국오성	宮	商	角	徵	羽
	gōng	shāng	jiǎo	zhǐ	yǔ
	1-Do	2-Re	3-Mi	5-Sol	6-La
	甲坐, 庚坐, 丁坐, 癸坐	丙坐, 壬坐, 乙坐, 辛坐	丙坐, 壬坐, 乙坐, 辛坐	甲坐, 庚坐, 丁坐, 癸坐	甲坐, 庚坐, 丁坐, 癸坐
오행	土	金	木	火	水
훈민정음	脣	齒	牙	舌	喉
	ㅁ,ㅂ,ㅍ	ㅅ,ㅈ,ㅊ	ㄱ,ㅋ	ㄴ,ㄷ,ㄹ,ㅌ	ㅇ,ㅎ

〈표 7〉 오성의 오행구분과 월별 길흉 구분

언급방위	인(양) 목	사(음) 오(음) 화	신(음) 유(음) 금	계(양) 해(음) 수	동일오행. 괄호 안은 음양이택도설에서 언급된 것임.
오성	각(목)	치(화)	상(금)	궁우(토수)	토수를 동궁으로 봄.
수리길월	11(수)	1(목) 3(목) 4(화)	4(화)	7(금)	월생성(月生姓)
금기월	6(화)	–	12(수)	3(목)	성생월(姓生月)

오성과 좌향의 연관성에 대한 언급 외에 사고전서본의 주석부분에서는 음양이택도에 대한 부가적인 설명을 하면서 오성별 각기 방위별 수리길일을 명시하고 있다. 양택의 계癸방위에 대하여 "궁우성宮羽姓은 삼월三月에는 마땅하지 아니하고, 칠월七月의 길일吉日에는

64 王玉德 외, 앞의 책, 117쪽. 五姓分类, 有一个大致的说法: 宮: 冯, 孔, 孙, 陸, 刘等. 商: 张, 王, 唐, 庄, 郎, 党, 广, 桑, 房, 方, 黃. 角: 毛, 高, 赵, 巢, 邵, 勞, 穆, 宗, 东方, 庞 等. 徵: 李, 列, 荀, 巩, 陈, 史, 邓等. 羽: 吕, 淳于, 虑, 徐, 袁, 吴, 燕, 魯, 楚, 侯等. 反復品味以上姓氏分类, 不难发现, 五姓之分类与发音某些内在的关系, 特别是与韵有关, 同韵字常常归于一个类别. 如商姓的字很多同属一个韵, 当然也夹杂其他一些字. 五音姓的归类, 愈到后世愈亂. 有时还出现一个姓归到几个类别的情况, 如孔姓既在角类, 也在宫类.

65 李正浩,『訓民正音의 構造原理－그 易學的 研究』, 亞細亞文化社, 1990, 58쪽 참조. 훈민정음의 해례본을 참조하여 자음을 오행으로 구분함.

가능하다."[66]고 하였고, 인寅방위에서 "각성角姓은 유월六月은 흉하고, 십일월十一月의 길일吉日에는 수리가 가능하다."[67]고 하였다. 음택에서도 해亥방위에서 "집주인의 성씨가 궁우宮羽에 해당할 경우는 칠월이 길하다."[68]고 하고 신申 방위에서는 "상성商姓의 경우에 십이월十二月에 수리하는 것은 흉凶하고, 사월四月에 하는 것은 길吉하다."[69]고 언급하였다. 그리고 사巳방위에서 "오지午地(오방위)와 마찬가지로 치음성徵音姓의 집주인은 정삼사월正三四月이 길하다."[70]고 하였다.

각 성씨별 수리길일과 수리흉일을 언급함에 있어서 각 성씨의 오행과 같은 방위를 수리하고자 하는 경우에 대해서만 언급하는 특징을 보여주고 있다(표 7 참조). 즉, 목木방위를 목씨木氏가 수리하고자 할 때 좋은 시기와 나쁜 시기를 논하고 있는 것이다. 오행상 목木인 인寅방위를 수리함에 있어서 오행상 목木인 각음성角音姓을 가진 집주인의 금기월이 오행상 화火에 해당하는 6월이 되고, 길월吉月이 오행상 수水에 해당하는 11월이라는 것이다. 결과적으로 인목寅木방위를 수리함에 있어서 각목인角木人은 수리월이 성씨를 생生하는 경우月生姓를 길하게 보고, 성씨가 수리월을 생生하는 경우姓生月를 흉한 것으로 본 것이다.

사오화巳午火의 방위를 수리함에 있어서 치화성徵火姓이 주인인 경우, 금기월은 언급하지 않고 길월로서 목정월木正月, 목삼월木三月, 화사월火四月[71]을 제시하였다. 여기서 화사월火四月이 길월로 제시된 것은 특별히 화기운에 대해서만 화생화火生火가 성립한다고 본 것이다. 또한 다른 성씨의 경우와 다르게 목월木月로서 1~3월 중 유독 1월과 3월의 두 개월을 제시한 것은 목월의 시작월과 극성極盛한 월을 제시한 것으로 보인다. 여기서 치화성徵火姓에 대하여 성생월姓生月에 해당하는 금기월禁忌月이 제시되지 않는 것은 그 대상월이 토월土月이 되어야 하는데, 〈그림 6〉에서 보는 바와 같이 12개월 중에서 토월에 해당하는 것이 없기 때문에 배제된 것이라고 할 수 있겠다.

---

66 『黃帝宅經』「陽宅圖說」, 宮羽姓不宜三月, 七月即吉日.

67 『黃帝宅經』「陽宅圖說」, 角姓六月凶, 十一月吉.

68 『黃帝宅經』「陰宅圖說」, 宮羽姓即七月吉.

69 『黃帝宅經』「陰宅圖說」, 商姓十二月凶, 四月吉.

70 『黃帝宅經』「陰宅圖說」, 至午地, 徵音並忌, 正三四月吉.

71 1~3월은 목, 4~6월은 화, 7~9월은 금, 10~12월은 수로 분류된다. 〈그림 5 사왕신〉 참조.

신유금辛酉金의 방위를 수리함에 있어서 상금성商金姓이 주인인 경우, 금기월은 성생월姓生月에 해당하는 수12월水12月, 길월로 화사월火四月을 제시하여 특별히 여기서만 월극성月克姓의 관계가 된다. 아마도 상금성商金姓에 대한 월생성의 관계로 볼 수 있는 것이 토월土月인데, 마찬가지로 토에 배속된 월이 없기 때문에 화생토火生土에 의해서 토가 생성된다고 보고 화火의 첫 달에 해당하는 4월을 제시한 것으로 보인다. 4월은 12개월 중 4 · 5 · 6월의 화를 시작하는 것으로서, 토土를 발생發生시키는데 적합한 역할을 하는 화기운으로 간주한 것이다.

계해수癸亥水의 방위를 수리하려고 할 때, 궁토宮土, 우수羽水의 성씨가 주인이라면, 금기월은 목삼월木三月로서 성생월姓生月이 되며, 길월은 금칠월金七月로서 월생성月生姓일 경우가 된다. 이때 토수土水를 동궁同宮으로 본 것인데, 여기서는 둘 중에서 수水를 대표로 삼은 것이다.

요약하면, 해당성씨의 오행에 해당하는 방위를 수리하고자 할 때, 꺼리는 것은 성생월姓生月이고, 가능한 것은 월생성月生姓에 해당하는 것이다(표 7 참조). 성생월姓生月이 불가하다는 것은 집주인의 입장에서 볼 때, 집을 고치는 행위가 비용과 노력이 들어가는 만큼 잘못하면 설기洩氣되어 재산을 탕진할 수 있다는 측면에서 꺼리는 대상인 것이다. 한편, 성생월姓生月이 가능하다는 것은 부서지거나 흠결이 있는 부분을 보완하여 반듯하고 완전하게 양생養生하여 재산을 지킬 수 있다는 측면에서 권장하고 있는 것으로 해석할 수 있다.

언급된 방위가 목木에서는 인寅, 화火에서는 사巳와 오午, 금金에서는 신申과 유酉, 수水에서는 계癸와 해亥라는 것인데, 나머지 언급되지 않은 지지방위에서는 성씨와 관련해서 수리월을 정함에 있어서 거리낄 필요가 없다는 것인지, 같은 유형으로 생각하면 된다는 것인지가 불확실하다. 천간방위에 대해서는 유독 수水인 계癸방위 하나만 언급되고 있는 것도 특이점이라고 할 수 있겠다.

4) 범犯과 화禍

『황제택경』에서 범犯의 의미는 미리 정해놓은 금기禁忌를 어겼을 때를 말한다. '범犯과 그에 따르는 화禍'에 대하여 이해하기 위해서 『황제택경』의 내용 중에 우선적으로 '무엇을 범한다는 것'인지를 살펴보아야 할 것이다. 집과 관련하여 '범한다는 것'은 천지인天地人 즉 시간적인 것, 공간적인 것, 인간적인 것이 그 대상이 된다. 시간적인 것은 수리일, 공간적인 것은 수리방위와 동선 방향, 인간적인 것은 명좌命座를 말하는 것인데, 간혹 천지인의 요소가 서로 결합되어 함께 나타나는 경우도 있다. 예를 들면, '토기소충방'은 특정 월에 특정방위를 지목하여 '범'을 논하고 있는 것이다.

〈양택도설〉에서 첫 번째로 언급된 건방위에 대한 것을 살펴보면, '평온실平穩實하게 하지 않고, 절고장絶高壯하게 하였다'면 그것이 바로 구체적으로 범한 것이 될 수 있다는 것이다. 이렇게 범할 때 '가장을 잃고, 머리와 목구멍에 큰 병을 얻는 재앙'의 화를 입을 수 있다는 것이다.[72]

〈표 8〉 양택 방위별 건축용도와 규모

양택			
형화방	용도/규모	복덕방	용도/규모
건	–/平穩實吉, 絶高壯凶	손	–/高壯壅塞凶
해	–	사	–/壯實吉
임	–	병	安門, 牛畜舍, 倉庫, 舍/–
자	–	오	–/平實吉, 龜頭廳凶
계	–	정	倉庫, 六畜/–
축	–	미	倉庫, 厠間/–
간	–/缺薄恐慌吉	곤	牛馬廐/重而兼實吉
인	–	신	牛馬屋/–
갑	–	경	車屋, 鷄棲, 碓磑/連接長閣吉
묘	–	유	客舍, 宅主/–
을	–/屋低小吉	신	門/高樓大屋吉
진	–	술	–/淸潔壯高吉

72 『黃帝宅經』「陽宅圖說」, 天門陽首, 宜平穩實, 不宜絶高壯, 犯之損家長, 大病頭項等災.

〈표 9〉 음택 방위별 건축용도와 규모

음택			
형화방	용도/규모	복덕방	용도/규모
손	-/平穩空缺疏通吉壅塞凶	건	-/連接長遠, 高壯闊實吉
사	우물설치불가/-	해	-
병	문설치불가/-	임	集學經史庫/高樓大舍吉
오	-	자	牛屋/平實吉
정	-	계	門戶, 客舍, 篭厠/高厚吉
미	-	축	倉庫, 厠間/高樓大舍吉
곤	馬廐불가/荒缺低薄吉	간	-/厚實重吉
신	-	인	車舍, 牛舍/-
경	문설치불가/-	갑	門, 碓磴/連接壯觀吉
유	-	묘	客舍, 宅主/-
신	-	을	-/高樓大舍
술	-	진	-/青龍壯高吉

그런데 임방위의 경우에 '대화大禍, 모명母命자리'라고 하면서 이를 범犯하면, 모명좌인母命坐人에게 해롭다는 것인데 예상하지 못한 비재구설飛災口舌이 있을 수 있다고 하였다.[73] 이 경우는 무엇을 범했는지 구체적 언급없이 무조건 범할 경우 비재구설이 있다고 한 것이다. 건방위처럼 구체적으로 언급되거나 임방위처럼 그렇지 않거나 관계없이 『황제택경』 〈총론〉에서 언급한 사왕신방, 토기소충방 등의 것들을 범했을 경우와 같은 상황으로 이해하면 될 것이다.

이제, 금기를 범하였을 때 어떠한 화禍가 미칠지에 대하여 구체적으로 살펴보아야 한다. 이것은 현대적 의미에서 법에서 정해놓은 규정을 어기는 죄를 지었을 때 받을 수 있는 형벌과 비슷한 개념으로 이해할 수 있다. 『황제택경』이 저작된 시기에 오늘날처럼 세부적인 면까지 규정한 법이 없었기 때문에 이러한 풍수적 금기사항을 어겼을 때 일어날 수 있는 화禍에 대하여 언급함으로써 이를 사회적 통제수단으로 활용하거나 환경오염

---

73 『黃帝宅經』「陽宅圖說」, 壬為大禍, 母命, 犯之害命坐人, 有飛災, 口舌.

내지는 사회적 혼란을 미리 예방조정하려는 의도도 있지 않았을까하는 생각이 드는 것이다. 그래서 『황제택경』의 내용 중에는 일종의 이러한 윤리적인 부분을 다수 포함하고 있는 것이다. 그 대표적인 것이 『황제택경』 〈총론〉의 '오허오실五虛五實'에서 언급한 '과유불급過猶不及'에 대한 것이다. 건축풍수가 발달하고 확산되면 경제적으로 여유가 있는 상류층의 사람들이 경쟁적으로 집을 치장하는데 많은 비용을 지출하는 경향으로 인한 사회적 문제가 발생할 수 있으므로, 그로 인한 부작용을 미리 차단한다는 의미에서 과유불급과 같은 금기사항을 강조하는 것으로 생각할 수 있는 것이다. 『황제택경』에서 말하는 과유불급은 복덕방이나 형화방에 대한 내용 외에 오허오실五虛五實에 대한 것이 모두 이러한 의도가 엿보이는 금기사항인 것이다.

형화방을 축소하면 축소할수록 오히려 재앙에 대한 두려움이 왜곡되어 이따금 꼬리를 물고 나타날 수 있다. 그것은 마치 복덕방을 넓히면 넓힐수록 자자손손 영락榮樂을 받을 수 있는 것과 같다. (*형화방이 넓어져서 복덕방을 침해할 정도가 되는 것도 경계하여야 하지만, 너무 축소縮小하면 기부족氣不足이 되므로 재록財祿의 손실損失이 생길 수 있다. 복덕방을 넓혀서 형화방을 침범하는 것도 경계해야 한다. 이 또한 과하면 좋지 않다. 태과太過(지나침)는 복을 감소시킨다. 복은 지극히 미미하면서도 지속가능하도록 유지할 수 있어야 두터운 복이 있게 되는 것이다. 범사凡事에 만족滿足할 줄 알고 태과太過를 경계해야 할 것이다. 형화방이든 복덕방이든 그 수數를 넓혀서 본택本宅[74]을 넘어선다면 그것이 바로 태과太過인 것이다.)[75]

---

74 넓히는 정도가 원래 있었던 집의 규모이상이 된다면 태과(太過)라고 본 것이다. 즉 한번에 2배 이상의 증축이면 태과가 된다. 만일, 형화방과 복덕방을 한꺼번에 증축할 경우는 집 전체의 2배가 될 것이다. 형화방이나 복덕방의 일부분을 증축한다고 한다면, 본택(本宅)은 형화방의 사장(舍墻), 복덕방의 사장이 기준이 된다. 사(舍)는 건물, 장(墻)은 담장을 의미한다. 건물의 규모를 넓히거나, 담장의 규모를 넓히는 것인데, 특히 담장을 넓힌다는 것은 집마당을 크게 넓히는 것을 의미한다.

75 『黃帝宅經』「總論」, 刑禍之方戒侵拓也. 不得太縮, 縮即氣不足, 不足則損財祿. 福德之方宜戒侵拓也. 亦不得太過, 太過即減福. 會至微不消, 厚福所臨也. 凡事足戒太過, 所侵拓之數, 過於本宅, 名日太過.

현대의 법규정에서도 행위제한의 규정만 있고 그것을 어길 때의 처벌규정이 없다면 유명무실한 규정이 되기 쉽다. 이와 마찬가지로 『황제택경』 금기사항에 대한 사람들의 준수정도는 범犯과 화禍의 대응관계가 얼마나 구체적이냐에 따라 결정된다. 어떤 방위Where에 금기사항을 범하는 원인Why이 제공되었을 때, 누구Who에게 언제When 어떻게How 무슨What 화가 미칠 것이라는 구체적 내용이 제시되어야 하는 것이다. 예를 들면, 〈양택도설〉에서 천문天門 방위인 건乾방위를 잘못 건드렸을 경우 가장家長의 생명이 위험할 수 있다는 것이다. 『황제택경』에서는 화를 입는 시기와 구체적 신체부위를 세밀하게 언급하고 있다.

『황제택경』에서 제시하고 있는 두 컷의 그림인 음양이택도는 집이 두 마리의 용이 물고 물리는 형상을 나타내고 있으며 가족 구성원에 대한 각각의 "명좌命坐[76]가 있으므로 이를 범犯하는 것을 절대 기피한다."[77]고 하였다. 만일 금기를 범하였을 경우 흉화凶禍을 당하는 것은 그 방위의 명좌에 해당하는 구성원이라는 것이다. 예를 들면 양택에서 해亥방위를 범했을 경우 부명父命(아버지)이 재난을 당한다는 등의 내용이다. "크고 중요한 것을 범犯할 경우는 가파도산家破逃散하고, 작게 범犯할 경우 실작망관失爵亡官(관직을 잃고 망함)하게 될 것이다."[78]고 하고 "나머지 잡다한 부분을 범犯할 경우, 화재발생, 구설시비口舌是非, 편탄偏癱(중풍), 쇠퇴의 재앙이 있고 질병에 걸릴 수 있다."[79]고 강조하고 있다. 먼 곳을 범하면 년年 단위의 시간에 걸쳐 천천히 일어나는데, 가까운 곳을 범하면 일日 단위의 시간 내에 급하게 일어날 것이라고 한다.[80]

앞에서 살펴본 바와 같이 집의 특정방위를 용의 복腹, 수手, 협脅, 족足 등과 대응시키고 있으나, 〈양택도설〉에서 양룡의 머리 부분의 일부인 건방위를 범할 경우 두항頭項에 병이 생길 수 있다고 하는 정도로 언급하여 실제적용에 있어서 다소 간의 애매함이 있는 것이

---

76 사고전서본의 〈총론〉의 주석에 들어가 있는데, 여기서 '명좌(命坐)'는 특정방위에 배속된 부명(父名), 모명(母命) 등을 말한다.

77 『黃帝宅經』「總論」, 各有命坐, 切忌犯也.

78 『黃帝宅經』「凡修宅次第法」, 且大犯即家破逃散, 小犯則失爵亡官.

79 『黃帝宅經』「凡修宅次第法」, 其餘雜犯, 火光口舌, 跛蹇偏枯, 衰殃疾病等.

80 『黃帝宅經』「凡修宅次第法」, 犯處遠而慢, 即半年, 一年, 二年, 三年始發, 犯處近而緊, 即七十五日, 四十五日, 或不出月即發.

사실이다. 병명病名을 제시하는데 있어서도 상목傷目, 파건跛蹇, 두항頭項 등의 사지四肢나 몸체의 특정부위를 이야기하는 경우보다는 편고偏枯(중풍), 임종淋腫(부스럼), 근급筋急(경련) 등의 신체의 전반적인 부분에 발생할 수 있는 병이나 귀매鬼魅, 화광火光, 실혼失魂 등과 같이 일종의 정신병적 질환이 주로 생길 수 있다는 형식으로 언급하는 특징이 있다.

집으로 인해 생길 수 있는 길흉사에 대해서도 다소 구체적으로 언급하고 있는데, 우선 흉사凶事로 언급되는 것은 구설口舌, 투송鬪訟, 송옥訟獄, 사상死傷, 피도被盜, 망패亡敗 등이 있고, 길사吉事로 언급되고 있는 것은 득직得職, 가관익록加官益祿, 재전횡래財錢橫來, 자자손손영화子子孫孫榮華, 출귀인出貴人, 혼연제척婚連帝戚 등이 있다(1부의 3장 표 6·7 참조).

03

『황제택경』 발라내기 : 기본논리의 이해

1. 세상 모든 것을 24방위에

풍수의 이론을 크게 두 가지로 구분한다면 이기론理氣論과 형세론形勢論으로 구분할 수 있다. 이기론은 나침반이라는 도구를 사용하여 길흉을 판단하는 것이다. 이 경우 먼저 특정대상의 방위각을 측정해야 하는데, 측정대상의 방위각이 다음 칸으로 그 경계선을 넘어갈 때 길吉이 흉凶으로 바뀔 수도 있기 때문에 360도 원주를 몇 분금으로 나누어서 얼마나 정확하게 볼 것이냐 하는 것이 이 단계에서 매우 중요한 문제가 된다. 이런 점에서 볼 때, 『황제택경』은 이기론적 내용을 담고 있으며 길흉판단에 사용하는 방위각의 단위는 '15도'로 360도를 '24분금金分'한 것이다.

24분금의 방위표시는 팔괘의 사유, 천간과 지지로 이루어져 있다. 이것을 반으로 나누어 음택과 양택으로 구분하였다. 여기서 무엇이 음택인지, 무엇이 양택인지가 궁금해진다. 24방위에 건乾에서 진辰까지의 방위를 좌방위로 하는 집을 양택陽宅, 손巽에서 술戌까지의 방위를 좌방위로 하는 집을 음택陰宅이라고 정의하였다.[1] 24방위를 '24로路'[2]라고

---

1 좌방위(坐方位)는 집의 중앙에서 나침반으로 측정할 때 집의 뒷쪽 방위를 말한다. 그에 비해 집이 바라보고 있는 방위를 향(向)이라고 한다. 그래서 남향의 집은 자좌오향(子坐午向)이라고 하는데, 그 집의 좌방위가 자(子)로써

칭하고 각각의 눈금 단위별로 길흉판단에 필요한 것들을 배속시키고 있다. 24로상에 올라있는 것은 명좌命座,[3] 수리일, 집을 용龍으로 간주하였을 때, 용의 신체부위, 금기를 어겼을 때 미칠 화禍 등에 대한 것이다. 그래서 이 장에서는 24로상에 배당된 것들에 대하여 집중적으로 살펴보기로 한다.

24로상에 무엇이 배당된 것인지에 대해서는 음양이택도陰陽二宅圖와 음양택도설陰陽宅圖說에서 확인할 수 있다. 한편, 양택이나 음택에서 24로를 또 이등분하여 12로씩 각각 형화방과 복덕방으로 구분하고 있는데, 형화방에는 흉한 것인 형刑과 화禍에 해당하는 것, 복덕방에는 길한 것인 복福과 덕德에 해당하는 것들이 배속되어 있다(그림 1·2 참조).

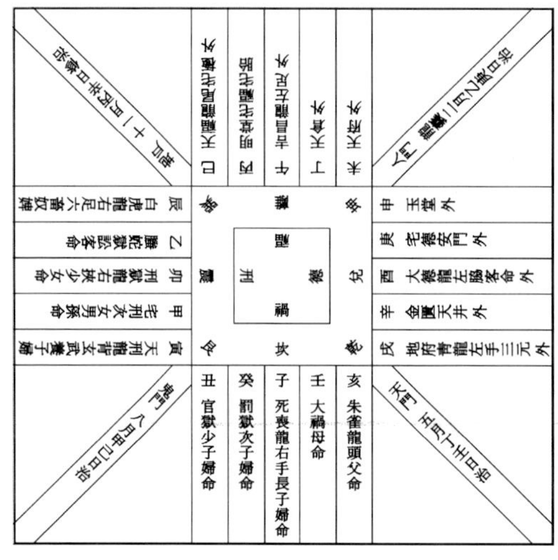

〈그림 1〉 양택도
(사고전서본을 바탕으로 필자 재작성)

〈그림 2〉 음택도
(사고전서본을 바탕으로 필자 재작성)

황제택경에서 말하는 양택(陽宅)이 되는 것이다.

2 묘지풍수에서는 24산(山)이라고 하고 건축풍수에서는 24로(路)라고 한다.

3 집안의 가족구성원 중에서 특히 누구에 해당하는 자리인지를 표시한 것이다. 명좌를 한자로 '命座'라고도 하고 '命坐'로도 쓸 수 있다. 주로 '座'는 명사적 의미, '坐'는 동사적 의미로 쓰인다.

음양이택도상에는 각 방위별로 천문적이고 상징적인 여러 가지의 내용이 배속되어 있다. 24로상의 팔괘방위중 사유에 배속된 상징은 건乾(A)—천문, 간艮(B)—귀문, 손巽(C)—지호, 곤坤(D)—인문인데, 양택이 음택으로 변화하여 건과 손, 간과 곤이 서로 자리를 바꾸더라도 그 결합은 깨지지 않는다(그림 3·4 참조). 간방위와 곤방위를 기준으로 보면 간방위가 형화방, 곤방위가 복덕방에 배속되는 것은 양택이고, 그 반대가 되는 것이 음택이다. 즉, 귀문鬼門이 형화방에 있는 것이 양택이고 복덕방에 놓이게 되는 것이 음택이다.

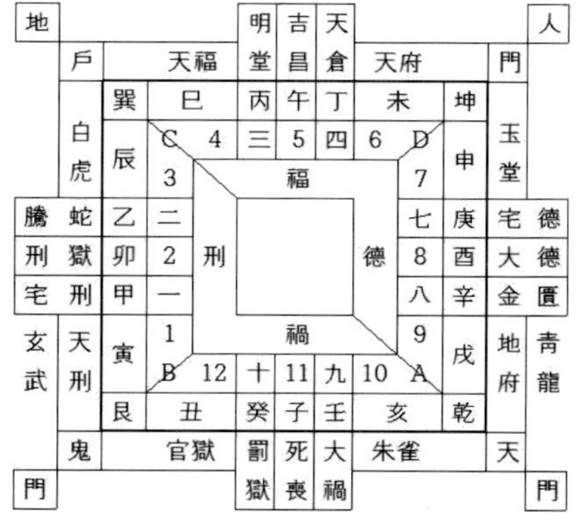

〈그림 3〉 양택 24로의 형화와 복덕의 상징

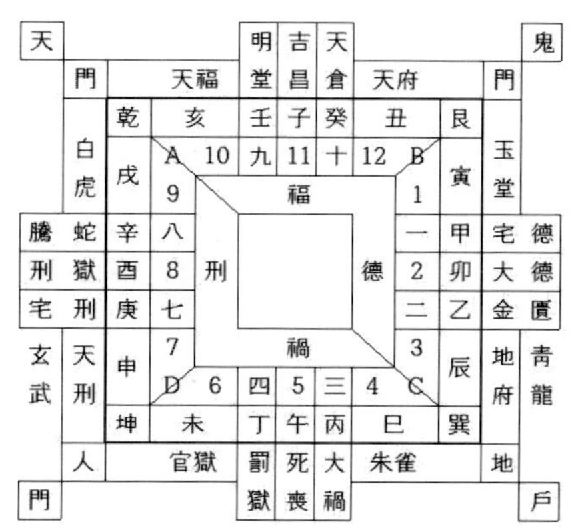

〈그림 4〉 음택 24로의 형화와 복덕의 상징

그 다음 24로상의 사신사의 배치를 먼저 살펴보면, 양택이나 음택에서 청룡을 복덕방, 나머지의 백호, 현무, 주작을 모두 형화방에 배속하고 있음을 알 수 있다(표 1 참조). 또한 지지방위상으로는 현무·주작이 인신사해寅申巳亥, 청룡, 백호가 진술辰戌의 방위에 배속되어 있다. 사유四維를 중심으로 살펴보면, 천문天門(乾)이 복덕방일 경우 인접방위에 청룡을, 형화방일 경우 주작을 배속하였다. 그 다음 귀문鬼門(艮)의 인접방위에 현무, 지호地戶(巽)의 인접방위에 백호를 각기 배당하고 있지만, 인문人門(坤)의 인접방위에는 사신사중 어느 것도 배당하지 않고 있다.

〈표 1〉 사신사의 위치

사신사	양택	음택	복덕 · 형화	사유
현무	인(寅)	신(申)	형화	간(艮)귀문
주작	해(亥)	사(巳)	형화	건(乾)천문
청룡	술(戌)	진(辰)	복덕	건(乾)천문
백호	진(辰)	술(戌)	형화	손(巽)지호

〈표 2〉 사유와 상징의 배치(그림 3 · 4를 참조)

사유	A	B	C	D
	건(乾)	간(艮)	손(巽)	곤(坤)
상징	천문	귀문	지호	인문
양택	형화	형화	복덕	복덕
음택	복덕	복덕	형화	형화

〈표 3〉 지지와 상징의 배치(그림 3 · 4를 참조)

지지	1:7	2:8	3:9	4:10	5:11	6:12
	寅:申	卯:酉	辰:戌	巳:亥	午:子	未:丑
刑禍	天刑, 玄武	刑獄	白虎	朱雀	死喪	官獄
福德	玉堂	大德	地府, 靑龍	天福	吉昌	天府

〈표 4〉 천간과 상징의 배치(그림 3 · 4를 참조)

천간	一:七	二:八	三:九	四:十	五	六
	甲:庚	乙:辛	丙:壬	丁:癸	戊	己
刑禍	宅刑	螣蛇	大禍	罰獄	–	–
福德	宅德	金匱	明堂	天倉	–	–

앞의 여러 그림과 표에서 보는 바와 같이 천간과 지지의 방위와 상징은 사유의 경우와 다르게 서로 독립적이어서 양택이 음택으로 변화하면 각자의 결합이 깨진다. 즉, 각각의 상징물은 인—신, 묘—유, 진—술, 사—해, 오—자, 미—축의 서로 마주 보는 자리(좌향의 관계)로 옮겨가는 것이다. 그것은 양택에서의 형화방이 음택에서는 복덕방으로, 음택에서는 그 반대로 바뀌기 때문으로 보인다. 한편, 그것은 길흉의 상징을 고정시키고 천간과 지지를 변화시킨 결과인 것으로 보인다(그림 3·4 참조).

한편, 24로상에 각 방위별로 가족 구성원의 명좌를 배속하였는데, 가족구성원이 거처할 실을 두는 방위의 배속과는 또 다른 의미를 가진 것으로 보인다. 즉, 24로상의 명좌命座와 거소居所는 각기 다르게 보아야 한다는 것이다. 예를 들면, 양택의 경우 건방위를 '범하면 가장을 잃고'라고 언급하면서 시계방향으로 그 다음 방위이며 적룡赤龍(양택)의 용두방위에 해당하는 해방위를 부명좌父命座로 상정하고 있는 것이다. 또한 한 집안의 가장을 택주宅主로 칭하고, 양택의 택주의 거소로 적합한 곳을 유방위로 지목하고 있는 것이다.

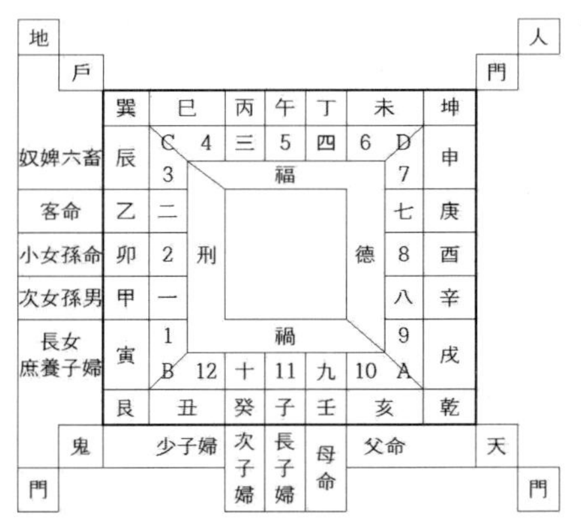

〈그림 5〉 양택의 명좌命座

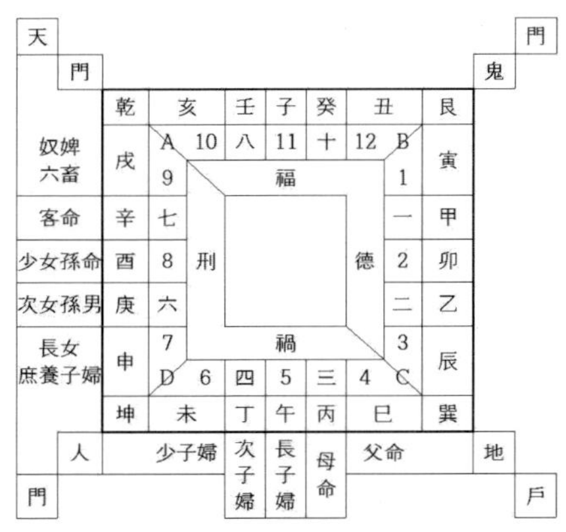

〈그림 6〉 음택의 명좌

24로상의 명좌의 배당(그림 5·6)은 사유방四維方을 제외한 형화방에만 각 명좌를 배속하고 있는 특이성을 보여주고 있다. 이는 『황제택경』에서 명좌를 배당하는 이유가 바로 특정 방위의 금기를 어겼을 때 미칠 해당 명좌의 흉화에 대하여 경고할 목적에 있음을 짐작하게 해주는 것이다. 명좌의 배속은 양룡[적룡]과 음룡[청룡]의 용머리에서 시계방향으로 부父, 모母, 장자長子, 차자次子, 소자少子, 양자養子와 장녀長女, 차녀次女와 손자孫子, 소녀少女, 객客, 육축노비六畜奴婢 등의 순으로 배당하여 집안에서의 가족 간의 위계에 따른 것으로 보인다. 즉, 적룡의 머리에 해당하는 사巳, 청룡의 머리에 해당하는 해亥에 각기 부명좌父命座를 배당하고 있는 것이다(표 5 참조).

양택도에서 명좌命座는 건乾방위에서 시작하여 시계방향으로 해亥—부명, 임壬—모명, 자子—장자부명, 계癸—차자부명, 축丑—소자부명, 인寅—양자부장녀명, 갑甲—차녀남손명, 묘卯—소녀명, 을乙—객명, 진辰—육축노비명으로 되어 있다(그림 5 참조). 음택도에서 명좌命座는 손巽방위에서 시작하여 시계방향으로 사巳—부명, 병丙—모명, 오午—장자부명, 정丁—차자부명, 미未—부명婦命, 신申—장녀양자부명, 경庚—차녀남손명, 유酉—소녀명, 신辛—객명, 술戌—육축노비명으로 지정되어 있다(그림 6 참조). 한편, 손자孫子의 명좌는 있으나, 손녀孫女의 명좌命座는 지정하지 않고 있다.[4]

〈표 5〉 음택 · 양택의 명좌

명좌	-	부	모	장자 (婦)	차자 (婦)	소자 (婦)	-	양자 (婦) 장녀	차녀 남손	소녀	객	육축 노비
양룡(양택)	건	해	임	자	계	축	간	인	갑	묘	을	진
음룡(음택)	손	사	병	오	정	미	곤	신	경	유	신	술

『황제택경』에서는 집을 용龍이라고 하고, 24로상의 몇몇 방위에 대해서 용의 신체부위를 배당하고 있다. 좌우의 신체부위가 서로 대칭적으로 마주하고 있는 특징이 있다. 한편, 지지의 방위에만 신체부위를 배당하고 있으며, 양택도에서는 인문人門(坤)방위에 용의 낭장囊腸(낭심과 창자), 음택도에서는 귀문鬼門(艮)방위에 용의 낭복囊腹(낭심과 배)을 배당하였다(그림 7 · 8).

---

4 실제적용에 있어서는 같은 방위에 손자명이나 손녀명이 있는 것으로 가정하면 될 것으로 본다.

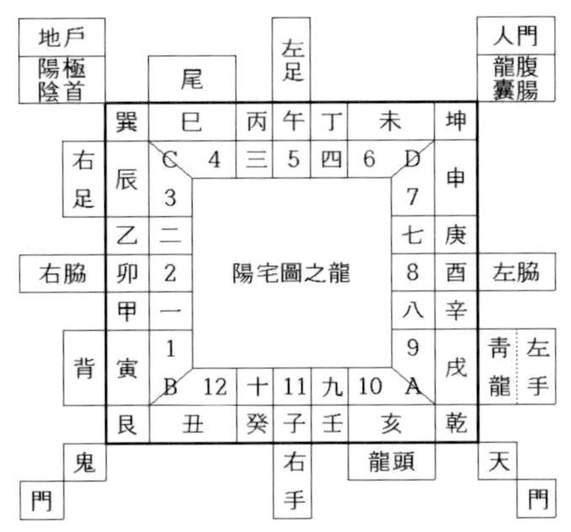

〈그림 7〉 양택도상의 용의 신체부위

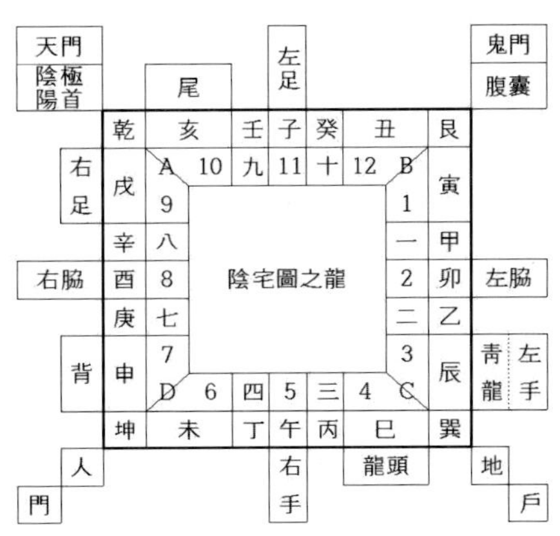

〈그림 8〉 음택도상의 용의 신체부위

좌방위를 기준으로 음양이택도상에 배속된 용의 신체부위를 살펴보면, 용좌협과 용우협의 위치가 각기 좌우가 뒤바뀐 상태로 되어있음을 발견할 수 있다. 그것에 대한 『황제택경』상의 언급은 없으나, 하늘의 용이 강림한 것이 아니라, 하늘에는 별자리로 형성된 용이 그대로 있고 그것이 바로 거울이나 연못에 비친 모습처럼 24로가 그려졌기 때문으로 생각해볼 수 있다. 그 다음 단계로 집의 각 부위를 용의 특정부위와 대응시킨 이유를 알아보아야 한다. 구체적으로 『황제택경』의 내용상 가족의 신체건강문제와 용의 신체부위가 어떻게 연결되고 있는 지를 살펴보고자 한다.

『황제택경』 〈음양택도설〉에는 모든 방위에 해당하는 것은 아니지만, 몇몇 방위에 대해서 금기를 범하였을 경우, 신체이상 또는 질병발생에 대하여 언급하는 부분이 있어 살펴볼 필요가 있다. 예를 들어 〈양택도설〉에서 건방위를 범하면, 머리와 목구멍에 큰 병大病頭項이 생기는 재앙이 닥칠 수 있다고 하였다. 자방위를 범하면 실혼상목失魂傷目의 병이 생길 수 있고, 갑방위에서는 신체적 손상과 골절,[5] 진방위에서는 절름발이병이 생길 수 있다고 언급하고 있다. 이는 정확히 일대일로 대응시킬 수는 없다고 하더라도, 용의 신체

5 갑방위는 천간의 방위이고 용의 신체부위로 거론되지 않았지만, 배(背)와 협(脅)사이에 있는 방위로서 몸통부위로 미루어 짐작할 수 있다.

부위와 그 집에 사는 사람의 신체부위가 일정부분 관련되어 있음을 은근히 드러내는 것이라고 할 수 있다. 종합하면, 이러한 신체적 이상이 주로 형화방에 치중되어 있는 사실로 미루어 볼 때, 주로 형화방에 거론된 방위를 범하면 이러한 흉한 일이 생길 수 있다는 것인데, 더욱 구체적으로 특히 지지방위를 범하면 신체상·건강상의 문제, 천간방위를 범하면 인사人事(訟事, 口舌)와 관련된 문제가 발생할 수 있다는 것이다.

이제 〈음양택도설〉의 내용을 구분해서 살펴본다. 〈양택도설〉에서 양위陽位 즉 형화방에 해당하는 건에서 진까지의 금기사항을 범할 경우, 일어날 수 있는 흉사나 신체이상에 대한 언급이 있다. 양택의 음위 즉 복덕방에 해당하는 손에서 술까지의 방위에 대해서는 "사巳방위는 경經에서 말하길, 관직官職을 얻고 싶으면… 장실壯實하게 고치면 길하다."[6]라고 하는 등의 길사에 대한 언급이 있다. 그 외 외원外院의 특정방위에 대해서는 주로 관리를 잘하거나 증축수리 할 경우에 좋은 일이 있을 수 있다는 것을 언급하고 있다. 예를 들면, "외금궤外金匱(辛)방위가… 고루대사高樓大舍하면 의당 재백財帛이 모이고 또한 자손 중에 호걸豪傑과 귀인貴人이 나타나며 황제의 인척과 혼삿길이 열린다."[7]는 등과 같은 언급이다.

〈음택도설〉에서도 〈양택도설〉에서와 마찬가지로 음위 즉 흉화방에 해당하는 손에서 술까지의 방위에 대해서는 주로 범할 경우 일어날 수 있는 흉사나 신체이상에 대한 많은 언급이 있다. 음택의 양위 즉 복덕방에 해당하는 건에서 진까지, 그 외 외원外院의 특정방위에 대해서는 주로 관리를 잘하거나 증축수리 할 경우 좋은 일이 있을 수 있다는 것을 언급하고 있다. 또한 〈음양택도설〉에서 공통적으로 언급하고 있는 외원방위는 주로 복덕방의 외원방위로 한정되고 있으며, 형화방의 외원방위에 대해서는 일절 언급이 없다. 별도로 언급되지 않은 외원 각방위의 수리일이나 길흉에 대해서는 아마도 내원의 기준을 준용하면 될 것으로 판단된다.

지금까지 살펴본 24로상에 배당된 명좌, 수리일, 신체부위, 길흉여부에 대하여 종합적으로 정리하면 다음 표와 같이 된다.

---

6 『黃帝宅經』「陽宅圖說」, 欲得職 … 宜壯實, 修改吉.
7 『黃帝宅經』「陽宅圖說」, 外金匱 … 高樓大舍, 宜財帛, 又宜子孫出豪貴, 婚連帝戚.

〈표 6〉 내원24로(內院二十四路) 양택과 음택에서의 수리일과 길흉

福德 刑禍	24路	修理 吉日		陽宅	陰宅
		月	日		
陽宅: 刑禍方 陰宅: 福德方	乾	5	丁壬日 (北方不用壬子, 丁巳日)	天門, 陽首, 宜平穩實, 不宜絶高壯, 犯之損家長, 大病頭項等災	天門, 陰極陽首, 背枯向榮, 其位舍屋, 連接長遠, 高壯闊實吉
	亥	3	丁壬日 (宮羽姓即七月吉)	朱雀, 龍頭, 父命座	天福, 龍尾, 宅極/宜置猪欄, 欲得職治宅極, 宜開拓極. 吉
	壬			大禍, 母命, 犯之害命坐人 有飛災口舌	明堂, 宅福, 宅胎, 宜置高樓大舍, 常令清淨及集學經史, 亦名印綬宮, 宜財祿
	子			死喪, 龍右手, 長子, 婦命/犯之害命坐人, 失魂傷目, 水災口舌	吉昌, 龍左足, 宜置牛屋, 奴婢成行, 六畜良, 平實吉
	癸	7	丁壬日 (三月亦通, 宮羽姓不宜三月, 七月即吉日)	罰獄, 句陳, 次子婦命 / 口舌鬪訟等災	天倉立門戶, 客舍, 簟厠吉, 財耗亡, 治天倉, 安六畜, 開拓高厚
	丑	7	丁壬日	官獄, 少子婦命/犯之鬼魅盜賊. 火光怪異等災	天府, 高樓大舍, 牛羊奴婢居之, 大孳息, 倉厠並吉
	艮	8	甲己日 (東方不用甲子, 己巳日)	鬼門, 宅壅, 氣缺薄空荒吉, 犯之偏枯淋腫等災	鬼門, 福囊, 龍腹, 宜厚實重吉, 缺薄卽貧窮
	寅	6	甲己日	天刑, 龍背, 玄武, 庶養子婦, 長女命座, 犯之傷胎, 繫獄, 被盜, 亡敗等災	玉堂, 宜置車牛舍, 主寶貝金玉之事, 宜開拓, 治玉堂, 錢財橫至, 六畜肥强, 大吉
	甲			宅刑, 次女孫男等命/家長病, 頭項諸傷折等災	宅德, 安門, 宜置碓磑, 開拓連接壯觀吉, 清淨災殃自消
	卯			刑獄, 龍右脇, 少女孫命/火光氣滿, 刑傷, 失魂	大德, 龍左脇, 客舍, 治大德,富貴資財成萬億, 亦名宅主, 主有德望
	乙	10	己日修吉 (惟宜, 屋低小, 仍不得重)	螣蛇, 訟獄, 客座/妖怪, 死傷, 口舌	金匱, 天井, 宜置高樓大舍, 常令清淨勤修泥, 尤增喜慶
陽宅: 福德方 陰宅: 刑禍方	辰	10	己日修吉	白虎, 龍右足, 六畜奴婢命座/犯之驚傷, 跛蹇, 筋急等災, 亦主驚恐, 主訟獄	地府, 青龍左手, 三元, 宜子孫, 當宜清淨, 青龍壯高, 富貴雄豪
	巽	11	丙辛日 (南方不用丙子至辛巳日)	風門, 地戶, 宜平缺, 名福首. 背枯向榮二宅, 五姓八宅, 並不宜高壯壅塞, 亦陽極陰首	宜平穩, 不宜壅塞, 亦名陽極陰前, 背榮向枯, 宜空缺通疏, 大吉
	巳	9	丙辛日 (唯用功多良) 徵音正三四月吉	天福, 龍尾, 宅尾亦名宅極/欲得職治宅極, 宜壯實, 修改吉	朱雀, 龍頭, 父命座, 不宜置井, 口舌飛禍, 吐血癲狂, 蛇畜作怪
	丙			明堂, 宅福/安門, 牛倉等舍, 治明堂, 加官益祿大吉祥, 合家快活不可當	大禍, 母命, 不宜置門, 飛禍, 口舌
	午			吉昌, 龍左足, 外/治吉昌, 奴婢成行六畜良, 宜平實, 忌高及龜頭廳	死喪, 龍右手, 長子婦命, 失魂, 傷目, 心痛, 火光, 口舌, 龍右手, 筋急
	丁	1	丙辛日 (午日兩用, 用功多大吉)	天倉, 財耗亡, 治天倉, 宜倉庫六畜, 壯厚高拓吉	罰獄, 次子婦命, 句陳, 口舌, 鬪訟, 瘡病等災
	未	1	丙辛日 (午日兩用, 用功多大吉)	天府, 高樓大舍, 牛羊, 奴婢居之, 大孳息, 倉厠利	官獄, 婦命, 少子婦命座, 鬼魅, 火瘡, 霹靂, 盜賊, 刀兵流血, 六畜傷死, 家破逃散
	坤	2	乙庚日 (西方不用庚子乙巳日)	人門龍腸, 宜置牛馬廐, 其位欲開拓壅厚, 龍腹 亦名福囊, 重而兼實大吉	人門, 女命座, 不宜置馬廐, 犯之偏枯, 淋腫等. 此地宜荒缺低薄吉
	申	12	乙庚日 商姓十二月凶, 四月吉	玉堂, 置牛馬屋, 主寶貝金玉之事, 壯實開拓吉, 治玉堂, 財錢橫來, 六畜肥强	天刑, 龍背, 玄武, 庶子, 庶子婦, 長女命座, 犯之失魂, 病脇, 刑傷, 牢獄, 氣滿, 火怪
	庚			宅德, 安門, 宜置車屋, 雞栖, 碓磑吉. 宜開拓連接, 壯活淨潔吉	宅刑, 次女男孫命座, 不宜置門, 病右脇, 口舌, 傷殘損墜
	酉			大德, 龍左脇, 客舍, 治大德, 富貴資財成萬億, 亦名宅德宜宅主	刑獄, 龍右脇, 少女孫命座, 失魂, 氣滿, 火怪
	辛	4	乙庚日	金匱, 天井, 宜置門及高樓大屋, 治金匱, 大富貴, 宜財百事吉	螣蛇, 訟獄, 客命座, 口舌, 妖怪, 死喪, 災起
	戌			地府, 青龍左手, 三元, 宜子孫, 恒令清淨吉. 青龍壯高, 富貴雄豪	白虎, 龍右足, 六畜奴婢命座, 獄訟, 犯之足跽, 跛蹇, 偏枯, 筋急

〈표 7〉 외원24로(外院二十四路) 양택과 음택의 길흉

福德 刑禍	24路	陽/陰位 名稱	陽宅	陰宅
陽宅 : 刑禍方 陰宅 : 福德方	乾	外乾院	–	內與外院修造開拓, 令壯實, 高岡陵大樹, 並吉. 宜家長延壽, 子孫榮祿不絕, 光映門族, 乾地廣闊.
	亥	外天福, 宅極之鄉	–	宜置大舍, 位次重疊, 深遠濃厚吉.
	壬	外宅福, 明堂	–	相連接壯實, 子孫聰明昌盛, 科名印綬大富貴.
	子	–	–	–
	癸	外天倉	–	宜高樓重舍, 倉稟庫藏, 奴婢六畜等舍, 大孳息, 宜財帛五穀. 其位高潔開拓, 吉.
	丑	外天府	–	宜闊壯, 子孫婦女居之, 大吉. 亦名富貴飽溢之地, 遷職喜, 萬般悉有矣.
	艮	外龍腹, 福囊	–	宜壅實如山, 吉. 遠近連接, 大樹長岡不厭, 開拓, 吉. 若低缺無屋舍, 即貧薄不安.
	寅	外玉堂	–	宜子婦, 即富貴榮華, 子孫興遠. 其位雄壯, 即官職升騰, 位至臺省, 寶帛金玉不少. 若陷缺荒殘, 即受貧薄, 流移他地.
	甲	外宅德	–	宜作學習道藝, 功巧立成, 亦得名聞千里, 四方來慕, 亦為師統, 子孫居之, 有信懷才, 抱義壯勇無雙.
	卯	外天德	–	外天德, 金匱, 青龍 此三神並宜濃厚實, 大舍高樓, 或有客廳. 卿相遊宴, 過往一家, 富貴豪盛, 須賴三神, 尤宜開拓. 若冷薄荒缺敗陷, 即貧窮也.
	乙	外金匱	–	外天德, 金匱, 青龍 此三神並宜濃厚實, 大舍高樓, 或有客廳. 卿相遊宴, 過往一家, 富貴豪盛, 須賴三神, 尤宜開拓. 若冷薄荒缺敗陷, 即貧窮也.
陽宅 : 福德方 陰宅 : 刑禍方	辰	外青龍	–	外天德, 金匱, 青龍 此三神並宜濃厚實, 大舍高樓, 或有客廳. 卿相遊宴, 過往一家, 富貴豪盛, 須賴三神, 尤宜開拓. 若冷薄荒缺敗陷, 即貧窮也./ 外青龍, 不厭清潔, 焚香設座, 延迓賓朋, 高道奇人, 自然而至, 安井及水瀆, 甚吉.
	巽	外巽	–	宜作園池竹篳, 設有舍屋, 宜平而薄.
	巳	外天德	–	宜開拓侵修, 令壯實 大吉. 經曰, 福德之方拓複拓, 子子孫孫受榮樂. 唯不得高樓重舍.
	丙	–	–	–
	午	–	–	–
	丁	外天倉	–	不厭 高壯樓舍安門倉庫牛舍及奴婢車屋, 並大吉. (南方宜侵拓吉)
	未	外天府	–	不厭 高壯樓舍安門倉庫牛舍及奴婢車屋, 並大吉. (南方宜侵拓吉)
	坤	外龍腹, 福囊	–	安牛馬牢廠, 亦名福囊, 宜廣厚實, 吉. 宜置馬廄, 吉. 安重滯之物及高樓等, 並大吉.
	申	外玉堂	–	宜開拓侵修, 令壯實 大吉. 經曰, 福德之方拓複拓, 子子孫孫受榮樂. 唯不得高樓重舍.外玉堂之院, 宜作崇堂及郎君孫幼等院, 吉. 客廳即有公客來, 若高壯侵拓及有大樹重屋等, 招金玉寶帛, 主印綬, 喜.
	庚	外宅德	–	宜開拓勤修泥, 令新淨, 吉. 及作音樂飲會之事, 吉. 宜子孫婦女等院, 出貴人, 增財富貴, 德望遐振.
	酉	外大德	–	상동
	辛	外金匱	–	宜作庫藏倉窖, 吉. 高樓大舍, 宜財帛, 又宜子孫出豪貴, 婚連帝戚, 常令清淨, 連接叢林, 花木藹密.
	戌	–	–	–

2. 음양을 얻고, 음양을 품은

『황제택경』은 사고전서의 제요에서 육비지陆费墀(1731~1790)[8] 등이 신臣의 입장에서 밝히고 있듯이 "의리義理가 적지 않으며, 문사文辭(문장) 또한 우아하고 잘 다듬어져" 있는 것으로 평가되는 건축풍수서이다. 여기서, 의리가 적지 않다는 것은 그 논리구조가 나름 치밀하다는 것이다. 그 다음 문사가 우아하고 잘 다듬어져 있다는 것은 대개의 술수서적이 그러하듯이 신비스러운 부분을 강조한다든가 스스로 특정내용을 과장되게 포장하지 않고 세련되게 서술하고 있다는 것이다.

『황제택경』을 다시 봄에 있어서 '의리가 적지 않다'는 것이 과연 구체적으로 어떤 부분을 말하고 있는 것인지가 궁금해진다. 이러한 궁금증을 해결하기 위해서 먼저 『황제택경』 〈제요〉에서 언급하고 있는 음양론陰陽論과 그것에 불합치不合致 할 경우 닥칠 흉화凶禍에 대하여 살펴볼 필요가 있다.

> 음양론에 대해서는 이미 선현께서 책[9]을 드리워서 계욱소창誡勖昭彰(힘써 밝고 밝게 훈계)하였다. 그래서 사람들이 일용日用하고 있지만, 스스로 어둡고 몽매蒙昧하여 그 원리를 알지는 못한다. 그 드러난 상象은 일월日月, 건곤乾坤, 한서寒暑, 자웅雌雄, 주야晝夜의 음양陰陽 등으로 포라만상包羅萬象(모든 것을 갖춤)하고 있다. 따라서 하나[一]를 들면 천千이 따라서 운변運變(운행변화)하기 때문에 무형無形이지만 능히 만물萬物이 될 수 있는 것이다. 그런 점에서 음양陰陽의 이치理致는 매우 큰 것이다. 경經에서 "음자陰者는 생화물정生化物情의 모친母親이고, 양자陽者는 생화물정의 부친

---

8 清学者, 藏书家, 图书馆官员. 本姓费, 字丹叔, 一字礁士, 号颐斋, 晚号吴泾灌叟. 浙江桐乡人. 乾隆三十一年(1766)进士, 改庶吉士, 授编修, 官至礼部侍郎. 乾隆三十八年(1773)四库全书开馆, 受任四库全书馆总校及副总裁之职, 与纪昀, 陆锡熊等人, 为编纂『四库全书』出力较多. 书编成后, 呈帝观览, 因书中"有违碍诸说未经删削", 纪昀, 陆锡熊和他同被斥责, 而他处罚尤重. 责令他出资装治, 整修文澜阁, 文汇阁, 文宗阁三阁图籍, 书面用叶, 木匣, 刻字, 装订等费用, 皆由他出资. 富于藏书, 进呈四库馆数十种,『四库全书总目』著录9种. 又因事被处罚以革职, 在家辟"枝荫阁", 左图右史, 著述读书为日. 家被抄后, 仅留千金以养家眷, 余资皆充三馆装治图书之用. 旋即忧愤卒. 和纪昀合纂有『历代职官表』. 工诗文. 著『颐斋赋稿』,『枝荫阁诗文集』.
출처 : http://baike.baidu.com/view/776941.htm, 2015년 9월 검색.

9 『황제택경』이 등장하기 이전에도 여러 택경류(宅經類)의 서적이 있었다는 의미.

父親으로서 이들은 천지天地의 원조元祖이며, 잉태孕胎하고 육성育成하는 지존至尊이다. 그래서 순응順應하면 형통亨通할 것이고, 역행逆行하면 불리不利한 것이다. 그것은 공충公忠(公明忠誠)하면 작위爵位를 받지만, 위명違命하면 오히려 변앙變殃(재앙)을 받는 것과 어찌 다를 것인가?"라고 하였다.[10]

또한 『황제택경』 〈서〉에서 "택宅이라고 하는 것은 음양陰陽의 추뉴樞紐(관건, 핵심)이고, 인륜의 궤모軌模(규범)이다."[11]라고 하였고, 『황제택경』 〈총론〉에서 "음양이기陰陽二氣에 순응하는 것이 정법正法이다."[12]고 하여 본문에서도 여러 번 음양론이 『황제택경』의 논리구조를 이루는 근간임을 강조하고 있다. 또한 "여러 신살神殺과 오성五姓에 따른 육십갑자六十甲子는 모두 음양이기陰陽二氣에서 비롯된 것이고, 각 방위에 배열된 것일 뿐이다."[13]라고 하여 이러한 것들이 모두 음양론에 바탕을 두고 있음을 강조하고 있다.

사실 음양론이란 상대적인 것이지만 결국 세상만물을 이분법적二分法的으로 구분하여 보는 하나의 세계관인 것이다. 풍수에서 거론되는 음양론은 주어진 상황을 이분법적으로 판단하며 그 변화원리에 근거하여 앞으로 전개될 상황을 예측할 수 있다는 측면에서 그 가치가 인정된다. 『황제택경』에서는 그 내용에 있어서 뿐 아니라 서술방식에 있어서도 유독 상대적인 두 개의 요소를 가지고 서로 대응관계로 풀어나가는 경우가 많다. 『황제택경』 〈총론〉에서 언급한 오허오실五虛五實[14]의 경우를 보더라도 먼저 허와 실이 대응관계에 있고, 그 내용에 있어서도 빈모貧耗와 부귀富貴, 대大와 소少, 완전完全과 불완不完, 정처正處와 불처不處, 다多와 소少가 서로 대응관계로 설정되어 있다. 그 외에 내로저로론來路抵路論[15]을

---

10 『黃帝宅經』「序」, 況先賢垂籍, 誠勖昭彰, 人自冥蒙, 日用而不識. 其象者, 日月, 乾坤, 寒暑, 雌雄, 晝夜, 陰陽等, 所以包羅萬象, 擧一千從運變, 無形而能化物. 大矣哉, 陰陽之理也. 經之, 陰者, 生化物情之母也. 陽者, 生化物情之父也. 作天地之祖, 爲孕育之尊. 順之則亨, 逆之則否. 何異公忠受爵, 違命變殃者乎.

11 『黃帝宅經』「序」, 夫宅者, 乃是陰陽之樞紐, 人倫之軌模.

12 『黃帝宅經』「總論」, 順陰陽二氣為正.

13 『黃帝宅經』「總論」, 順陰陽二氣為正. 此諸神殺, 及五姓六十甲子, 皆從二氣而生, 列在方隅.

14 『黃帝宅經』「總論」, 宅有五虛, 令人貧耗, 五實, 令人富貴. 宅大人少, 一虛. 宅門大內小, 二虛. 牆院不完, 三虛. 井竈不處, 四虛. 宅地多屋少庭院廣, 五虛. 宅小人多, 一實. 宅大門小, 二實. 牆院完全, 三實. 宅小六畜多, 四實. 宅水溝東南流, 五實.

설명함에 있어서도 내로來路(지나온 길)와 저로抵路(나아갈 길)를 대응시키고 있다. 이러한 양분적兩分的 대응관계는 음양으로도 설명이 가능한데, 허虛를 음, 실實을 양, 대大를 양, 소小를 음, 래로를 음, 저로를 양으로 볼 수 있는 것이다. 음양론과 오행론은 동양술수학의 빼놓을 수 없는 바탕이론이라고 할 수 있는데, 이중 음양론은 2분법적인 인식체계로서 5분법적인 오행론에 비해서 상대적으로 단순한 것이라는 오해를 하기 쉽다. 하지만 기운변화의 원리적 관점에서 본다면 오행론 못지않게 매우 복잡하고 난해한 이론임을 알 수 있다.

이러한 음양론적 특징을 잘 나타내고 있는 것이 바로 바로 역易이다. 역易은 기호 --(음)과 —(양)으로 이루어진 6효爻(겹, 층)의 조합으로 하나의 괘卦를 형성하는데, 이것을 가지고 현재의 상황을 판단하고 앞으로 전개될 미래를 예측하는 것이다. 결국 역점易占이란 64괘로 일컬어지는 여러 종류의 형상을 놓고, 그것이 어떻게 변해갈 것인가를 보고 미래를 예측하는 것이라고 할 수 있다. 앞으로 전개될 음양의 변화를 예측하기 위해서는 세상만물을 '음과 양으로 구분하는 것' 자체 뿐 아니라 역易과 같은 '음양변화의 원리'를 이해하는 것이 매우 중요하다. 음양변화의 원리는 지금까지 각종 문헌과 연구에서 드러난 것만 가지고도 여러 가지가 제시될 수 있다. 이러한 변화원리 중에서 주어진 상황의 음양적 조건에 따라서 어떤 것을 적용할 것인지를 결정하는 것이다. 이러한 여러 가지의 음양변화원리 중 풍수에서 자주 거론되는 것을 열거하면, 극음극양론, 소음소양론, 음양배합론, 음양교합론, 정음정양론, 음양동류상응론 등이 있다.

극음극양론이란 건괘나 곤괘가 표상하는 것처럼 양 또는 음이 극도로 성한 다음에 시간이 지나면 서서히 그 성격에 반대가 되는 음 또는 양으로 그 성격이 넘어가게 된다는 것을 말한다. 소음소양론은 음속에 양이 있고, 양속에 음이 있다는 것이다. 극음 또는 극양의 상황에서 그에 반하는 양 또는 음이 득세하는 상황으로 변화가 일어나는데, 여기서 소양과 소음은 규모는 작지만 신선한 기운이기 때문에 그 변화를 일으키는 중요한 역할을 하는 것을 말한다. 음양배합론이란 음이 있으면 반드시 양이 존재한다는 이론이

15 『黃帝宅經』「總論」, 又云, 修來路即無不吉, 犯抵路未嘗安. 假如近從東來, 入此宅住後更修拓西方, 名抵路, 却修拓東方, 名來路. 餘方移轉, 及上官往來, 不計遠近, 準此為例.

다. 이것은 천부적으로 음과 양에게 주어진 각각의 역할을 중요시 하는 이론이라고 할 수 있다. 즉, 어떠한 상황이나 과정에서 음의 역할이 있고, 양의 역할이 있다는 것이다. 두 역할이 서로 바뀌는 것을 비정상적인 상황으로 보고 흉한 것으로 판단하는 이론이다. 음양교합론은 음양이 만나면 결합하게 되어 있다는 것인데, 무엇인가 새로운 것을 만들어 내거나, 수량을 늘이기 위해서는 이와 같은 음양교합이 이루어져야 함을 강조하는 것이다. 정음정양론은 음양의 질적수준을 따지는 것으로 맑은 음양은 맑은 음양끼리 결합이 되어야 기운이 혼탁해지지 않는다는 것이다. 음양의 구분이 이루어지고 그 다음 그 속에 청탁흉의 구분이 있다는 것을 주장하는 이론이다. 음양동류상응론은 비가 오려면 무릎이 시리다는 것과 같이 큰 기운이 몰려오기 전에 동류의 미세한 징후가 있게 된다는 것이다. 음적인 기운이 몰려오기 전에 음적인 것이 반응하고, 양적인 기운이 몰려오기 전에 양적인 것이 먼저 반응한다는 것이다.

이와 같이 음양의 변화원리가 다양하게 등장하는 것은 기운의 변화가 정말 변화무쌍하고 손에 잡히지도 않고 보이지도 않으므로 인간의 입장에서 이해할 수 있는 일정한 인식체계의 틀 속에 가두어서 다루어 보려고 하는 여러 시도에서 비롯되었기 때문이다. 결국, 앞에서 다룬 여러 음양변화의 원리란 기운의 어느 특정한 측면을 다루기 위한 하나의 이론에 불과한 것이다. 또한 하나의 음양론으로는 변화무쌍한 자연의 세계와 인간사人間事를 포괄할 수 없으므로, 상황에 따라 각각 다르게 적용할 수 있는 다양한 음양의 변화원리가 필요하게 된 것이다. 『황제택경』에서는 위에서 언급된 음양론과는 또 다른 성격의 건축풍수에 적용할 음양변화원리를 제시해주고 있다는 측면에서 주목할 필요가 있다.

『황제택경』 〈제요〉에서 "이 책에서는 주로 음양상득陰陽相得을 위주"로 하고 있다고 하여 음양상득론을 제시하고 있는 것이다. 음양상득론이 무엇인지를 이해하기 위해서 이것이 앞에서 언급한 여러 음양변화원리와 같은 점은 무엇인지 또 다른 점이 무엇인지를 살펴보아야 하겠다.

『황제택경』에서 말하는 음양상득론의 요지는 독음獨陰이나 독양獨陽으로는 좋은 기운을 왕성하게 할 수가 없다는 것이다.

> 양陽 혼자서는 왕성[16]할 수가 없다. 그래서 음陰을 얻어야 하는 것이다. (*양택陽宅은 마땅히 음위陰位를 수리한다.) 또한 음陰 혼자서는 왕성할 수 없다. 그래서 양을 얻어야 하는 것이다.(*수리는 위와 같다.) 동기冬期에는 온난溫暖을 베푸는 것이 덕德이 되고, 하기夏期에는 양냉凉冷(시원하고 차가움)한 것이 덕德이 될 수 있는 것이다. 게다가 남자에게 [경우에 따라] 여성적인 면이 미덕美德이 될 수 있고, 여자에게 남성적인 면이 미덕美德이 될 수 있는 것이다. 역易에서 말하길, 음陰이 양陽을 얻는 다는 것, 마찬가지로 더울 때 시원함을 얻는 것인데, 이렇게 되면 오성五姓(百姓)이 함화咸和(두루 화합)하고 백사구창百事俱昌(모든 일이 잘 됨)한다는 것이다.[17]

음양상득의 의미는 간단히 말해서 음이 양을 얻고 양이 음을 얻어야 좋다는 것으로 파악된다. 이러한 내용으로 볼 때, 『황제택경』상의 '음양상득론'은 기존의 음양론 중에서 정음정양론과는 대응적 개념이며 '음양교합陰陽交合'과 '음양배합陰陽配合'의 의미를 모두 담고 있는 것으로 해석된다.

본문의 『황제택경』 〈총론〉에서 "만일, 한번은 음에서 양으로, 한번은 양에서 음으로 [수리하거나] 왕래한다면, 그것이 천도天道에 부합하는 것이다."[18]라고 한 것이나 『황제택경』 〈범수택차제법〉에서 〈택서〉의 내용을 인용하면서 "이남사북移南徙北할 때에는 음양교분陰陽交分해야 하는데, 그것이 바로 화음양자기和陰陽者氣"[19]라고 한 것으로 미루어 볼 때 음양교합적이면서도 순서와 절차를 중시하는 음양교분陰陽交分을 강조하고 있음을 알 수 있다. 그래서 음양상득론陰陽相得論의 핵심은 음양교합론적이기는 하지만, 그 진행에 있어서 음양이 균등배합 되는 교차순서를 유난히 강조하는 것에 있다고 할 수 있는 것이다.

음양상득론에서 말하는 음양교분이란, 집의 수리나 왕래에 있어서 음이 되었던 양

---

16 사고전서본에는 '王'으로 되어 있으나 안거금경에서는 '旺'으로 되어 있다. 그래서 왕성(旺盛)으로 해석하였다.

17 『黃帝宅經』「總論」, 是以, 陽不獨王, 以陰爲得(陽宅 爲宜修 陰方). 陰不獨王, 以陽爲得(如上說). 亦如, 冬以溫暖爲德, 夏以凉冷爲德, 男以女爲德, 女以男爲德, 之義. 易訣云, 陰得陽, 如暑得涼, 五姓咸和, 百事俱昌.

18 『黃帝宅經』「總論」, 若一陰陽往來, 即合天道, 自然吉昌之象也.

19 『黃帝宅經』「凡修宅次第法」, 移南徙北, 陰陽交分, 是和陰陽者氣也.

이 되었던 간에 어느 한쪽을 진행하였다면, 그 다음에는 반드시 음양교차적 순서를 지켜야 한다는 것이다. 『황제택경』에서는 주로 집의 수리나 왕래동선에 대한 것을 다루고 있으므로 그러한 점에서 살펴보면, 양의 방위를 수리하거나 왕래하였을 경우에 그 다음에는 반드시 음의 방위를 수리하거나 왕래하여야 한다는 것이다. 이러한 것이 음양상득론의 요지이다.

『황제택경』에서 이러한 교차적 순서를 매우 중요시하고 있다는 점을 보여주는 대목이 바로 형화방과 복덕방에 대한 수리 또는 왕래에 대한 언급이다. 형화방과 복덕방의 음양교분적 내용을 이해하기 위해서 먼저 『황제택경』에서 말하는 형화방과 복덕방이라는 것이 어떻게 구분되고 있는 지, 그것이 무엇을 의미하는 지를 알아보아야 한다. 『황제택경』 〈음양택도〉를 보면, 음택이나 양택에서 좌방위를 형화방으로 향방위를 복덕방으로 구분하고 있음을 알 수 있다. 그 다음 『황제택경』 〈총론〉에서 형화 · 복덕의 용어를 통하여 여러 차례 수리왕래를 한다고 할 때, 어느 것이 우선순위가 되고, 어느 것이 그 다음 순위가 되어야할 것인지를 설명해주고 있다.

> (어쩔 수 없이 중음양重陰陽해야 할 경우,) 생기生氣의 복덕방福德方으로 다시 시작하는 것은 길吉할 것이고, 오귀五鬼나 절명絶命의 형화방刑禍方으로 시작하는 것을 범犯하면 더욱 불리할 것이다.[20]

> 〈결〉에서 말하길… "그 집이 궁핍해지면, 급히 고궁故宮(舊房)을 번수翻修(뒤집어 고치다)한다. 마땅히 형화방의 건물을 탁도拆掉(부수고 흔들어서)하여 제거하고, 복덕방의 건축을 증가시켜야 한다."[21]

> (형화방과 복덕방에 수리할 것이 있다면), 형화방을 먼저 수리하고 그 후에 복덕방을 수리하는 것이 길하다. 복덕방을 먼저 수리하고 형화방을 수리하는 것은 흉하다.[22]

---

20 『黃帝宅經』「總論」, 仍宜生氣, 福德之方, 始吉. 更犯五鬼, 絕命, 刑禍者, 尤不利.
21 『黃帝宅經』「總論」, 訣云, … 其宅乃窮, 急翻故宮. 宜拆刑禍方舍却, 益福德方也.

(*형화방이 넓어져서 복덕방을 침해할 정도가 되는 것도 경계하여야 하지만, 너무 축소縮小하면 기부족氣不足이 되므로 재록財祿의 손실損失이 생길 수 있다. 복덕방도 넓혀서 형화방을 침범하는 것을 경계해야 한다. 이 또한 과하면 좋지 않다. 태과太過(지나침)는 복을 감소시킨다. 복은 지극히 미미하면서도 사라지지 않게 할 수 있어야 두터운 복이 있게 되는 것이다. 범사凡事에 만족滿足할 줄 알고 태과太過를 경계해야 할 것이다. 형화방이든 복덕방이든 그 수數를 넓혀서 본택本宅[23]을 넘어선다면 그것이 바로 태과太過인 것이다.)[24]

위의 내용을 참고하여 형화방과 복덕방의 음양상득론의 적용과 의미를 정리하면 다음과 같이 된다. 첫째, 어느 쪽을 먼저 시작해야 할지 정확한 판단이 되지 않을 때는 복덕방을 먼저 수리하고, 그 다음 형화방을 수리하는 것이 좋다. 둘째, 흉한 일이 있을 경우, 형화방을 먼저 수리하고 그 다음 복덕방을 수리하는 것이 좋다. 셋째, 어느 쪽이든 과하게 확장하거나 축소하는 것은 좋지 않다. 이러한 것들을 정리하면, 길사吉事(좋은 일)에는 복덕방을 수리하거나 왕래[25]하고 흉한 일에는 형화방을 수리하거나 왕래하는 것이 좋다는 것이다. 여기서 신 · 증축일 경우는 재산을 불리거나 식구가 늘어나는 것이므로 길한 일로 보고, 수리의 경우는 어느 곳에 빗물이 샌다든지 무너져 내린 경우에 해당하는 것이기 때문에 흉한 일로 보는 것이다. 그래서 신 · 증축에는 복덕방을 먼저, 수리에는 흉화방을 먼저 시작한다는 것이다. 다만, 과하게 하지 말라는 것이다.

음양상득에 대응하는 용어로서 중음중양重陰重陽을 제시하고 있는데 『황제택경』 〈총론〉에서 언급하고 있는 바와 같이 그것을 흉한 것으로 보고 있는 것이다.

---

22 『黃帝宅經』「凡修宅次第法」, 先修刑禍, 後修福德, 即吉. 先修福德, 後修刑禍, 即凶.
역자주 : 길한 것은 복덕방, 흉한 것은 형화방이 감당한다고 할 때, 흉한 것을 먼저 정리하고 그 후에 길한 것을 극대화 시키는 방법을 제시하는 것으로 판단된다.

23 넓히는 정도가 원래 있었던 집의 규모이상이 된다면 태과라고 본 것이다. 즉 한번에 2배 이상의 증축을 태과라고 본 것이다. 만일, 형화방과 복덕방을 한꺼번에 증축할 경우는 집 전체의 2배가 될 것이다. 형화방이나 복덕방의 일부분을 증축한다고 한다면, 본택(本宅)은 형화방의 사장(舍墻), 복덕방의 사장이 기준이 된다.

24 『黃帝宅經』「總論」, 주석, 刑禍之方戒侵拓也. 不得太縮, 縮即氣不足, 不足則損財祿. 福德之方宜戒侵拓也. 亦不得太過, 太過即減福. 會至微不消, 厚福所臨也. 凡事足戒太過, 所侵拓之數, 過於本宅, 名曰太過.

25 왕래에 있어서 길사로서 혼사 등의 왕래에서 복덕방으로 왕래하라는 것.

> 중음중양重陰重陽한다면 흉한 것이 된다. 예를 들면, 양택陽宅인데 동방이나 북방[26]을 더 넓히거나, 음택陰宅인데 서방이나 남방을 다시 넓힌다면 그것이 중重(二重)[27]인 것이다.[28]

중음중양의 상황을 넘어서 한 번 더 중복되는 음양의 상태가 된다면, 무혼무백이라고 하며 사람이 살 수 없는 집이 될 것이라고 한다.

> 두 번 연속해서 '입음入陰' 또는 '입양入陽'일 경우, '무기無氣'가 된다. 세 번 연속될 경우 '무혼無魂'이 되고, 네 번 연속될 경우 '무백無魄'이 된다. 무혼無魂 · 무백無魄이 되면 가파도산家破逃散하고 자손子孫은 끊어진다.(*경經에서 말하길, 이중二重, 삼중三重, 사중四重으로 연이어 범犯하는 것을 멈추지 못하면 멸문절사滅門絶嗣한다는 것이 바로 이를 의미하는 것이다.)[29]

이러한 중음중양론은 앞에서 언급한 여러 음양변화의 원리 중에서 극음극양론의 성격에 매우 가까운 것으로 이해할 수 있다. 중음중양의 흉한 상황을 벗어나기 위한 대책으로 음양상득적 방법을 제시하고 있는데 그 첫째가, "천도에 부합하는 방법으로 한번은 음에서 양으로, 한번은 양에서 음으로 수리왕래 하는 것"[30]이다. 둘째는 45일이나 75일을 기다렸다가 수리왕래를 재개하는 것이다.[31] 이것을 두고 소음소양론적 처방이라고 할 수 있을 것 같다. 음택일 경우 양의 방위인 복덕방을 수리왕래하고, 양택일 경우 음의 방위인 복덕방을 수리왕래하는 것이 길하다고 할 때, 그것이 바로 극음극양의 상태를 극복하기 위한 소음소양론적 처방인 것이다. 이러한 흉한 상태를 극복하고 길한 상태로 나아갈

---

26 동방(東方)이나 북방(北方)은 양위(陽位)로 형화방이다. 음택에서 서방(西方)이나 남방(南方)은 음위(陰位)로서 마찬가지 형화방이다.

27 양택에서 중음(重陰) 또는 중양(重陽)이 된다는 의미이다.

28 『黃帝宅經』「總論」, 重陰重陽則凶, 陽宅更招東方北方, 陰宅更招西方南方為重也.

29 『黃帝宅經』「總論」, 再入陰, 入陽, 是名無氣. 三度重入陰陽, 謂之無魂, 四入謂之無魄. 魂魄既無, 即家破逃散, 子孫絕後也. (經云 連犯不止, 滅門絕嗣. 此之謂也.)

30 『黃帝宅經』「總論」, 若一陰陽往來, 即合天道.

31 『黃帝宅經』「總論」, 設要重往, 即須逐道, 住四十五日, 七十五日, 往之無咎.

수 있는 방법이 바로 『황제택경』 〈서〉의 끝부분에서 이 책의 종합적 성격을 한마디로 표현한 '양생영지성법養生靈之聖法'이라고 할 수 있는 것이다.

이러한 양생법은 『황제택경』 〈범수택차제법〉에서 〈수신기〉의 내용을 인용한 부분에서도 드러난다.

> 서로 다른 성질의 나무를 접붙인다면, 한 나무로 함께 살게 할 수도 있다. 이는 비록 근묘根苗(뿌리새싹)가 특수特殊하고 원래 다른 맛이었지만 서로 교잡交雜하여 새로운 과실의 맛을 만들어낼 수 있는 것이다. 형形(모양)에 구애拘礙(제한)를 받는 여러 대상물들도 이렇게 오히려 쉽게 변통變通하곤 하는데, 허무虛無(손에 잡히지 않는)의 음양陰陽(여기서는 음양기운)이 어떻게 상정常定(항상 고정됨)할 수가 있겠는가?[32]

예를 들어, 고염나무에 접붙이기를 하여 단감이 열리게 한다고 할 때, 고염나무를 태음太陰 또는 대음大陰으로 본다면 단감나무 씨눈을 소양少陽에 비유할 수 있는 것이다. 『황제택경』에서 말하는 음양택에 비유해서 말한다면, 음택일 때 양위의 방위, 양택일 때 음위의 방위가 바로 소양과 소음인 셈이다. 한편, 이를 집과 터의 관계로 비유해보면 터에 접붙이기를 하는 집이 소음 또는 소양이 되는 것이다. 『황제택경』에서 집의 좌방위에 따라서 음택과 양택으로 나누고 또 그 속에서 향방위를 복덕으로, 좌방위를 형화로 구분하고 있는 것도 이러한 측면에서 이해할 수 있다. 복덕방이나 형화방의 부분의 관리를 잘함으로써 집안 일에서 원하는 결실을 얻을 수 있다는 것이다. 이러한 측면에서 볼 때 음양상득론은 음양배합론적이면서도 소음소양론적의 성격이 가미되어 있고, 음양교합과는 조금 다른 성격의 순차적 음양교분이 강조되고 있는 음양변화의 원리라고 할 수 있겠다.

그 다음 『황제택경』에서 발견할 수 있는 또 다른 음양론은 포음포양론이다. 포음포

---

32 『黃帝宅經』「凡修宅次第法」, 亦如異性之木, 接續而生, 根苗雖殊, 異味相雜. 形礙之物, 尚隨變通, 陰陽虛無, 豈為常定.

양론은 『황제택경』 〈총론〉에서 "무릇 양택陽宅이란 양기포음陽氣抱陰(양이 음을 끌어안음)이고, 음택陰宅은 음기포양陰氣抱陽이다."[33]라고 하는 언급에서 처음 등장한다. 양기포음과 음기포양에 대해서는 먼저 팔괘를 기준으로 살펴보아야 할 것이다. 팔괘는 건곤간손감리진태로 구성되는데, 그중에서 건진감간은 양기, 곤손리태는 음기로 구분된다. 『황제택경』에서는 건진감간의 방위를 좌방위로 하고 있는 것을 양택, 곤손리태를 좌방위로 하고 있으면 음택으로 구분하고 있다. 팔괘기준의 8방위로 음양을 나누는 것과는 달리 『황제택경』에서 말하는 24로路 방위상의 음양구분에 대해서는 다음 절에서 다루기로 하고, 건진감간이 양, 곤손리태가 음으로 구분된 경위와 그것이 어째서 포음포양의 의미로 해석될 수 있는 지에 대하여 먼저 살펴보기로 한다.

건乾은 양효가 3개로서 '☰'로 표시된다. 그래서 일가一家의 가족구성원 중의 남자의 대장大將에 해당하는 노부老父에 대응된다. 진震은 음효가 중단과 상단에 있고 하단에 양효가 있는 '☳'로 표시된다. 그래서 장자長子에 해당한다. 감坎은 중단에 양효가 있고 상하단에 음효가 있는 '☵'로 표시된다. 그리고 중자中子에 해당한다. 간艮은 상단에 양효, 중하단에 음효가 있는 '☶'로 표시된다. 그래서 소자少子에 해당한다. 그 다음 곤坤은 음효가 3개인 경우로 '☷'로 표시된다. 가족 구성원 중 여자 측의 대장인 노모老母에 해당한다. 손巽은 '☴'로 표시되며, 장녀에 해당한다. 리離는 '☲'로 표시되며, 중녀中女에 해당한다. 태兌는 '☱'로 표시되며, 소녀少女에 해당한다. 그래서 아버지와 아들에 해당하는 건진감간은 남성으로서 양, 어머니와 딸에 해당하는 곤손리태는 음으로 구분한 것이다. 그래서 만일 건좌乾坐(마당중심에서 볼 때 건방위를 뒤로)의 집이라면 그것을 양택이라고 하는 것이다. 반면 곤좌라면 그것을 음택이라고 하는 것이다. 건좌의 집이라면 양택이기는 하나 건괘가 극양의 의미를 포함하고 있으므로 역易의 의미상 드러나진 않지만 태극도 〈그림 9〉에서와 같이 그 속에

33 『黃帝宅經』「總論」, 凡之(諸)陽宅, 即有陽氣抱陰, 陰宅即有陰氣抱陽. 陰陽之宅者, 即龍也.
역자주 : 양택(陽宅)은 좌(坐)가 양(陽)이 되고 향(向)이 음(陰)이 된다. 음택(陰宅)은 그 반대가 된다. 집을 사람에 비유하면 팔을 내밀어, 끌어안은 주체는 좌(坐), 안기는 대상은 향(向)이다. 태음(太陰) 속에 소양(少陽), 태양(太陽) 속에 소음(少陰)의 원리로 설명할 수도 있다. 이것은 태극의 원리이기도 하다. 집을 하나의 우주로 생각하는 것과 통한다. 양룡이 음룡의 꼬리를 물고, 음룡이 양룡의 꼬리를 물고 있는 것으로도 설명될 수 있다. 제1부 3장 〈그림 17 · 18〉 참조.

이미 소양이 포함되어 있다고 보기 때문에 양기포음陽氣抱陰의 집이라고 할 수 있는 것이다. 양택 중 진좌의 집이라면 진震(☳)이 양기의 집이긴 하지만 그 속에 이미 상단과 중단에 음효를 포함하고 있기 때문에 이 또한 양기포음이라고 할 수 있는 것이다. 나머지의 팔괘방위도 이와 같은 개념으로 양기포음, 음기포양陰氣抱陽을 논할 수 있다.

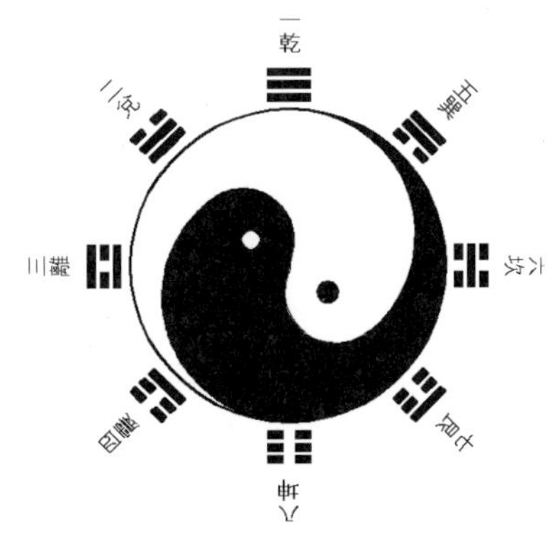

〈그림 9〉 태극과 선천팔괘

지금까지 팔괘자체의 괘상분석卦象分析을 통하여 포음포양론을 살펴보았다. 이외에도 『황제택경』에서 말하는 양택이 양괘를 좌방위로 하고 음괘를 향방위로 팔을 벌려 끌어안고 있으며, 음택이 그 반대적 성향을 띠고 있는 것으로 볼 수 있기 때문에 이것 또한 양기포음, 음기포양이라고 할 수 있는 것이다. 즉, 양택에서 양기陽氣인 건乾방위가 손巽방위를 포음抱陰, 진震이 태兌를 포음抱陰, 감坎이 리離, 간艮이 곤坤을 포음하고 있는 것이다. 음택에서 음기陰氣인 곤坤이 간艮, 손이 건, 리가 감, 태가 진을 포양抱陽하고 있는 것이다(그림 10·11 참조). 이러한 포음포양의 논리는 태극의 원리로서 대양大陽속에 소음少陰, 대음大陰 속에 소양少陽이 포함되어 있다는 것과도 상통하는 점이 있다.

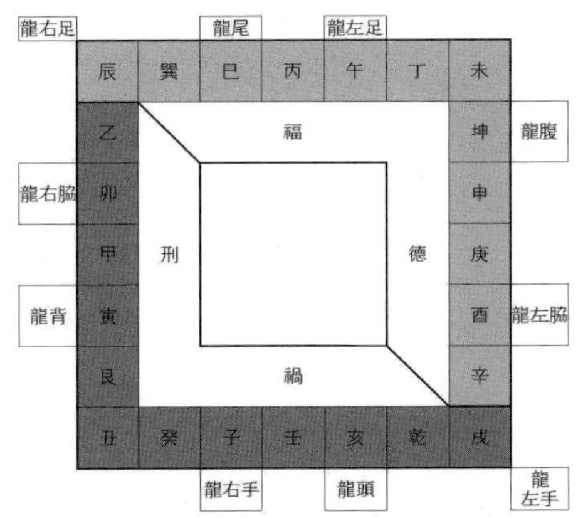

〈그림 10〉 양기포음도, 임좌병향(壬坐丙向)

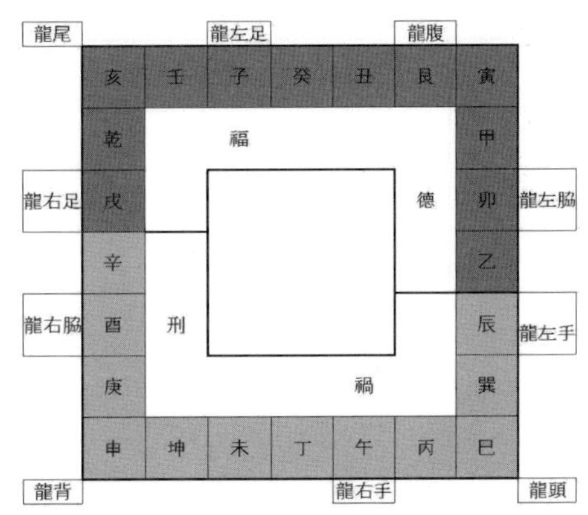

〈그림 11〉 음기포양도, 정좌계향(丁坐癸向)

포음포양론은 『황제택경』의 내용상 바로 다음에 등장하는 "음양陰陽의 택宅은 바로 용龍이다."[34]라는 것에 주목하여 다시 살펴볼 필요가 있다. 『황제택경』에서는 집을 용이나 사람 몸[35]에 비유하는 내용이 등장하는데, 집을 하나의 살아있는 생명체에 비유하고 있다는 점에서 전통풍수이론 중 형세론의 핵심인 용론龍論과 비교하여 살펴볼 필요가 있다.[36] 전통풍수이론에서 용론은 산줄기의 형形과 세勢를 보는 이론인데, 『황제택경』에서 집을 산줄기 또는 룡으로 보는 시각 자체가 전통풍수의 용론을 건축풍수에 끌어들일 수 있음을 암시하는 것일 수 있다. 특히, 『황제택경』에서 음룡과 양룡을 언급하면서 청룡青龍과 적룡赤龍에 대응시켜 논하고 있음에 주목할 필요가 있다. 포음포양론과 관련하여 청룡과 적룡이 어떻게 서로를 끌어안고 있는지에 대한 자세한 내용은 다음 절의 음양구분에 관한 내용에서 자세히 다루기로 한다. 이상과 같이 살펴본 대로 『황제택경』의 기본 논리는 음양론으로써 그중에서도 득음득양론과 포음포양론으로 함축된다고 할 수 있겠다. 풍수가 지향하는 큰 틀에서 본다면, 역시 득음득양론과 포음포양론도 역시 균형, 조화, 변화 그리고 상징과 의미를 나타내는 것이라 할 수 있을 것이다.

3. 진남술북辰南戌北에 의한 음양구분

앞에서 음양변화원리로서 『황제택경』에서 말하는 득음득양론, 음양교분론, 중음중양론, 포음포양론 등에 대하여 살펴보았다. 이제는 『황제택경』에서 말하는 음택과 양택이

---

34 『黃帝宅經』「總論」, 陰陽之宅者 卽龍也.

35 『黃帝宅經』「凡修宅次第法」, 〈搜神記〉又云, 宅以形勢爲身體, 以泉水為血脈, 以土地為皮肉, 以草木為毛髮. 以舍屋為衣服, 以門戶為冠帶, 若得如斯, 是事儼雅, 乃為上吉.

36 『黃帝宅經』「凡修宅次第法」, 〈搜神記〉又云, 宅以形勢爲身體, 以泉水為血脈, 以土地為皮肉, 以草木為毛髮. 以舍屋為衣服, 以門戶為冠帶, 若得如斯, 是事儼雅, 乃為上吉. "택(宅)의 형(形)과 세(勢)를 사람의 신(身)과 체(體)라고 한다면, 집의 샘물[泉]은 혈맥(血脈)과 같으며, 토지(土地)는 피부(皮膚)와 근육(筋肉)이며, 초목(草木)은 모발(毛髮)이다. 사(舍)와 옥(屋)은 사람에게 의(衣)와 복(服)이며, 문(門)과 호(戶)는 관(冠)과 대(帶)이다. 만일 이와 같이 엄아(儼雅, 엄숙하고 아담)하게 잘 이루어지면 상길(上吉)의 집이라고 할 수 있는 것이다."

라는 것이 과연 무슨 논리로 어떻게 구분되고 있는 지에 대하여 구체적으로 알아볼 차례이다.

『황제택경』 〈서〉에서 "그 드러난 상象은 일월日月, 건곤乾坤, 한서寒暑, 자웅雌雄, 주야晝夜의 음양陰陽 등으로 포라만상包羅萬象(모든 것을 갖춤)하는 것이다."[37]고 하여 간단하게 음양구분에 대하여 언급하고 있다. 그 다음 한발 더 나아가 『황제택경』 〈제요〉에서는 "24로路로 구분하는 법을 제시하고 있는데, 휴구休咎(길흉)를 살피는 방식을 살펴보면, 팔괘八卦를 놓고 음양陰陽을 구분하고 있다."[38]고 하여 음양구분의 주된 기준이 팔괘임을 강조하고 있다. 그리고 소위 '일괘관삼산一卦管三山'이라고 하여 하나의 괘가 천간과 지지를 부수적인 것으로 따르게 하는 원칙을 고수하고 있다.

건부乾父를 필두로 삼남三男(아들 셋)인 진감간震坎艮[39]은 모두 양위陽位에 속하며, 곤모坤母를 필두로 삼남三女(딸 셋)인 손리태巽離兌[40]는 모두 음위陰位에 속한다(그림 12 참조).[41]

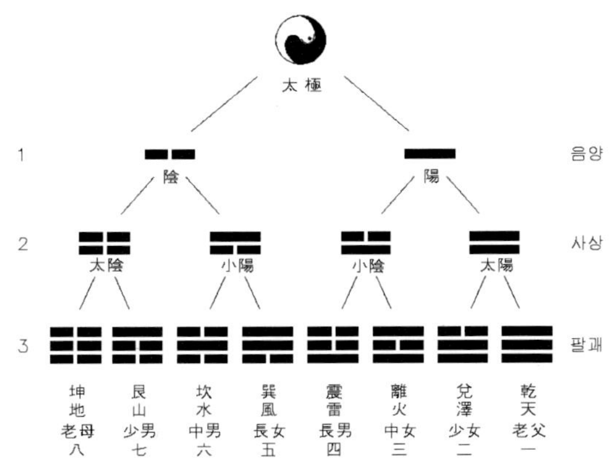

〈그림 12〉 팔괘의 가족 구성원 배속도

이제는 360도의 주변을 24방위로 나눈 것을 24로라고 할 때, 24로의 구성이 어떻게 이루어져 있는지

---

37 『黃帝宅經』「序」, 其象者, 日月, 乾坤, 寒暑, 雌雄, 晝夜, 陰陽等, 所以包羅萬象.

38 『黃帝宅經』「提要」, 其法分二十四路考尋休咎, 以八卦之位

39 진(震, ☳, 長男), 감(坎, ☵, 中男), 간(艮, ☶, 少男)이 된다. 삼효(三爻)중 일효(一爻)가 양(陽)인 것은 아들을 의미한다. 그래서 아들인 괘(卦)가 배속된 방위를 양(陽)으로 본 것이다. 어머니와 딸의 괘가 배속된 것은 음명(陰明) 또는 음암(陰暗)이 될 것이다.

40 손(巽, ☴, 長女), 리(離, ☲, 中女), 태(兌, ☱, 少女)가 된다. 삼효(三爻)중 일효(一爻)가 음(陰)인 것은 딸을 의미한다. 그래서 딸인 괘(卦)가 배속된 방위를 음(陰)으로 본 것이다.

41 『黃帝宅經』「總論」, 乾將三男震坎艮, 悉屬於陽位. 坤將三女巽離兌悉屬陰之位.

세부적으로 살펴볼 필요가 있다. 우선 24로를 구성하는 중심요소가 팔괘임을 확실하게 할 필요가 있다. 그 다음 팔괘의 방위별 배속형식은 복희팔괘, 문왕팔괘, 정역팔괘[42] 등의 여러 가지가 있을 수 있는데, 『황제택경』의 24로에서는 문왕팔괘의 배속형식에 따르고 있다는 것이다(그림 1·2·13을 비교 참조).

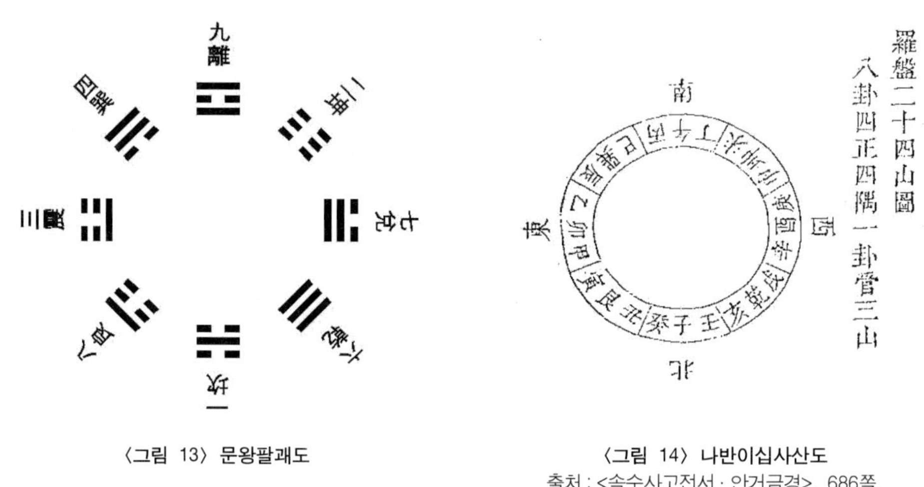

〈그림 13〉 문왕팔괘도

〈그림 14〉 나반이십사산도
출처 : <속수사고전서·안거금경>, 686쪽.

문왕팔괘도를 바탕에 깔고 음양이택도를 살펴보면 팔괘를 중심으로 좌우의 천간天干 또는 지지地支를 하나씩 배열하여 24로가 형성되었다는 것을 알 수 있다. 즉, 일괘관삼산의 원칙에 따라 한 덩어리가 되는 3개 방위의 음양판단은 중심에 있는 팔괘에 의해 좌우된다. 다르게 말하면, 『황제택경』에서 말하는 24로路라고 하는 것은 3곱하기 8로 이루어진 것이지 1곱하기 24로 된 것이 아니라는 말이다. '3×8'과 '1×24'가 산술적算術的인 측면에서는 그 결과치가 같다고 할 수 있겠지만, 술수학적術數學的 측면에서는 전혀 다르다는 것이다. 그것은 팔괘의 가치를 천간지지보다 높은 단계의 것으로 볼 것이냐, 동급으로 볼 것이냐의 차이를 말하는 것이다.

---

42 조인철, 「풍수향법의 논리체계와 의미에 관한 연구」, 성균관대학교 박사학위논문, 2005, 198쪽, 각주 54 참조.

결국, '일괘관삼산一卦管三山'의 원리에 의하여 24로는 8로로 볼 수 있다는 것인데, 팔괘가 좌우의 천간[하늘, 양]과 지지[땅, 음]의 음양성분을 포함하는 형식이 라는 것이다. 그래서 궁극적인 음양판단은 팔괘를 기준으로 한다. 그것도 역시 하나의 괘가 좌우의 천간지지의 음양을 모두 포함한다는 의미에서 포음포양이라고 해석할 수 있겠다.

〈표 8〉 천간의 음양과 오행구분(그림 3 · 4 · 14 · 16 참조)

번호	一	二	三	四	五	六	七	八	九	十
천간	갑	을	병	정	무	기	경	신	임	계
음양	+	−	+	−	+	−	+	−	+	−
오행	목		화		토		금		수	

〈표 9〉 천간합의 오행구분

천간합	갑기	을경	병신	정임	무계
오행	토	금	수	목	화

〈표 10〉 지지 음양과 오행구분

월	11	12	1	2	3	4	5	6	7	8	9	10
지지	자	축	인	묘	진	사	오	미	신	유	술	해
음양	−		+	−		+	−		+	−		+
		−			+			−			+	
오행	수	토	목		토	화		토	금		토	수

〈표 11〉 팔괘의 음양과 오행(그림 12 참조)

부호	A	e	B	f	C	g	D	h
팔괘	건	감	간	진	손	리	곤	태
괘상	☰	☵	☶	☳	☴	☲	☷	☱
음양	+	+	+	+	−	−	−	−
오행	금	수	토	목	목	화	토	금

24로를 일렬로 나열하였을 때 표면적으로 드러나는 것은 괘4, 천간8, 지지12로 이루어진다. 즉, 모습을 드러내는 괘4는 건곤간손이고, 4방의 지지에 의해서 가려져 24로상에 그 모습을 드러내지 않는 괘4는 감리진태[43]이다.

이러한 과정을 거쳐 24로 방위도를 만들어 놓고 보니, 건乾에 마주하는 것은 곤坤이 아니라 손巽이다. 단순히 노부와 노모의 관점에서 본다면, 건괘의 상대는 당연히 곤괘가 되어야 할 것이다. 그렇지만 24로상에 건괘에 마주하고 있는 것은 손괘이다. 그래서 『황제택경』에서 양陽의 대표는 건괘이지만, 음의 대표는 손괘巽卦(長女)로 삼았다. 이러한 현상은 음양이택도에서 뿐 아니라 『황제택경』 〈양택도설〉에서 건에 대응하는 "풍문風門(巽방위)은… 양극음수陽極陰首의 방위이다."[44]라고 언급한 것에서도 드러난다.

『황제택경』의 음양논리의 전개는 기본적으로 24방위를 이분하여 음양으로 나누는 것으로 구체화되기 시작한다. 앞에서 팔괘를 기준삼아 음양을 구분하는 것을 살펴보았는데, 이제 24방위를 둘로 나누어 12방위씩 음양으로 구분한 것에 대하여 보다 구체적이고 세밀하게 알아볼 차례이다. 그래서 『황제택경』에서 24방위상의 진남술북의 음양을 구분하는 기준선이 어떻게 그어질 수 있는지를 살펴보고자 한다.

> 혹자는 자오선子午線을 집의 음양陰陽의 경계로 삼는데, 그것은 심각한 오류이다. 음양의 잠통潛通과 운회運回의 도道는 팔괘와 구궁의 분형열상分形列象(형태를 구분하여 나열한 모양)에 근거하여 남녀를 배속하는데 각 술수마다 동일하지 않다.[45]

『황제택경』 〈범수택차제법〉에서는 다른 풍수이론에서 볼 수 없는 『황제택경』만의 독특한 음양구분방식이 채택되고 있음을 내비치고 있다.

---

43 감(坎)은 자(子), 리(離)는 오(午), 진(震)은 묘(卯), 태(兌)는 유(酉)에 의해 가려졌다고 본다.

44 『黃帝宅經』「陽宅圖說」, 風門 … 亦陽極陰首.

45 『黃帝宅經』「凡修宅次第法」, 或者取子午分陰陽之界, 誤將甚也. 此是二氣潛通, 運回之數, 不同八卦九宮分形列象, 配男女之位也.

(*동지는 사巳방위에서 일어나기 시작하고, 하지는 해亥방위에서 일어나기 시작하기 때문에 음양의 기운이 기성起盛(일어나는)하는 극처極處가 서로 같지 않다. 그래서 성인聖人이 지면에다 팔괘八卦를 그려 남녀의 궁宮을 열거하였다. 여기서 궁宮이라는 것이 바로 택宅인 것이다. 손괘巽卦(☴)는 장녀長女로 음陰에 속하고, 건乾(☰)은 하늘로서 바로 양명陽明인 것이다.)[46]

음양이택도에서의 음양구분의 기준은 〈사고전서본〉의 주석에서 볼 수 있듯이 "동쪽에서는 진辰의 남南, 서쪽에서는 술戌의 북北을 기준으로 사선斜線을 하나 그으면 그것이 음양의 경계가 된다."[47] 이러한 언급을 참고하여 그려진 사례가 바로 『안거금경安居金鏡·진남술북사분일계지도辰南戌北斜分一界之圖』[48]이다(그림 15 참조).

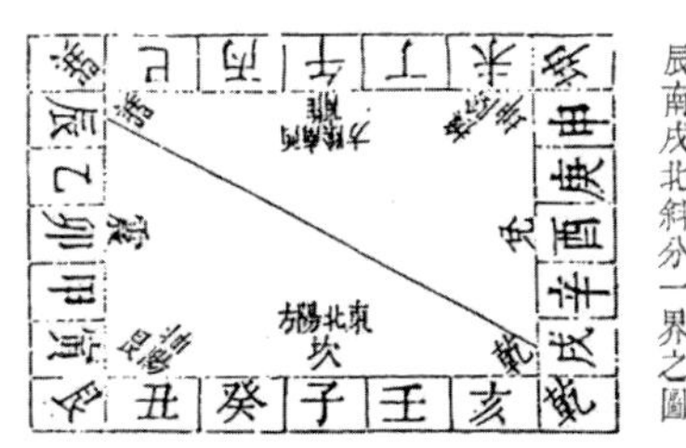

〈그림 15〉 **辰南戌北斜分一界之圖**
출처 : 續修四庫全書, 子部 術數類, 安居金鏡, 684쪽.

'진남술북사분일계지도辰南戌北斜分一界之圖'는 음양구분의 경계선을 제시하고 있지만, 이 그림만 보고서는 진과 술을 어느 쪽으로 포함 또는 배제시킨 것인지를 알기가 어렵다. 게다가 『황제택경』에서의 여러 군데의 24로상의 음양구분에 대한 언급조차도 오히려 음양구분선이 어떻게 그어지고 있는 지를 명확하게 판단하는데 있어서 혼란을 가중시키고 있는 상황이다. 이에 관한 『황제택경』상의 여러 언급을 살펴보면 우선, 『황제택경』〈제요〉에서 "건감간진乾坎艮震과 진辰[49]까지를 양陽으로 하고, 손리곤태巽離艮兌와 술戌까지를

---

46 『黃帝宅經』「凡修宅次第法」, 주석, (冬至巳, 夏至亥, 是陰陽起盛之極處不同, 聖人於地面上畫八卦, 列女男之宮. 宮者, 宅也. 巽爲長女, 屬陰, 乾爲天, 天爲陽明矣.)

47 『黃帝宅經』「總論」, 是東面為辰南, 西面為戌北之位, 斜分一條, 為陰陽之界. 음택과 양택을 구분한 기준은 진토(辰土)·술토(戌土)의 경계에서 팔괘의 음양 구분에 따랐다. 손(巽, ☴ 장녀), 곤(坤, ☷ 노모), 태(兌, ☱ 소녀)는 음택 방위, 건(乾, ☰ 노부), 간(艮, ☶ 소남), 진(震, 장남)은 양택 방위인 것이다. 『續修四庫全書 : 子部 術數類』, 〈安居金鏡〉, 續修四庫全書編纂委員會編, 上海古籍出版社, 1995, 684쪽의 辰南戌北斜分一界之圖의 설명에서 "此陰陽東西乃二十四位之東西分陰陽也, 陰陽卦卽兩儀所生之陰陽卦也 非遊年東西之謂"라고 언급하고 있다.

48 『續修四庫全書·子部 術數類』, 〈安居金鏡〉, 684쪽. 〈안거금경〉은 『황제택경』의 내용을 바탕으로 서술하고 있다.

49 〈고금도서집성본〉이나 〈사고전서본〉에서는 모두 '진(震)'으로 되어 있으나 문맥상 '진(辰)'의 오기(誤記)로 판단된다.

음陰으로 하고 있습니다."[50]라고 한 것이 있다. 그 반면에 본문의 〈권상卷上〉의 '주석'에서 "서북건위西北乾位[51]에서 '진震'까지가 양명陽明이 된다는 것이다."[52]라고 언급한 것이 있다. 바로 이어서 음명陰明에 대해서 "동남손東南巽位[53]에서 술戌까지가 음명陰明이 된다."[54]고 하였다. 이러한 언급에서 문제가 되는 것은 24로상의 음양경계의 기준으로 느닷없이 '진辰'이 아니라 '진震'이 등장하고 있는 것이다.

그렇다면 『황제택경』 〈총론〉의 입양入陽과 입음入陰의 언급에서 음양구분을 어떻게 하고 있는 지를 살펴볼 필요가 있는데, "손巽에서 건乾으로, 오午에서 자子로, 곤坤에서 간艮으로, 유酉에서 묘卯로, 술戌에서 진辰으로 향하여 [수리하거나][55] 이동하는 것을 '입양入陽'으로 본다."[56]라고 하였다. 음陰에서 양陽으로 들어간다는 의미인 입양入陽을 설명하면서 결정적인 음양구분의 단서를 제공해주고 있는데, 술戌이 음陰, 진辰이 양陽임을 비로소 확실히 하고 있는 것이다. 또한 〈음택도설〉을 보면 건천문乾天門으로 시작하여, 술백호戌白虎에서 내원의 각방위에 대한 설명을 끝내고 있다는 점도 이를 뒷받침하고 있다. 그리고 그 설명의 끝에 "건乾에서 순행順行(시계방향)하여 술戌에 이르기까지 이렇게 일주一周하면 이십사로二十四路가 된다."[57]고 하는 내용을 덧붙이고 있는 것이다. 이러한 내용을 종합하여 살펴볼 때, 양陽의 시작인 건乾에서 출발하여 음陰의 마지막인 술戌에서 24로가 일주하여 마무리 된다는 것임을 알 수 있다. 그래서 술戌은 분명 음에 속한 음의 끝부분인 것이다.

위의 여러 언급을 종합하고 음양이택도의 〈그림 1, 2〉와 '진남술북사분일계지도 〈그림 15〉'를 참고할 때, 음양기준에 혼란을 주었던 권상의 주석인 '진震'은 '진辰'의 오기誤記임

---

50 『黃帝宅經』「提要」, 乾坎艮震及辰爲陽, 巽離坤兌及戌爲陰.

51 건(乾)은 서북방위에 배속되는데 문왕팔괘, 즉 후천팔괘에 따라서 배속된 것이다.

52 『黃帝宅經』「總論」, 卽從西北乾位之震, 爲陽明矣.

53 곤(坤)은 서남방위에 배속되는데 문왕팔괘, 즉 후천팔괘에 따라서 배속된 것이다.

54 『黃帝宅經』「總論」, 從東南巽角順之戌, 爲陰明矣.

55 『황제택경』에서 입음입양, 중음중양에 해당되는 것은 수리(修理)와 동선(動線)이다. 특히 동선의 경우에 멀던 가깝던 관계없이 시작점에서 목표점까지의 이동경로의 방향성을 보고 '입음(入陰)', '입양(入陽)'을 따진다.

56 『黃帝宅經』「總論」, 凡從巽向乾, 從午向子, 從坤向艮, 從酉向卯, 從戌向辰移. (已上移轉及上官所住, 不計遠近, 悉入陽也.)

57 『黃帝宅經』「陰宅圖說」, 주석. (修輿辛同, 從乾順行至戌, 一週二十四路)

이 분명해진다.[58] 그래야만 또 음양배합적 측면에서 24로가 12개씩 균형감 있게 반분半分되는 것이다. 이를 정리하여 필자가 그림으로 다시 표현한 것이 바로 〈그림 16〉이다.

결과적으로 앞부분에서 '일괘관삼산의 원칙'이라며 그렇게 강조하였던 팔괘기준의 음양기준이 술과 진의 배반으로 인해서 깨져버린 상황이 되었다. 이렇게 모순적인 상황을 어떻게 설명할 수 있는 지에 대한 것은 다음 절에서 다루기로 한다.

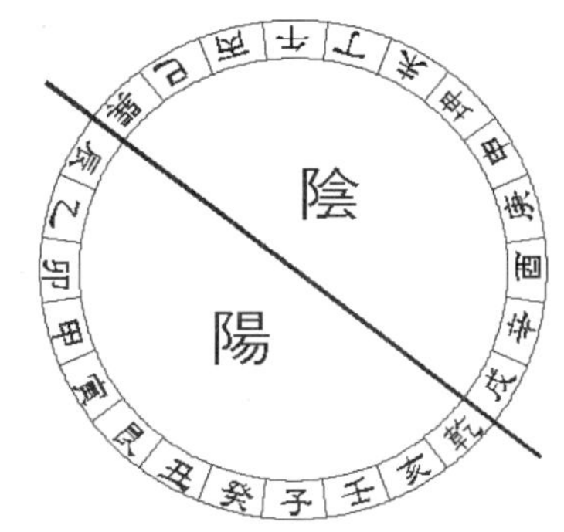

〈그림 16〉 음위(陰位)와 양위(陽位)의 구분
동면(東面) 진남(辰南), 서면(西面) 술북(戌北)의 경계선을 기준으로 사선(斜線)을 긋는다.(필자 작성)

4. 용머리와 꼬리의 해사亥巳

앞에서 『황제택경』 〈총론〉의 입양과 입음의 내용을 중심으로 진辰과 술戌이 음양의 경계임을 확실히 하였는데, 남은 문제는 왜 하필 진辰·술戌을 음양의 경계로 삼았는가 하는 것이다. 팔괘자체만을 보면 건乾, 감坎, 간艮, 진震의 사괘四卦가 양陽(男)이 되고, 손巽, 리離, 곤坤, 태兌의 사괘가 음陰에 속한 방위가 되었으므로 음양의 구분이 제대로 이루어진 것처럼 생각할 수도 있다. 하지만, 이를 8분금이 아니라 24분금의 방위개념 즉 24로路로 확대하여 생각한다면, 그리 간단히 납득될 수 있는 문제가 아님을 알 수 있다. 24방위를 일괘관삼산의 원칙에 따라 동東에서 부터 팔분금八分金한다면, 해당괘의 좌우간지干支干支의 방위와 함께 묶어서 갑진을, 진손사, 병리정, 미곤신, 경태신, 술건해, 임감계, 축간인의

58 만일, 양을 건괘에서 진괘로 언급했다면, 음은 당연히 손괘에서 태괘로 언급되어야 하기 때문이다. 팔괘로 음양을 구분하다가 갑자기 지지인 '술(戌)'이 등장할 리가 없다는 것이다. 〈그림 14〉 참조. 따라서 '辰'이 '震'으로 둔갑한 것은 어느 시기[아마도 명대 이전] 『황제택경』의 원본에 대하여 누군가 주석을 작성하는 과정에서 오류가 발생한 것으로 판단된다. 그 이후의 명대의 필사본이나 〈고금도서집성본〉, 〈사고전서본〉 등이 모두 베껴 쓴 것에 불과하다고 본다.

8개가 된다. 다시 한 번 말하지만, 『황제택경』〈제요〉에서 말하는 음양이치에 따르면 음양이택의 구분기준은 분명 팔괘이다.

> 이 책에서는 '24로路'로 방위를 구분하는 법을 제시하고 있는데, 휴구休咎(길흉)를 살피는 방식을 살펴보면, 팔괘八卦를 놓고 음양陰陽을 구분하고 있습니다. 건감간진乾坎艮震과 진辰까지를 양陽으로 하고, 손리곤태巽離坤兌와 술戌까지를 음陰으로 하고 있습니다.[59]

이렇게 팔괘를 중심으로 3개씩 한 묶음이 된 방위체계라면, 당연히 3개씩의 묶음 단위로 음 또는 양으로 구분되어야 할 것이다. 『황제택경』의 24로상 음양의 상황을 살펴보면, 임재[감]계가 양, 축간인이 양, 갑묘[진]을이 양, 병오[리]정이 음, 미곤신이 음, 경유신이 음으로 분류되고 있는 것이다. 그런데 나머지 진손사와 술건해에 있어서는 그런 기준이 일관되게 적용되고 있지 않고 있다는 것이다. 그래서 여기에는 무엇인가 다른 기준이 개입된 것으로 보아야 한다. 진손사는 기준이 되는 손괘가 장녀를 의미하는 것이기 때문에 당연히 모두가 음으로 분류되어야 하겠지만, 손사는 음, 진辰이 양으로 분류되고 있는 것이다. 또한 술건해의 술戌의 경우도 양의 대표 괘인 건괘에 종속되지 않고 따로 떨어져서 음으로 분류되는 특이함을 보여주고 있다. 이것은 『황제택경』에서 지속적으로 언급하고 있는 일괘관삼산의 원칙에 의한 괘중심의 음양판단의 논리체계에 어긋나는 것이라고 할 수 있겠다. 그렇다고 진 · 술에 대하여만 특별하게 지지의 음양기준에 따른 것도 아닌 것이다.[60]

진손사와 술건해에서 진辰과 술戌은 따로 떨어져 나와서 본괘本卦와 다른 음과 양으로 제시되고 있을 뿐 아니라, 팔괘를 제치고 지지가 감히 음양구분의 기준으로 등장하고 있는 것이다.

이에 대한 설명은 『황제택경』에서 말하는 집宅이란 단순히 24방위상 한 칸씩을 차지

59 『黃帝宅經』「提要」, 其法分二十四路考尋休咎, 以八卦之位向, 乾坎艮震及辰爲陽, 巽離坤兌及戌爲陰.
60 진(辰) · 술(戌)은 모두 양토(陽土)로 분류되고 있다. 〈표 10〉 참조.

하는 여러 방실房室로 이루어진 하나의 무생물적 빌딩이 아니라, 음양과 암수의 성격을 가진 두 마리의 살아있는 청룡靑龍과 적룡赤龍이라는 언급에서 찾아보아야 할 것 같다.

"양택陽宅이란 양기포음陽氣抱陰이고, 음택陰宅은 음기포양陰氣抱陽이다. 음양陰陽의 택宅은 바로 용龍이다."[61]라고 하고 있는 것처럼 『황제택경』에서 말하는 집은 살아있는 생명체이며 용인 것이다. 그래서 음양이택도를 자세히 보면 두 마리의 용에 해당하는 각 방위별 용의 신체 부위가 지정되어 있는 것을 알 수 있다(그림 1·2 참조).

그런데 진과 술 외에도 『황제택경』 〈총론〉의 용과 관련된 언급에서 언뜻 이해가 되지 않는 방위가 있는데, 그것이 바로 해亥와 사巳방위이다. 24로 중에서 유독 해亥와 사巳방위가 용의 머리이기도 하고 꼬리이기도 하는 중복적 위치임을 말하고 있는 것이다.

> 양택에서 용머리는 해亥방위에 있고, 꼬리는 사巳방위에 있다. 역으로 음택에서 용머리는 사巳방위에 있고, 꼬리는 해亥방위에 있다. (*이러한 상태는 용이기 때문에 가능한 것이다. 음룡陰龍은 청색靑色, 양룡陽龍은 적색赤色이다.)[62]

위의 인용문에서 적룡의 용머리龍頭가 해亥, 꼬리龍尾는 사巳, 청룡의 용머리가 사, 꼬리는 해에 있다고 하였다. 풀어서 다시 말하면 적룡의 머리가 청룡의 꼬리가 되고 청룡의 머리가 적룡의 꼬리가 된다는 것이다. 즉 해亥와 사巳에 적룡과 청룡의 두미頭尾가 있다는 것인데, 어떻게 두미가 함께 있는 상황이 가능하다는 것인지 언뜻 이해가 되지 않는다. 먼저 이 수수께끼를 풀어야만 앞에 모순되었던 것들을 해결할 실마리를 찾을 수 있을 것 같다.

위의 언급은 해亥·사巳가 적룡赤龍(陽)의 일부임과 동시에 청룡靑龍(陰)의 일부이기도 하다는 의미가 된다. 그런데 앞에서 살펴본 것처럼 음양의 경계로 삼은 것은 해亥와 사巳가 아니라, 그것도 건乾과 손巽를 건너 다음의 자리에 위치하고 있는 술戌과 진辰방위이다.

---

61 『黃帝宅經』「總論」, 凡之陽宅, 即有陽氣抱陰, 陰宅即有陰氣抱陽. 陰陽之宅者, 即龍也.

62 『黃帝宅經』「總論」, 陽宅龍頭在亥, 尾在巳. 陰宅龍頭在巳, 尾在亥. (其狀在龍者. 陰龍青, 陽龍赤.)

이러한 상황에 대해 『황제택경』에서는 분명하게 설명해주지 않고 있다.

적룡의 머리인 해亥 앞에 또 다른 양인 건乾이 있고, 청룡의 용머리인 사巳 앞에 음인 손巽이 있다. 『황제택경』에서는 건乾의 위치를 "천문天門이며 양수陽首(陰極陽首)"[63]라고 하여 두頭와 수首를 구분해서 말하고 있는 점에 주목할 필요가 있을 것 같다. 해방위 앞에 있는 것이 건乾이라면 두頭보다 더 튀어나온 부분으로 수首를 제시하고 있는 것으로 보인다. 즉, 해亥방위가 양택도에서 보는 것처럼 용두龍頭라면, 건방위는 양수陽首로서 양극점陽極点이 되는 것이다. 건乾이 양극陽極이기 때문에 이미 그 속에 소음少陰을 포함하고 있다고 보고 포음포양抱陰抱陽의 원리를 적용하면 양속에 음이 있고 음속에 양이 있다는 것으로 해석할 수 있는 것이다. 그렇다면 양속의 음, 음속의 양이란 양룡 속의 음룡, 음룡 속의 양룡이라는 것인데, 그 의미를 조금 더 확대하여 살펴 볼 필요가 있다.

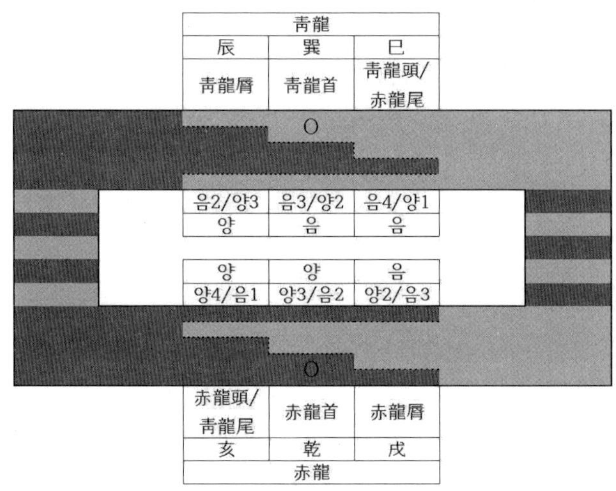

〈그림 17〉 적룡[양룡]과 청룡[음룡]이 서로의 꼬리를 물고 있는 상황
'O'표시는 용의 눈이다.

63 『黃帝宅經』「陽宅圖說」, 天門陽首.

〈그림 17〉을 보면 한 덩어리로 인정되는 진손사辰巽巳가 음룡[청룡]의 머리통으로서 양룡의 꼬리巳부분과 서로 겹쳐지고, 양룡[적룡]의 머리통戌乾亥과 음룡의 꼬리亥부분이 서로 겹쳐지는 상황을 연출하고 있는 것이다. 이를 음의 일부와 양의 일부가 머리나 꼬리 부분에서 단순히 서로 겹쳐져 있는 것으로 보지 않고, 적룡과 청룡이 서로 일정부분의 꼬리를 물고 있는 형상으로 볼 수 있다는 것이다. 비록 꼭 같은 모양이라고는 할 수 없지만, 소위 우로보로스Uroboros(그림 18 참조)[64]와 같은 형상으로 간주할 수 있다는 것이다. 우로보로스란 양룡의 머리가 음룡의 꼬리를 물고, 음룡의 머리가 양룡의 꼬리를 물고 있는 것이 된다. 그래서 양룡인 적룡은 포음룡抱陰龍이 되고, 음룡인 청룡은 포양룡抱陽龍이 되는 것이다. 즉, 양룡에서 해亥가 용머리라면 건乾은 용이 벌리고 있는 입부분에 해당하며, 술戌은 입술부분으로서 그 입속에 음룡의 몸통말단인 꼬리부분으로서 해亥가 물려있다는 것으로 해석할 수 있다. 그래야만, 적룡의 용머리龍頭가 해亥, 꼬리龍尾는 사巳, 청룡의 머리가 사, 꼬리가 해에 있다는 것을 설명할 수가 있는 것이다.

〈그림 18〉 우로보로스(Uroboros)

결국, 두 마리의 용은 팔괘를 이등분하여 각기 4개의 괘로 몸통을 형성하는 것으로 빗대어 보면 매우 간단한데, 그 중 앞뒤의 두 개의 괘는 각기 머리통頭·首과 꼬리부분尾이 되고, 나머지 두 개의 괘는 협脇이나 복腹으로 몸통부분을 형성하는 것이다. 그렇지만 『황제택경』에서는 이렇게 단순하게 이분하지 않고 한 마리의 용이 5개의 괘에 걸쳐 자리하고 있는 것으로 상정하고 있다. 즉, 양룡은 양위陽位 외에도 음위陰位의 일부를 차지하고, 음룡은 음위 외에도 양위의 일부를 차지하고 있는 것이다. 이러한 상황은 또 일관되게

---

64 우로보로스(Uroboros) : 고대 신화는 문화 원형(原型)의 보물창고다. 신화는 인간의 삶을 있는 그대로, 때로는 은유해서 표상하는 이야기다. 세계 각 지역들의 신화는 다르지만, 유사한 이야기 구조나 내용들로 구성된 경우가 많다. 신화에는 글로벌 측면과 로컬 측면이 자연스럽게 내재해 있다. 그중에서도 원(圓)의 예는 특기할 만하다. 인간은 원을 보면서 신과 우주와 순환하는 삶을 함께 보게 된다. 자신의 꼬리를 먹으며 자라는 우주적 뱀인 우로보로스는 이 신성한 원을 상징한다. [네이버 지식백과] 고대 신화 속 원(圓)과 우로보로스(시각문화대표콘텐츠, 2014.4.15., 커뮤니케이션북스). 20160215 검색.

득음득양과 포음포양의 논리로 설명될 수 있다.

즉, 양룡의 술건해 위치에 양룡의 머리통부분이 있고, 음의 영역인 진손사에 꼬리부분이 있다는 것이다. 그 반대로 진손사는 음룡의 머리부분이 되고, 양의 영역인 술건해에 꼬리부분이 있는 것이다. 그래서 '해'는 양룡의 용두龍頭임과 동시에 음룡의 용미龍尾가 되고, '사'는 음룡의 용두임과 동시에 양룡의 용미가 되는 것이다.

이제, 해와 사의 방위가 각기 머리와 꼬리가 되는 수수께끼를 해결하였으니, 이제 '진'과 '술'이 왜 기준괘에서 떨어져 나와 별도의 음양으로 나누어지며 음양구분의 기준선이 되었는지에 대한 문제로 돌아와서 그 문제를 해결해야 한다.

앞에서 살펴본 것처럼 양룡이 5개의 괘방위 즉 24로 중 15개의 방위에 걸쳐 몸통을 두고 있다고 볼 때, 술건해는 적룡의 머리통에 해당한다. 그것을 삼등분하면 쑥 튀어나온 용의 입술 부분이 바로 맨 앞에 해당하는 술戌의 부분[65]이 될 것이고 그 다음 가운데가 건, 몸통 쪽이 해가 된다. 적룡과 청룡이 서로 물지 않고 그냥 앞뒤로 줄을 서있는 경우로 본다면, 당연히 술건해의 술戌이 양이 되어야 하겠지만, 음룡의 일부를 물고 있는 상황이라면, 그 위치에서 음양의 크기를 비교할 때 상대적 음이 될 수 있다는 것이다.

즉, 술방위가 적룡의 입술부분脣으로서 양陽보다는 비록 꼬리 부분이기는 하지만 입속에 물려있는 음인 청룡의 부분이 더 클 수 있기 때문에 음양의 정도를 따질 때는 양이 아니라 음이 되는 것이다. 진辰방위에서는 그 반대가 된다. 그렇게 본다면 술방위가 양룡의 신체일부인 양陽임이 분명하지만, 왜 음의 방위로 구분되었는지에 대한 이유를 설명할 수 있게 된다.

결국 몸통의 두께를 5라고 가정하고 꼬리부분에서 그 두께가 가늘어진다고 보면, 양룡의 용두인 해亥에서는 음룡의 꼬리부분을 물고 있으므로 양(양4>음1→양성)이 된다. 바로

---

65 『황제택경』〈양택도설〉에서 술(戌)방위는 용좌수(龍左手), 진(辰)방위는 용우족(龍右足)으로 되어 있는데, 여기서 따지는 것은 사지(四肢)가 아니라, 몸통을 두고 논의하는 것으로서 술방위와 진방위를 각각 입술 부위로 볼 수 있다는 것이다.

앞의 건乾은 여전히 음룡의 가느다란 용미를 물고 있어 양(양3>음2→양성)이 된다. 그 앞의 술戌은 양룡의 입술부분이지만 음룡의 용미의 가장 두꺼운 부분을 물고 있어 음(양2<음3→음성)의 상황이 되는 것이다. 음룡의 용두인 사巳에 대해 손巽과 진辰의 경우는 그 반대가 된다(그림 17 참조).

『황제택경』에서 집을 살아있는 용으로 보는 이러한 방식을 통해서 일괘관삼산의 원칙을 지키면서도 진과 술이 경계의 기준으로 드러난 배경을 설명할 수 있게 되었고, 그 모든 것이 결국 득음득양론과 포음포양론의 논리 속에 이루어진 것임을 알게 되었다. 이렇게 『황제택경』을 발라내어 그 뼈대가 되는 음양론을 놓고 보니, 청대의 육비지陆费墀(1731~1790) 등이 왜 황제택경을 두고 "의리義理가 적지 않으며, 문사文辭(문장) 또한 우아하고 잘 다듬어져" 있는 것이라고 평가하였는지에 대하여 조금이나마 이해할 수 있을 것 같다.

5. 『황제택경』의 택宅

『황제택경』을 건축풍수서로서 제대로 이해하기 위해서는 『황제택경』에서 어떠한 형식의 택宅을 염두에 두고 저술되었는지에 대해서도 파악할 필요가 있다. 『황제택경』의 내용 중에는 오늘날에도 그대로 적용 가능한 것들도 있을 수 있겠지만, 시대상황의 변화, 건축형식의 상이함 때문에 상당수 그대로 적용하기에는 무리한 것들도 많이 있을 수 있다고 해야 할 것이다. 그래서 『황제택경』 저술 당시의 건축유형과 오늘날의 건축유형을 비교하여 어떠한 차이점이 있으며, 『황제택경』의 이론에서 어떠한 점을 수정하고 보완할 것인지, 어떤 것을 주목하고 강조해나갈 것인지를 결정해야 할 것이다.

『황제택경』에서는 그 당시 상정하였던 건축유형이 어떠한 것인지를 제시하고 있지 않으므로, 우리는 책 속에 언급된 몇 가지의 단서를 가지고 그 유형을 찾아갈 수밖에 없다. 우선, 『황제택경』의 저술시기를 당대唐代로 추정하고 당대의 유형을 좇아 살펴볼 필요가 있다. 중국건축으로 현재 남아있는 당대의 것으로 건축계의 주목을 받고 있는 것은 산서성山西省 오대산五臺山에 자리하고 있는 남선사南禪寺 대전大殿(782년)과 불광사佛光寺 대전

大殿(857년)이다. 하지만, 이것은 모두 종교시설로서 불상을 모시는 대전이므로, 『황제택경』의 주제인 '택'과는 사실상 거리가 먼 건축유형이라고 할 수 있겠다.

그래서 『황제택경』에서 말하는 주거용도로서 택이라는 것이 어떤 것을 말하는 지를 원점에서 다시 살펴보아야 한다. 송사宋史·여복지與服志 상上의 규정規定을 살펴보면 '사거집정친왕私居執政親王을 부府, 나머지 여타의 관官을 택宅, 서민의 집을 가家라고 한다'고 되어있다.[66] 따라서 비록 당대보다 시대적으로 뒤처지는 송대의 택에 관한 언급이기는 하지만, 택이라는 것이 봉건사회의 '귀족들의 집'을 말한 것임을 알 수 있다. 특히 당대가 봉건사회로서 철저히 신분계급을 중시하던 사회였다는 것을 염두에 두어야 한다. 『황제택경』의 저자입장에서는 비록 "위로는 군국軍國, 주군현읍州郡縣邑, 아래로는 촌방서책村坊署柵 내지 산거山居에 이르기까지 인소처人所處(사람이 있는 곳)라면 모두 이것의 적용사례가 될 수 있다."[67]고 언급하고 있다고 하더라도, 이 책은 글을 읽고 이해할 수 있는 계급을 대상으로 하였을 것이고, 일정규모의 여유가 있는 집을 대상으로 하였을 것이라는 점에 대해서는 의심의 여지가 없다.

현재 남아있는 중국의 주거형식으로 대표적인 몇 가지 유형에 대하여 먼저 살펴본다면, 사합원식四合院式, 간난식干欄式, 토루식土樓式, 요동식窯洞式, 정간식井間式을 들 수 있겠다. 이 중에서 『황제택경』의 내용에 입각하여 택의 형식에 가장 근접하는 것을 꼽으라면 주저없이 사합원식 주거를 제시할 수 있다. 그 다음의 문제는 과연 당대에도 현존과 같은 사합원식 주거가 있었느냐 하는 것이다. 몇 몇 중국건축에 관한 저술에서 당대의 주거형식으로 사합원식에 대한 언급을 찾을 수 있다는 것은 그나마 다행스러운 일이다.[68] 어찌

---

66 王其鈞, 『中國民間住宅建築』, 機械工業出版社, 2003, 6쪽. 中國古代的 住宅是有嚴格的等級制度的. 『宋史』「輿服志」上規定. "私居執政親王曰府, 余官曰宅, 庶民曰家." 不僅是名稱上的區別, 在房屋的開門, 式樣上都有具體的等級規定.

67 『黃帝宅經』「序」, 上之軍國, 次及州郡縣邑, 下之村坊署柵, 乃至山居, 但人所處, 皆其例焉.

68 劉敦禎, 정옥근 외 역, 『中國古代建築史』, 圖書出版 世進社, 1995, 210쪽. 수·당·오대의 주택으로 현재까지 남아있는 것은 없다. 당시의 문헌이 기술하는 귀족의 택제(宅第)는 단지 돈황의 벽화와 그 밖에 남아있는 회화 등에서 약간의 방증자료를 얻을 수 있을 뿐이다. 주택의 내에는 두 개의 주요한 건물사이에 직령창(直欞窓)이 있는 회랑을 이용하여 연결한 사합원이었으나, 건축물의 위치가 완전히 대칭이 되는 것은 아니다.

되었던 당대唐代의 주거건축으로 온전히 남아있는 것이 없기 때문에 『황제택경』의 이해를 위하여 우선 참고로 할 수 있는 주거사례로 사합원식 주거형식을 상정해볼 수 있을 것이다.

그 다음 당대의 황도皇都인 장안長安의 성시구조城市構造를 살펴보는 것도 『황제택경』의 내용을 이해하는데 상당한 도움이 될 수 있을 것이다. 장안성의 발굴 보고서를 참조하면, 우선 당대의 장안성은 격자형格子形의 도로로 구획된 방형方形의 여러 방坊들의 집합체로 이루어졌던 것으로 알려져 있다. 장안성의 내부구조가 『황제택경』에서 언급된 마을 단위로서 촌방서책村坊署柵의 한 단계인 방坊으로 이루어져 있다는 것도 주목할 필요가 있는 것이다.

태평太平, 광록光祿, 홍도興道, 무본務本 등으로 각기 이름이 붙어있는 방坊(block) 속에 집들이 자리 잡고 있었던 것이다. 당대唐代의 방坊은 장안성 내의 또 다른 성벽으로 둘러싸인 작은 성城인 셈이다. 방의 크기는 완전히 균일하지는 않고 황궁 바로 남쪽 4열의 작은 것은 가로세로 550m정도이고, 그 외 큰 것은 동서가로 1,100m이고 남북세로 650m정도이다. 황궁 남쪽에 있는 방坊들은 동문과 서문만 있고, 나머지 방坊들은 모두 동서남북 4개의 문門을 가지고 있다.

『황제택경』의 저자가 만약 이러한 환경에 속해 있었다고 한다면, 당연히 그가 자신에게 친숙한 이러한 환경과 건축을 생각하면서 책의 내용을 서술하였을 것이라는 추정은 전혀 무리한 것이 아니다. 발굴자료에 의하면 장안성 내의 방성坊城(block)은 규모가 작은 것이라고 하더라도 어느 한 집이 모두 차지하기에는 상당히 큰 규모의 것이다. 그래서 각 방성 내에도 여러 갈래의 골목길이 형성되었을 것이고, 그 골목길에 접하여 사합원식과 유사한 여러 채의 집들이 옹기종기 모여 있었을 것으로 상상할 수 있다. 어찌되었던 간에 정해진 방형의 구획 안에서 토지이용을 극대화할 수 있는 건축평면형태란 원형 또는 삼각형이라기보다는 사각형이었을 것이라는 것은 쉽게 추정이 가능하다. 그러한 측면에서 보더라도 황제택경의 바탕이 되는 건축형식은 사합원식 주거형식 또는 그와 유사한 것일 가능성이 높은 것이다.

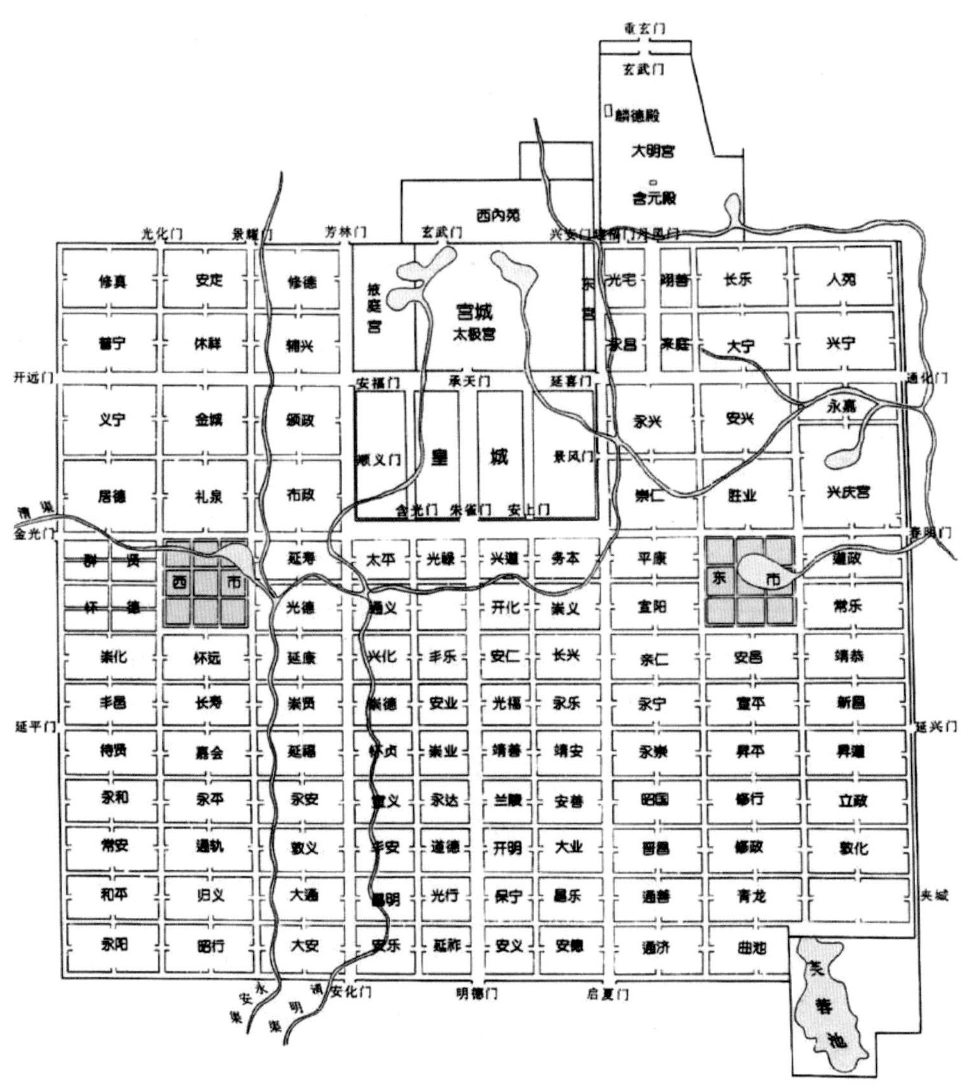

〈그림 19〉 唐長安城復原示意圖

출처 : 喬匀 外 編著, 『중국고대건축』, 新世界 出版社, 2002, 84쪽, <그림 4-1>.

한편, 『황제택경』〈총론〉에서 "집의 대소에 따라 중원中院(안마당)을 사면四面으로 구분하고, 24로路[69]를 배속한다."[70]는 언급이 있는 것을 미루어 보아 『황제택경』에서 상정하고 있는 주거형식은 더욱 사합원식과 유사한 방형의 '택'이었을 것으로 단정할 수 있게 해주는 것이다. 더욱이 『황제택경』에 포함된 음양이택도陰陽二宅圖의 그림(그림 1·2 참조)과 대응할 수 있는 것으로 중국의 여러 주택형식 중에서 고르라고 한다면 단연 사합원식四合院式이 우선적으로 제시될 수 있는 것이다. 사합원식 주거란 간단히 말해서 주택의 사변四邊을 모두 담장이나 건물로 둘러싸고, 가운데를 비우고 그곳에 마당院(天井)[71]을 두는 형식이다(그림 20~24 참조).

이 정도의 근거로서 『황제택경』에서 상정하고 있는 주거형식을 사합원식 또는 그에 가까운 주거형식으로 보는 견해가 전혀 무리가 아님이 입증되었다고 판단하고, 그런 주거형식을 염두에 두고 『황제택경』의 내용을 다시 살펴보기로 한다.

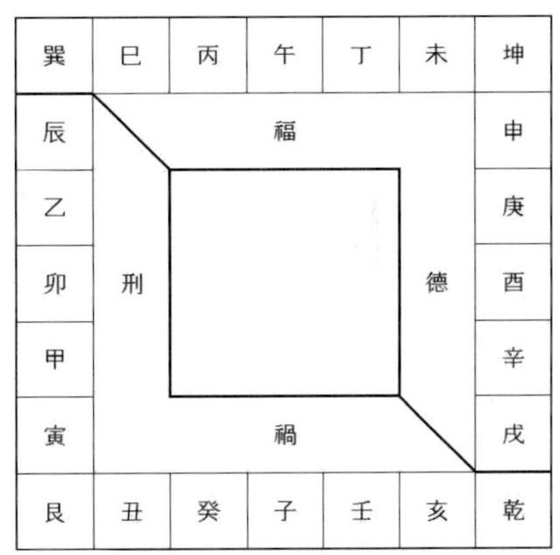

〈그림 20〉 24로의 형화와 복덕의 구분
자좌오향(子坐午向)

음양이택도상에서 가장 중요한 개념 중의 하나가 형화방刑禍方과 복덕방福德方의 구분이다(그림 3·4). 술북진남의 기준선에 의해서 양택에서 좌방위에 해당하는 건-진까지의 12로가 형화방, 향방위에 해당하는 손-술까지가 복덕방이

69 묘지풍수에서도 24방위체계를 흔히 사용하고 있는데 '24산(山)'이라고 하고, 건축풍수를 논하는 『황제택경』에서는 '24로(路)'라고 하였다.

70 『黃帝宅經』「總論」, 二十四路者, 隨宅大小, 中院分四面, 作二十四路.

71 원(院)은 집의 규모를 나타내는 단위가 되기도 한다. 집안의 중정마당이 하나일 경우 일원, 두 개일 경우 이원, 세 개일 경우 삼원 등으로 일컬어진다. 하나의 원은 집과 담장으로 사면이 둘러싸인 중정이다. 천정(天井)은 하늘에서 내리는 빗물을 받는 우물과 같은 의미로 통한다. 사면을 둘러싼 지붕이 빗물을 받아 중정마당으로 모은다. 중국 사합원의 경우 이를 상당기간 마당에다 채워두는데, 하늘이 그 집에 내려준 재물로 생각한다. 중정마당을 원이라고 할 것인지, 천정이라고 할 것인지는 그 마당의 의미를 어떻게 보느냐에 따라 달라진다.

21	22
23	24

〈그림 21〉 **왕가대원(王家大院) 돈후택(敦厚宅)**

정면의 2층 중심칸에 사당이 자리함. 중국산서성 영석현(靈石縣). 2004년 촬영.

〈그림 22〉 **왕가대원 돈후택의 사당내부**

〈그림 23〉 **왕가대원 돈후택 2층 중심칸의 사당**

목본수원(木本水源)이라는 현판이 걸려있고 시조각(始祖閣)이라는 안내판이 붙어있다.

〈그림 24〉 **왕가대원 돈후택의 사당에서 바라본 천정(天井, 中庭)**

된다. 예를 들어 자좌오향의 집이라고 할 때, 임 · 자 · 계의 방위에 있는 실들이 모두 형화방이 된다. 이렇게 보았을 때의 문제는 이러한 실들이 사합원식 주거에서 남북중심 축상의 제일 뒷쪽 북쪽에 자리하고 있는 중심건물이라는 점이다. 명칭에서부터 불길하게 느껴지는 형화방이 집안의 가장 중요한 곳을 차지하고 있다는 점이 바로 우리를 어리둥절하게 만들고 있는 것이다. 이즈음해서 형화방의 성격을 보다 더 정확하게 파악하기 위하여 이와 관련된 『황제택경』의 내용을 다시 한 번 훑어 볼 필요가 있다.

> 형화방刑禍方은 비워두고 마당을 다듬지 않은 채로 두어야 하고, 복덕방福德方은 끊어짐이 없이 길게 이어지게 하여야 길吉하다. (*형화방의 담장과 건물은 좁고 낮게 하여야지, 높고 장대하게 하면 안 된다. 복덕방의 담장과 건물, 그리고 사람이 사는 곳은 웅장하고 튼튼하게 하여야 한다.)[72]

건축적 입장에서 볼 때, 여러 언급에서 볼 수 있듯이 『황제택경』에서는 형화방보다는 복덕방을 더 중요시하고 있는 것이 분명하다. 그렇다면 우리가 상정한 사합원에서 형화방에 속하는 방위에 있는 실들이 과연 어떠한 기능을 갖고 있는 지에 대하여 먼저 살펴보아야겠다. 사합원(특히 南方天井院式이라고 하는 주거형식)에서 형화방의 중심공간(양택의 임 · 자 · 계의 방위)은 정방正房[73]이라고 칭하며 두 가지 기능이 있는데, 주로 객청客廳이나 제신배조祭神拜祖의 공간으로 사용된다는 것이다.

이와는 별개로 『황제택경』에서 (객청이라 하지 않고) 객사客舍를 두기에 적합한 방위로 양택에서 유酉방위, 음택에서 묘卯방위를 제시하고 있는데 모두 복덕방에 속하는 방위이다. 더욱이 객사客舍와 택주宅主를 동일한 방위에 배당하고 있다는 점에 주목할 필요가 있다. 이러한 점을 감안할 때 『황제택경』에서 말하는 객사客舍와 사합원의 객청은 서로

---

72 『黃帝宅經』「總論」, 又云, 刑禍之方缺復荒, 福德之方連接長, 吉也. (刑禍方牆舍位狹薄, 誡之高壯也, 福德方及牆舍人家宜連接壯實也.)

73 中國建築圖鑑 編輯部 編著, 『中國建築圖鑑』, 陝西師範大學出版社, 2004, 24쪽. 建築的 主要部分在正房, 多爲三開間, 一層的 中央開間稱作 '堂屋', 有客廳加餐廳的功能, 還在此祭神祖拜.

기능적 측면에서 동일한 것이 아님을 알 수 있다. 한편, 『황제택경』 〈양택도설〉에서 "묘卯방위는 대덕大德에 속하며 용협龍脅으로 객사客舍를 두는 것이 좋다."[74]라고 하였다. 또 "외천덕外天德(外卯), 외금궤外金匱(外乙), 외청룡外青龍(外辰)의 삼신三神 방위에는 모두 의당 농후실濃厚實하고 대사고루大舍高樓를 둘 수 있으며 혹 객청客廳을 두고 경상유연卿相遊宴(귀한 분을 위한 연회를 엶)하고 과왕일가過往一家(방문)하게 한다면, 부귀호성富貴豪盛할 수 있다."[75]고 하였다. 이러한 언급이 있는 것으로 미루어 볼 때, 『황제택경』에서 말하는 객사는 숙식을 제공하는 곳으로서 단순히 차 한 잔 마시고 짧은 시간 담소하기 위한 그런 공간을 말하는 것이 아니었음을 알 수 있다.

『황제택경』에서 언급한 객사가 먼 길을 떠나온 손님(특히, 公客)[76]이 숙식을 할 수 있도록 배려한 시설이라면, 앞의 남방천정원식에서 제신조배의 기능을 겸하는 객청은 그야말로 요즈음의 사무실 내의 응접실 내지는 소파가 있는 집안의 거실과 같은 기능을 하는 시설이라고 해야 할 것이다. 그렇다면 형화방과 관련하여 우리가 주목해야 할 정방의 기능이란 첫 번째 객청으로서가 아니라 두 번째 제신배조의 공간으로서의 기능인 것이다. 즉 자좌오향의 양택에서 북측 중심 부분의 형화방인 임·자·계의 방위는 신神에게 제사지내고 조상祖上을 배알하는 장소라는 의미가 된다. 이렇게 볼 때, 비로소 『황제택경』에서 왜 이 공간에 대하여 '비워두고 마당을 다듬지 않는'다고 하였는지에 대하여 이해할 수 있게 되었다. 그곳은 집안의 사당공간祠堂空間으로서 신神과 함께 하는 공간이기 때문에 번잡스럽게 하거나 너저분한 물건들을 가져다 놓지 못하게 하는 것이다.

이러한 논리로 자좌오향子坐午向의 양택집을 살펴보면, 집의 북측 중심공간으로써 남쪽의 햇볕을 받을 수 있는 가장 좋은 자리인 임자계의 방위를 제신배조의 공간으로 할애한 것이 된다. 중세봉건사회에서 조상신에 대한 예의로서 그러한 공간을 할애한 것은 어쩌

---

74 『黃帝宅經』「陽宅圖說」, 卯大德, 龍脅, 客舍.

75 『黃帝宅經』「陽宅圖說」, 外天德, 金匱, 青龍, 此三神並宜濃厚實, 大舍高樓, 或有客廳. 卿相遊宴, 過往一家, 富貴豪盛, 須賴三神, 尤宜開拓.

76 『黃帝宅經』「陽宅圖說」, 外玉堂之院, 宜作崇堂及郎君孫幼等院, 吉. 客廳即有公客來, 若高壯侵拓及有大樹重屋等, 招金玉寶帛, 主印綬, 喜.

면 당연한 것일지도 모른다. 그래서 그 다음으로 좋은 방위라고 할 수 있는 동쪽의 햇볕을 받을 수 있는 곳으로 유酉방위에 객사 또는 택주의 거소를 둔 것이다. 양택에서 택주의 거처가 있는 집안의 유방酉方은 겹겹이 둘러싸인 장안성의 방성坊城 구조를 감안 한다면, 유일하게 천정天井[77]을 통해서 동쪽의 햇볕을 받을 수 있는 곳이다. 다시 말하면, 양택의 유방에 있는 객사나 택주는 원院(안마당)을 향해 열린 유좌묘향酉坐卯向으로 동쪽의 햇볕[78]을 잘 받을 수가 있는 곳이 된다.

그 다음은 출입문이나 고루대사高樓大舍에 대한 것이다. 먼저 출입문에 대한 것을 검토해보면, 황제택경에서 언급하길 흉한 일에 흉화방으로 나있는 문을 통해서 왕래하고, 길한 일에는 복덕방으로 나있는 문을 통해서 왕래하라고 하였다. 그런 점에서 볼 때, 집안에서 외부로 통하는 문은 형화방이든 복덕방이든 어느 쪽으로도 나 있어야 한다. 그런데 문을 설치하고자 할 때 흉화방 중에서도 어느 방위, 복덕방 중에서도 어느 방위에 문을 낼 것인가가 문제가 된다. 특히 형화방에 대하여 강조하여 문을 내면 안 될 곳에 대하여 지정하고 있으니 이를 피하면 될 것으로 본다. 앞에서 언급한 바와 같이 장안성의 가로계획을 참고하면 두 개의 문이 동서로 나있는 경우와 동서남북으로 모두 4개의 문이 나있는 방성구조를 생각해보면, 방성 내에서도 또 몇 개의 구획이 이루어져서 여러 채의 사합원으로 각각 연결되는 골목길이 있었을 것으로 미루어 짐작할 수 있는 것이다. 이러한 방성 내의 골목에 접해있지 않은 외벽으로는 대문을 낼 수가 없었을 것이다. 그래서 방성 내의 골목길에 접하고 있는 쪽으로만 대문을 위치시켜야 하기 때문에, '양생영지성법'이 성립하기 위해서는 대문을 내는 방위를 지정하는데 있어서 적절한 융통성을 부여해야만 하는 것이다. 그래서 『황제택경』에서 특별히 문을 내어서는 안 되는 형화방의 흉한 방위만 언급한 것으로 보인다.

그 다음 고루대사는 특별히 사합원식의 주택에서 높은 건물이 삐죽하게 올라가는 것을 의미한다. 고루대사의 형식에 대해서는 〈그림 25〉가 비록 한대漢代의 유물에서 볼

---

77 사합원에서의 천정은 지붕으로 사면이 막힌 가운데 부분이 하늘을 향해 열려 있는 것을 말한다.

78 물론 음택에서는 서쪽의 햇볕을 받는 묘좌유향이 될 것이다.

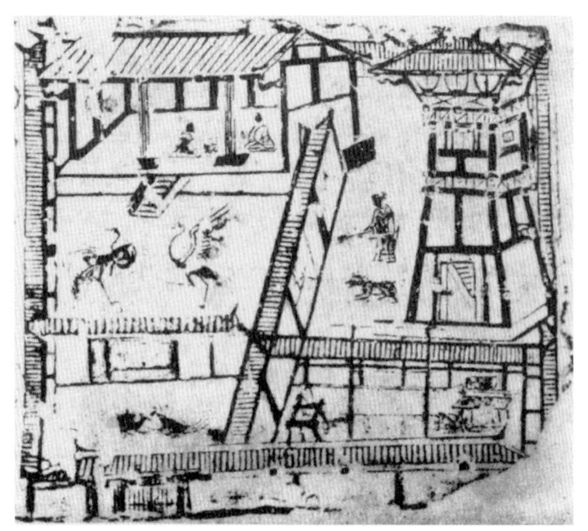

〈그림 25〉 사천출토한화상전(四川出土漢畵像磚)
오른쪽에 망루(望樓)같은 고루(高樓)가 보인다.
출처 : 劉敦禎, 『中國住宅概說』, 百花文藝出版社, 2003, 30쪽.

수 있는 것이기는 하지만 참고할 만하다.

이 고루대사는 일종의 망루같은 것인데 『황제택경』에서도 언급되는 것을 보면, 당시에는 이런 고루가 집집마다 하나씩 있었던 것 같다. 이것의 위치에 대해서도 양택과 음택으로 나누어 복덕방에 배치할 것을 강조하고 형화방에 배치하는 것을 금기시하고 있는 것이다(표 6 참조>).

지금까지 『황제택경』에서 나름의 논리를 전개하기 위하여 상정하고 있는 주거형식이 사합원에 가까운 것임을 알아보았다. 『황제택경』에서 말하는 이러한 사합원식의 주거형식을 어떻게 우리시대의 건축형식에 빗대어 볼 것인가 하는 것이 『황제택경』의 내용을 현대적으로 적용하고자 할 때 첫 번째로 부딪히는 문제이다. 『황제택경』의 형화방과 복덕방의 구분은 결국 집안 내에서 귀신의 공간과 산사람의 공간을 구분한 것이다. "형화방刑禍方은 비워두고 마당을 다듬지 않은 채로 두어야"[79] 한다는 것과 "그 집이 궁핍해지면, 급히 고궁故宮(舊房)을 번수翻修(뒤집어 고치다)하고 마땅히 형화방의 건물을 탁도拆掉(부수고 흔들어서)하여 제거하고, 복덕방의 건축을 증가시켜야 한다."[80]라고 한 점에 비추어 볼 때, 그것은 음양의 문제로서 특히 정靜·동動의 문제로 귀결시킬 수 있을 것으로 본다.

현대 건축에서는 특별한 종교적 신념을 가진 집안이 아니라면, 형화방에 제신조배의 공간을 만드는 경우는 거의 없다고 간주하는 것이 옳은 판단일 것이다. 그래서 형화복덕의 개념은 너무 방위적 개념에 얽매일 것이 아니라, 음양의 개념 중 동정의 관점으로

79 『黃帝宅經』「總論」, 又云, 刑禍之方缺復荒.
80 『黃帝宅經』「總論」, 訣云, … 其宅乃窮, 急翻故宮. 宜拆刑禍方舍却, 益福德方也.

놓고 다시 살펴보아야 할 대상인 것이다.

형화방과 복덕방의 방위를 무시하고 단순히 음양의 관점에서 특히 동정의 관점에서 구분한다면 음의 공간으로 정적인 공간이 바로 형화방이 된다. 예를 들면, 아파트에서 자주 사용하는 공간을 동적인 것으로 보고 복덕방, 자주 사용하지 않는 창고방 내지는 옷방을 형화방으로 보는 것이다. 『황제택경』에서 사람이 적은 데 집이 큰 것을 오허五虛 중의 하나로 보았는데, 대형 아파트에서 한 달에 한 번도 문을 열어보지 않는 방이 있다면 바로 그것을 형화방이라고 할 수 있다는 것이다. 사실 그런 곳이 바로 귀신이 깃들기 쉬운 곳이 아니겠는가? 『황제택경』에서 말하는 사합원식의 주거형식을 어떻게 우리시대의 건축형식에 빗대어 볼 것인가의 문제에 있어서 다음과 같은 해결책을 제시해본다. 『황제택경』에서처럼 24로를 놓고 방위적 개념으로 '복덕福德의 방方'과 '형화刑禍의 방方'을 구분하는 방법보다는 이렇게 동정動靜의 관점에서 형화刑禍의 '방房'과 복덕福德의 '방房'으로 구분하여 『황제택경』의 개념을 변형 확대하여 적용하는 것은 가능하다고 본다.

제2부

『황제택경』의 원문*과 번역

* 흠정사고전서(欽定四庫全書)－자부칠(子部七). 택경(宅經) 술수류삼(術數類三), 상택상묘지속(相宅相墓之屬). 자부(子部), 택경(宅經) 권상하(卷上下) : 상교관(詳校官) 중서(中書) 신(臣) 이채(李采), 영대랑(靈臺郎) 신(臣) 예정매(倪廷梅)가 복감(覆勘)함. 총교관편수(總校官編修) 신(臣) 왕연서(王燕緖), 교대관편수(校對官編修) 신(臣) 장도(張燾), 등록감생(謄錄監生) 신(臣) 모경사(毛敬事).

01

제요提要*

欽定四庫全書

子部

宅經 卷上下

臣 等謹案, 宅經二券, 舊本題曰黃帝撰.
案漢志[1]形法家有宮宅地形二十券, 則相宅之書較相墓, 爲古.
然隋志有宅吉凶論三卷, 相宅圖八卷, 舊唐志有五姓宅經二卷, 皆不云出黃帝, 是書蓋依託也.

신臣들이 삼가 살펴 본 결과, 『택경宅經』이라는 두 권의 옛날 책이 있는데, 황제찬黃帝撰으로 되어 있습니다. 『한지漢志(漢書 · 藝文志)』의 형법가形法家의 서지書誌에 〈궁택지형宮宅地形 20권〉이 있었는데, 그것이 상택지서相宅之書임을 감안한다면, 상묘相墓에 비해 상택相宅이 더 오래된 것이라 할 수 있을 것입니다. 그렇기는 하나 수隋나라 시기의 〈택길흉론宅吉凶論 3권〉, 〈상택도相宅圖 8권〉이 있고, 구당지舊唐志에 〈오성택경五姓宅經 2권〉이 있는데, 모두 황제黃帝에 대한 언급이 없습니다. 따라서 이 책은 오래된 것이기는 하나 황제黃帝

---

* 제요(提要)의 의미는 중요한 줄거리나 골자만을 추려 제시한다는 것임. 제요의 부분은 사고전서에만 있는 추가된 내용으로 진체비서본(津逮秘書本), 고금도서집성본(古今圖書集成本), 안거금경본(安居金鏡本), 정통도장본(正統道藏本), 설부본(說郛本)에는 없는 내용이다. '序'의 '夫宅者'로 시작하는 것은 진체비서본, 고금도서집성본, 정통도장본이며, 안거금경본 권1에서는 '黃帝曰 夫宅者'로 시작하며 '總論'에 해당하 는 '二十四路者'로 시작하는 것은 설부나 안거금경본(권2에서)이다.

1 한서(漢書) 예문지(藝文志)를 말한다. 王玉德, 王銳, 『宅經』, 북경, 중화서국, 2011, 4쪽 참조.

에 의탁依託(이름을 빌린)하여 만든 책으로 판단됩니다.

考 書中稱黃帝二宅經及淮南子, 李淳風, 呂才等 宅經, 二十有九種, 則作書之時, 本不僞稱黃帝, 特方技之流, 欲神其說, 詭題黃帝作耳[2].

책 내용 중 〈황제이택경黃帝二宅經〉이라고 칭한 것과 회남자淮南子, 이순풍李淳風, 여재呂才 등의 〈택경宅經 29종〉이 언급되고 있는 것을 고려해볼 때, 책이 만들어진 시기에는 책의 저자를 황제黃帝로 하지 않았으나, 특방기지류特方技之流(특별기술류)를 더욱 신비롭게 보이게 하려는 욕심에서 황제작黃帝作이라고 궤제詭題(허위로 붙임)한 것으로 판단됩니다.

其法分二十四路[3]考尋休咎[4], 以八卦之位向, 乾坎艮震及辰爲陽, 巽離坤兌及戌爲陰. 陽以亥爲首, 巳爲尾, 陰以巳爲首, 亥爲尾, 而主於陰陽相得, 頗有[5]義理, 文辭亦皆雅馴.

이 책에서는 '24로路'로 방위를 구분하는 법을 제시하고 있는데, 휴구休咎(길흉)를 살피는 방식을 살펴보면, 팔괘八卦를 놓고 음양陰陽을 구분하고 있습니다. 건감간진乾坎艮震과 진辰까지를 양陽으로 하고, 손리곤태巽離坤兌와 술戌까지를 음陰으로 하고 있습니다. 양陽일 경우, 해亥는 머리가 되고, 사巳는 꼬리가 됩니다. 반면에 음陰일 경우, 사巳는 머리가 되고 해亥는 꼬리가 됩니다. 이 책에서는 주로 음양상득(*[6]론)陰陽相得(論)을 위주로 하고 있습니다. (*이 책은 비교적) 의리義理가 적지 않으며, 문사文辭(문장) 또한 우아하고 잘 다듬어져 있습니다.

宋史藝文志五行類有相宅經一卷, 疑卽此書, 在術數之中猶最爲近古者矣.[7]

송사예문지宋史·藝文志의 오행류五行類중 〈상택경相宅經〉 1권이 있는데, 바로 이 책을 말하

---

2 耳 : ~일 뿐이다.

3 나침반의 360도 원주(圓周)를 24등분하여 나눈 것으로, 향법상으로는 24分金이라고 한다. 음택서에는 주로 '二十四山'으로 표현하는데, 『황제택경』에서는 양택서답게 '二十四路'라고 칭하고 있다. cf. 八路四路黃泉殺.

4 休咎 : 吉凶, 왕옥덕, 앞의 책, 4쪽 참조.

5 頗有 : 적지 않다.

6 *의 표시는 역자가 독자의 이해나 문맥상의 필요에 의해서 첨가한 부분임을 표시하는 것이다.

7 此書在術數書籍中是最接近古代的書籍了. 왕옥덕, 앞의 책, 5쪽 참조.

는 것으로 생각됩니다. 그것이 현존 술수책 중에서 가장 오래된 고대의 서적인 것으로 보입니다.

乾隆四十六年十月恭校上.
總纂官 臣 紀昀, 臣 陸錫熊, 臣 孫士毅.
總校官 臣 陸費墀.

건륭사십육년(1781)십월 공손히 교열하여 바칩니다.
총찬관 신하 기윤紀昀, 신하 육석웅陸錫熊, 신하 손사의孫士毅.
총교관 신하 육비지陸費墀.

02
택경권상宅經卷上

1. 서序[1]

夫[2]宅者, 乃是陰陽之樞紐[3], 人倫[4]之軌模[5], 非夫博物[6]明賢, 而[7]能悟斯道也.
就此五種[8], 其最要唯有宅法, 而眞秘術.

택宅이라고 하는 것은 음양陰陽의 추뉴樞紐(관건, 핵심)이고, 인륜의 궤모軌模(규범)이다. 박물博物(博通物理)의 명현明賢이 아니라면, 이러한 도리道理를 능히 알 수가 없는 것이다. 이와 같은 것으로 5가지 종류(占宅, 占葬, 占卜, 占星, 相面)가 있는데, 그 중 택법宅法이 가장 요긴한 것으로 참으로 비술秘術이라고 할 수 있다.

---

1 『사고전서본』에서는 '서(序)', '총론(總論)'이라는 제목을 붙이고 있지 않다. 하지만 『고금도서집성본』에서 제목을 따로 붙이고 있는데 이 형식이 내용의 구분과 이해에 도움이 된다. 따라서 제목 붙이는 것은 『고금도서집성본』에 따랐다.

2 夫, 발어사(發語辭).

3 추뉴(樞紐) : 관건(關鍵), 왕옥덕, 앞의 책, 9쪽 참조.

4 인륜(人倫) : 고대 예제건축적(禮制建築的) 관점에서 볼 때, 존비장유(尊卑長幼)의 구별을 말한다.

5 궤모(軌模) : 행동적 규범. 軌, 軌跡. 模, 楷模. 왕옥덕, 앞의 책, 9쪽 참조.

6 박물(博物) : 박통물리(博通物理). 왕옥덕, 앞의 책, 9쪽 참조.

7 정통도장본에는 '而' 대신에 '無'로 되어 있음.

8 古代稱 占宅者, 占葬者, 占卜者, 占星者, 相面者 爲五種術士. 왕옥덕, 앞의 책, 10쪽 참조.

凡人所居，無不在宅，雖[9]只大小不等，陰陽有殊[10].
縱然[11]客居一室之中，亦有善惡，大者大說，小者小論，犯者有災，鎭而禍止，猶[12]藥病之效也.[13]

무릇 사람이 어디에 거처한다는 것은 집이 있지 않고서는 될 수 없는데, 다만, 집집마다 집의 규모가 크고 작음으로써 서로 같지 않고, 집의 음양에서 서로 다른 점이 있다. 설사 일실一室에 거처한다고 하더라도 각 방房[14]마다 선악善惡이 있으므로, 대자대설大者大說(대이론)과 소자소론小者小論(소이론)이 있게 된다. 이를 범犯하는 자는 재앙災殃이 있을 것인데, 이러한 재앙을 누르고 화禍를 중지시켜야 한다. 그것은 마치 어떤 약藥이 병病에 효력이 있는 것과 같다.

故宅者，人之本，人以宅爲家，居若安卽家代昌吉，若不安[15]卽門族衰微，墳墓川岡，並同玆說.
上之軍國，次及州郡縣邑，下之村坊署柵，乃至山居，但人所處，皆其例[16]焉.
目見[17]耳聞，古制非一.[18]

택宅은 사람의 근본根本이며, 사람에게 택이란 바로 일가一家(家門)이다. 거처가 편안하면 가대창길家代昌吉(번창)할 것이요, 불안하면 문족쇠미門族衰微(쇠미)할 것이다. 이것은 천강川岡(계천과 산)에 있는 분묘墳墓의 안정에 빗대어 설명한 것과 동일하다. 위로는 군국軍國, 주군현읍州郡縣

9 雖 : 敦煌本作 '唯'.
10 여기서 殊는 '다르다'는 의미로 쓰임.
11 종연(縱然) : 설사 ~하더라도.
12 유(猶) : 마치 ~와 같다.
13 이중환의 『택리지』 원본에서도 국토를 인체에 비유하는 내용이 나온다. 이것이 도선대사의 비보풍수에 의한 국역치료(國域治療)와 양생풍수의 근거가 될 수 있다.
14 하나의 실(室) 속에 여러 개의 방(房)이 있는 것으로 보고 있다.(室〉房)
15 安 : 敦煌本作 '吉'.
16 皆其例 : 敦煌本作 '其皆例'.
17 見 : 敦煌本作 '覽'.
18 『안거금경』의 권1을 시작하기 전에 택경의 여기까지를 인용하는 것으로 서두를 열고 있다. 『안거금경』에는 위의 인용글 뒤에 "乾隆歲次甲子秋八月中浣에 仙根이 쓴다[書]."고 되어 있다.

邑, 아래로는 촌방서책村坊署柵 내지 산거山居에 이르기까지 인소처人所處(사람이 있는 곳)라면 모두 이것의 적용사례가 될 수 있다. 보고 들은 바에 의하면 고대에 제작된 것이 이것 하나 뿐인 것은 아니다.

〈황제이택경黃帝二宅經〉, 〈지전택경地典宅經〉, 〈삼원택경三元宅經〉, 〈문왕택경文王宅經〉, 〈공자택경孔子宅經〉, 〈택금宅錦〉, 〈택요宅撓〉, 〈택통宅統〉, 〈택경宅鏡〉, 〈천로택경天老宅經〉, 〈유근택경劉根宅經〉, 〈현여택경玄女宅經〉, 〈사마천택경司馬天師宅經〉,〈회남자택경淮南子宅經〉, 〈천미택경王微宅經〉, 〈사최택경司最宅經〉, 〈유진평택경劉晉平宅經〉, 〈장자호택경張子毫宅經〉, 〈팔괘택경八卦宅經〉, 〈오조택경五兆宅經〉, 〈현오택경玄悟宅經〉, 〈육십사괘택경六十四卦宅經〉, 〈우반룡택경右盤龍宅經〉, 〈이순풍택경李淳風宅經〉, 〈오성택경五姓宅經〉, 〈여재택경呂才宅經〉, 〈비음란복택경飛陰亂伏宅經〉, 〈자하금문택경子夏金門宅經〉, 〈조담택경刁曇宅經〉.

已上諸經, 其皆大同小異, 亦皆自言秘妙, 互推短長, 若不遍求, 即用之不足.

이상 위에 언급한 여러 경전들은 그 요지要旨가 대동소이함에도 대개 자언自言(스스로)으로 비묘秘妙(신비스럽고 묘함)를 주장하고 호추단장互推短長(줄이고 늘인)한 점이 있으니, 두루 잘 살펴보지 않고는 그대로 적용하기가 어렵다.

近來學者, 多攻五姓八宅[19], 黃道白方[20], 例皆違犯大經, 未免災咎.
所以人犯修動, 致令造者不居, 却毁陰陽, 而無據效, 豈不痛哉.

근래학자들이 오성팔택五姓八宅과 황도백방黃道白方에 대하여 많은 연구를 하고 있다. 이러한 것들은 모두 대경大經(가장 근본적인 것)을 위범違犯(위반)하는 것으로 재구災咎(재앙과 근심)를 벗어날

19 왕옥덕, 앞의 책, 21쪽 : 古代按五行五音區別人們的姓, 附會吉凶. 《論衡 · 請術》 : "五姓之宅, 門有宜向. 向得其宜, 富貴吉昌." 《舊唐書 · 呂才傳》 : "至于近代師巫, 更加五姓之說. 言五姓者, 謂宮, 商, 角, 徵, 羽等, 天下萬物, 悉配屬之, 行事吉凶, 依此爲法." 八宅, 傳統相宅術的一種理論. 相宅分爲龍, 穴, 砂, 水, 向, 意, 形等 几種相法, "八宅" 側重于 "向", 依据了後天八卦, 把宅按 "坐" 和 "向" 分爲東四宅和西四宅 : 同樣把人分爲東四命和西四命 : 再由屋子正中, 將它們分(計算)四吉位和四凶位 : 主要是用飛星斷事.

20 왕옥덕, 앞의 책, 21쪽 : 黃道, 古人想象中的太陽繞地的軌道. 迷信以青龍, 明堂, 金匱, 天德, 玉堂, 司命六位吉神値日爲黃道吉日, 諸事皆宜. 白方, 空无所有的東西.

수 없는 것들이다. 사람들이 수동修動[21]을 범犯하기 때문에 집을 지은 사람이 집을 짓고도 거처하지 못하게 되는 것이다. 이렇게 음양陰陽이 훼손毁損되어 퇴각退却해 버리는 바람에 음양의 조화에 의한 효력을 기대할 수 없으니, 이 어찌 가슴 아픈 일이 아니겠는가?

況[22]先賢垂籍, 誡勖昭彰, 人自冥蒙, 日用而不識.
其象者, 日月, 乾坤, 寒暑, 雌雄, 晝夜, 陰陽等, 所以包羅萬象, 擧一千從運變, 無形而能化物. 大矣哉, 陰陽之理也.

하물며, 음양론에 대해서는 이미 선현께서 책을 드리워서 계욱소창誡勖昭彰(힘써 밝고 밝게 훈계)하였다. 그래서 사람들이 일용日用하고 있지만, 스스로 어둡고 몽매蒙昧하여 그 원리를 알지는 못한다. 그 드러난 상象은 일월日月, 건곤乾坤, 한서寒暑, 자웅雌雄, 주야晝夜의 음양陰陽 등으로 포라만상包羅萬象(모든 것을 갖춤)하는 것이다. 따라서 하나[一]를 들면 천千이 따라서 운변運變(운행변화)하기 때문에 무형無形이지만 능히 만물萬物이 될 수 있는 것이다. 그런 점에서 음양陰陽의 이치理致는 매우 큰 것이라고 할 수 있다.

經之,
陰者, 生化物情[23]之母也.
陽者, 生化物情之父也.
作天地之祖, 爲孕育之尊.
順之則亨, 逆之則否.
何異公忠受爵, 違命變殃者乎.

경經에서 "음자陰者는 생화물정生化物情의 모친母親이고, 양자陽者는 생화물정의 부친父親으로서 이들은 천지天地의 원조元祖이며, 잉태孕胎하고 육성育成하는 지존至尊이다. 그래서 순응順應

---

21 여기서는 수리, 동토, 이래(移來, 動線)를 모두 포함하는 것으로 본다.
22 況 : 하물며, 이에, 자(玆)에.
23 왕옥덕, 앞의 책, 26쪽 : 物之情況, 或作物理人情.

하면 형통亨通할 것이고, 역행逆行하면 불리不利한 것이다. 그것은 공충公忠(公明忠誠)하면 작위爵位를 받지만, 위명違命(명령을 어기면)하면 오히려 변앙變殃(변괴와 재앙)을 받는 것과 어찌 다를 것인가?" 라고 하였다.

今採諸秘驗, 分爲二十四路, 八卦, 九宮, 配女男之位, 宅陰陽之界, 考尋休咎, 並無出前二宅, 此實養生靈之聖法也.[24]

작금昨今에 제반諸般 비기秘記와 증험證驗을 채취採取하고 (360도를) 24로二十四路로 구분區分하여 팔괘八卦와 구궁九宮을 남녀자리에 알맞게 배속하고, 집의 음양을 경계境界(기준)로 삼아 길흉에 대하여 고심해 보았다. 그 결과 집의 길흉은 앞의 이택二宅(陰宅, 陽宅)을 벗어나지 않았다. 그래서 이 법식[음양이택법]을 실實로 양생영지성법養生靈之聖法이라 할 수 있겠다.

2. 총론總論

二十四路者, 隨宅大小, 中院分四面, 作二十四路.
十干十二支乾艮坤巽, 共爲二十四路是也.

황제택경에서는 집의 대소에 따라 중원中院(안마당)을 사면四面으로 구분하고, 24로路[25]를 배속한다. 24로는 십간十干(10-2)[26], 십이지十二支(12), 건간곤손乾坤艮巽(4)[27]으로 만들어진다.

乾將三男震坎艮, 悉屬於陽位(卽從西北乾位之辰[28], 爲陽明矣)[29]

---

24 왕옥덕, 앞의 책, 30쪽. 《黃帝宅經》的作者非常自信, 聲稱這本書是先民長期積累的經驗, 堪稱"養生靈"的"聖法". 意爲 : 如果有人掌握了《黃帝宅經》, 就等于掌握了神聖的法典. 正因爲此書被擡到了无以復加的地位, 因此, 就長期影響着中華先民.

25 음택에서는 24방위로 분금한 것을 '24산(山)'이라고 하고 양택에서는 '24로(路)'라고 한다.

26 십간(十干) 중에서 무기(戊己)는 중앙에 배속되는 것으로, 24로상에서는 배제된다.

27 팔괘에는 건곤간손 외에 진리태감(震離兌坎)이 있으나 24로상(二十四路上)에 지지(地支)의 묘오유자(卯午酉子)에 가려서 드러나지 않는다. 『안거금경』의 제1부 3장 〈그림 15-辰南戌北斜分一界之圖〉 참조.

坤將三女巽離兌悉屬陰之位(卽從東南巽角順之戌, 爲陰明矣)[30]

건부乾父를 필두로 삼남三男(아들 셋)인 진감간震坎艮[31]은 모두 양위陽位에 속한다.(즉, 서북건위西北乾位[32]에서 진辰까지가 양명陽明이 된다는 것이다.) 곤모坤母를 필두로 삼남三女(딸 셋)인 손이태巽離兌[33]는 모두 음위陰位에 속한다.(즉, 동남손東南巽位[34]에서 술戌까지가 음명陰明이 된다는 것이다.)

是以, 陽不獨王[35], 以陰爲得(陽宅 爲宜修 陰方)
陰不獨王, 以陽爲得(如上說)
亦如,
冬以溫暖爲德, 夏以凉冷爲德,
男以女爲德, 女以男爲德, 之義.

양陽 혼자서는 왕성[36]할 수가 없다. 그래서 음陰을 얻어야 하는 것이다. (양택陽宅은 마땅히 음위陰位를 수리한다.) 또한 음陰 혼자서는 왕성할 수 없다. 그래서 양을 얻어야 하는 것이다.(*수리는 위와 같다.) 동기冬期에는 온난溫暖을 베푸는 것이 덕德이 되고, 하기夏期에는 양냉凉冷(시원하고 차가움)한 것이 덕德이 될 수 있는 것이다. 게다가 남자에게 (경우에

---

28 지금까지 수집한 모든 원본에는 '진(震)'으로 되어 있으나 역자는 문맥상 '진(辰)'이 되어야 할 것으로 보고 수정 번역한다. 이미 앞의 제요(提要)에서 "其法分二十四路考尋休咎, 以八卦之位向, 乾坎艮震及辰爲陽, 巽離坤兌及戌爲陰."으로 언급하고 있다.

29 이 주석은 진체비서본과 사고전서본에는 수록되어 있으나, 설부본과 고금도서집성본에는 없다. 이것으로 사고전서는 진체비서, 고금도서집성본은 설부본과 같은 저본을 원본으로 삼았다는 것을 알 수 있다.

30 설부본과 고금도서집성본에는 이 주석 부분은 없다.

31 진(震, ☳, 長男), 감(坎, ☵, 中男), 간(艮, ☶, 少男)이 된다. 삼효(三爻)중 일효(一爻)가 양(陽)인 것은 아들을 의미한다. 그래서 아들인 괘(卦)가 배속된 방위를 양으로 본 것이다. 어머니와 딸의 괘가 배속된 것은 음명(陰明) 또는 음암(陰暗)이 될 것이다.

32 건(乾)은 서북방위에 배속되는데 문왕팔괘, 즉 후천팔괘에 따라서 배속된 것이다.

33 손(巽, ☴, 長女), 이(離, ☲, 中女), 태(兌, ☱, 少女)가 된다. 삼효(三爻)중 일효(一爻)가 음(陰)인 것은 딸을 의미한다. 그래서 딸인 괘(卦)가 배속된 방위를 음으로 본 것이다.

34 곤(坤)은 서남방위에 배속되는데 문왕팔괘, 즉 후천팔괘에 따라서 배속된 것이다.

35 왕옥덕, 앞의 책, 38쪽: 왕(王); 主宰.

36 『사고전서본』에는 '王'으로 되어 있으나, 의미가 잘 통하지 않는다. 한편, 『안거금경본』에서는 '旺'으로 되어 있어서 그에 따라 '왕성(旺盛)'으로 해석하였다.

따라) 여성적인 면이 미덕美德이 될 수 있고, 여자에게 남성적인 면이 미덕이 될 수 있는 것이다.

易訣云,
陰得陽, 如暑得涼, 五姓咸和, 百事俱昌,
所以,
德位高壯藹[37]密即吉.
重陰重陽則凶,
陽宅更招東方北方, 陰宅更招西方南方為重也.
(是東面為辰南, 西面為戌北之位, 斜分一條, 為陰陽之界.)

역결易訣에서 말하길, 음陰이 양陽을 얻는 다는 것, 마찬가지로 더울 때 시원함을 얻는 것인데, 이렇게 되면 오성五姓(百姓)이 함화咸和(두루 화합)하고 백사구창百事俱昌(모든 일이 잘됨)한다는 것이다. 따라서 천덕天德(大德)의 방위(제1부 03장 그림 1·2 참조, 양택에서 酉, 음택에서 卯)를 고장애밀高壯藹密(높고 장대하고 번창밀실)하게 하는 것은 길하다. 그렇다고 해서 (욕심을 내어) 중음중양重陰重陽한다면 흉한 것이 된다. 예를 들면, 양택陽宅인데 동방이나 북방을 더 넓히거나, 음택陰宅인데 서방이나 남방을 다시 넓힌다면 그것이 중重(二重)인 것이다.[38] (동쪽에서는 진辰의 남南, 서쪽에서는 술戌의 북北을 기준으로 사선斜線을 하나 그으면 그것이 음양의 경계가 된다.)[39]

37 藹 : 繁盛, 왕옥덕, 앞의 책, 38쪽 참조.

38 《黃帝宅經 · 總論》, 重陰重陽則凶, 陽宅更招東方北方, 陰宅更招西方南方為重也.

39 음택과 양택을 구분한 기준은 진토(辰土) · 술토(戌土)의 경계에서 팔괘의 음양 구분에 따랐다. 손(巽, ☴ 장녀), 곤(坤, ☷ 노모), 태(兌, ☱ 소녀)는 음택 방위, 건(乾, ☰ 노부), 간(艮, ☶ 소남), 진(震, 장남)은 양택 방위 인 것이다. 이는 續修四庫全書, 子部 術數類, 安居金鏡의 辰南戌北斜分一界之圖의 설명에서 "此陰陽東西乃二十四位之東西分陰陽也, 陰陽卦卽兩儀所生之陰陽卦也 非遊年東西之謂"라고 언급하고 있는 것에 근거한다. 684쪽 참조. 제1부 3장 〈그림 16－음위와 양위의 구분〉 참조.

凡之(諸)[40]陽宅, 即有陽氣抱陰, 陰宅即有陰氣抱陽.
陰陽之宅者, 即龍也.

무릇 양택陽宅이란 양기포음陽氣抱陰(양이 음을 끌어안음)이고, 음택陰宅은 음기포양陰氣抱陽이다.[41] 음양陰陽의 택宅은 바로 용龍이다.

陽宅龍頭在亥, 尾在巳.
陰宅龍頭在巳, 尾在亥.
(其狀在龍者. 陰龍青, 陽龍赤. 各有命坐, 切忌犯也.)

양택에서 용머리는 해亥방위에 있고, 꼬리는 사巳방위에 있다. 역으로 음택에서 용머리는 사巳방위에 있고, 꼬리는 해亥방위에 있다. (이러한 상태는 용이기 때문에 가능한 것이다. 음룡陰龍은 청색青色, 양룡陽龍은 적색赤色이다.[42] 각각의 명좌命坐가 있으므로 이를 범犯하는 것을 절대 기피한다.)

凡從巽向乾, 從午向子, 從坤向艮, 從酉向卯, 從戌向辰移.
(已上移轉及上官所住[43], 不計遠近, 悉[44]入陽也.)
從乾向巽, 從子向午, 從艮向坤, 從卯向酉, 從辰向戌移.
(已上移轉及上官悉名入陰.)

---

40 周履靖 校正, 『叢書集成初編－黃帝宅經』, 北京 : 中華書局, 1991, 5쪽 참조.

41 양택(陽宅)은 좌(坐)가 양(陽)이 되고 향(向)이 음(陰)이 된다. 음택(陰宅)은 그 반대가 된다. 집을 사람에 비유하면 팔을 내밀어, 끌어안은 주체는 좌(坐), 안기는 대상은 향(向)이다. 태음(太陰) 속에 소양(少陽), 태양(太陽) 속에 소음(少陰)의 원리로 설명할 수도 있다. 이것은 태극의 원리이기도 하다. 집을 하나의 우주로 생각하는 것과 통한다. 양룡이 음룡의 꼬리를 물고, 음룡이 양룡의 꼬리를 물고 있는 것으로도 설명될 수 있다. 제1부 3장 〈그림 17－적룡과 청룡이 서로의 꼬리를 물고 있는 상황〉 참조.

42 대한민국의 태극기에 청색과 적색이 아래와 위를 차지하며 태극을 형성하고 있는 것과 같다. 간혹 서원의 유식공간을 형성하는 문루의 충량(衝樑)이 청룡(青龍)과 황룡(黃龍)으로 장식되어 있는 것을 볼 수 있는데 이것도 같은 맥락으로 볼 수 있을 것이다.

43 관리(官吏)의 보직 이동, 전보발령 등으로 인한 지방 또는 중앙으로의 이전을 모두 포함한다. 방위는 현재의 위치를 기준으로 한다.

44 '실(悉)'은 모두 '도(都)'에 해당함. 周履靖, 앞의 책, 6쪽에서는 '不計'를 '不許'로 오기.

무릇 손巽에서 건乾으로, 오午에서 자子로, 곤坤에서 간艮으로, 유酉에서 묘卯로 , 술戌에서 진辰으로 향하여 [수리하거나][45] 이동하는 것을 '입양入陽'으로 본다. (이사 또는 전보승진발령으로 인한 거처이전에 대한 것으로 멀고 가까움을 따지지 않고 적용한다.) 역으로, 건乾에서 손巽, 자子에서 오午, 간艮에서 곤坤, 묘卯에서 유酉, 진辰에서 술戌로 향하여 이동하는 것을 '입음入陰'으로 본다. (이런 경우 전보 또는 승진발령으로 인한 거처이전에 대한 것인데 멀고 가까움을 따지지 않고 적용한다.)

故[46]福德之方, 勤依天道, 天德, 月德, 生氣到其位即修.
令清潔闊厚, 即一家獲安, 榮華富貴.
(天之福德者, 宅之財命也. 財命旣壯, 何愁不榮[47], 故須勤修)[48]

본래 복덕福德의 방위는 더욱 세부적으로 천도天道에 의거하여 천덕天德, 월덕月德, 생기生氣가 이 방위에 도달할 때 수리하는 것이다. 그래서 복덕의 방위를 청결하고, 넓고 두텁게 하면 한 집안이 편안하고, 부귀영화를 누릴 것이다. (하늘의 복덕福德이라는 것은 집에서는 재명財命에 해당한다. 재명이 이미 장대하다면 불영不榮(영화롭지 못함)에 대하여 근심하겠는가? 그래서 (이쪽 방위를) 수리할 때는 반드시 정성을 다해야 하는 것이다.)

再入陰, 入陽, 是名無氣.
三度重入陰陽,[49] 謂之[50]無魂, 四入謂之無魄.
魂魄旣無,[51] 即家破逃散, 子孫絕後[52]也.

---

45 수리하는 것은 뒤에 무기(無氣), 무혼(無魂) 등으로 언급된다. 이동하는 것은 동선(動線)을 말하는 것으로 본다. 멀던 가깝던 시작점에서 목표점까지의 이동경로의 방향성을 보고 '입음(入陰)', '입양(入陽)'을 따진다.

46 故 : 敦煌本作 '古'. 왕옥덕, 앞의 책, 1쪽 참조.

47 국내의 다른 번역서에서는 '禁'으로 되어 있으나 周履靖, 앞의 책, 6쪽에서 '榮'으로 되어 있음. 문맥상 '영(榮)'이 옳은 것으로 여겨짐.

48 이 주석은 『진체비서본』과 『사고전서본』에는 수록되어 있으나, 『설부본』과 『고금도서집성본』에는 없다.

49 重入陰陽 : 敦煌本作 '入陰入陽', 왕옥덕, 앞의 책, 46쪽 참조.

50 謂之 : 敦煌本作 '爲謂之', 왕옥덕, 앞의 책, 46쪽 참조.

51 無 : 敦煌本作, '犯', 왕옥덕, 앞의 책, 46쪽 참조.

(經云[53] 連犯不止, 滅門絕嗣. 此之謂也.)[54]

두 번 연속해서 '입음入陰' 또는 '입양入陽'일 경우, '무기無氣'가 된다. 세 번 연속될 경우 '무혼無魂'이 되고, 네 번 연속될 경우 '무백無魄'이 된다. 무혼無魂 · 무백無魄이 되면 가파도산家破逃散하고 자손子孫은 끊어진다.(경經에서 말하길, 이중二重, 삼중三重, 사중四重으로 연이어 범犯하는 것을 멈추지 못하면 멸문절사滅門絕嗣한다는 것이 바로 이를 의미하는 것이다.)

若一陰陽往來, 即合天道, 自然吉昌之象也.
設[55]要重往, 即須逐道, 住四十五日, 七十五日, 往之無咎[56].

만일, 한번은 음에서 양으로, 한번은 양에서 음으로 [수리하거나] 왕래한다면, 그것이 천도天道에 부합하는 것이다. 그렇게 된다면, 자연히 길하고 번창하게 될 것이다. 만일, 중복해서 입음入陰 또는 입양入陽을 해야 할 경우라면, 반드시 천도天道에 따라 (음양의 원리에 적합한) 임시거처에서 45일이나, 75일을 지낸 뒤에 원하는 방위로 왕래한다면 재해災害에 대한 근심이 없다.

仍[57]宜生氣, 福德之方, 始吉.
更犯五鬼, 絕命[58], 刑禍者, 尤不利.

(어쩔 수 없이 중음양重陰陽해야 할 경우,) 생기生氣의 복덕방福德方으로 다시 시작하는 것은 길吉할 것이고, 오귀五鬼나 절명絕命의 형화방刑禍方으로 시작하는 것을 범犯하면 더욱 불리할 것이다.

---

52 後 : 돈황본작, '嗣', 왕옥덕, 앞의 책, 46쪽 참조.
53 여기서 경(經)이라고 하는 것은 무엇을 말하는지?
54 이 주석은 『진체비서본』과 『사고전서본』에는 수록되어 있으나, 『설부본』과 『고금도서집성본』에는 없다.
55 設, 여기서는 여과(如果) 즉 만일이라는 의미. 왕옥덕, 앞의 책, 46쪽 참조.
56 구(咎, 근심), 여기서는 재해(災害). 왕옥덕, 앞의 책, 46쪽 참조.
57 잉(仍), 거듭하다는 의미.
58 생기 탐랑, 오귀 염정, 절명 파군으로 대표됨.

訣云[59], 行不得度, 不如複故.
斯之謂也.
又云, 其宅乃窮, 急翻故宮.
宜拆刑禍方舍却, 益福德方也[60].

결訣에서 말하길, "법도에 적합하지 않게 행하였다면, 예전으로 다시 되돌리는 것이 낫다."고 하는 것이 바로 이것이다. 또 말하길, "그 집이 궁핍해지면, 급히 고궁故宮(舊房)을 번수翻修(뒤집어 고치다)한다. 마땅히 형화방의 건물을 탁도拆掉(부수고 흔들어서)하여 제거하고, 복덕방의 건축을 증가시켜야 한다."는 것이다.

又云, 翻宅平牆, 可爲銷殃.
(宅之行年不利, 或口舌疾病等, 即宜翻刑禍, 添益福德.
改移牆壁, 即消災[61], 致[62]其大吉昌也.)

또한 말하길, "집을 번수翻修하고, 담장을 평정하면, 재앙을 삭감削減시킬 수 있다."고 하였다. (불리한 연도에 집을 고치면서, 구설 또는 질병 등이 있게 되면, 마땅히 형화刑禍를 뒤집어서 덜어내고, 복덕을 첨익添益(증축)하며, 담장을 고치고 이전하면, 재난은 소멸되며 그 결과 크게 길하고 번창하게 된다.)

夫辨宅者, 皆取[63]移來方位, 不以街北街東為陽,
(不妨是陽之位 作陰宅居之即吉)[64]
街南街西為陰.

---

59 결운(訣云), 경운(經云), 역운(易云). 각각이 이야기하는 것의 근거가 무엇인지? 참고서적 중의 하나로 보이나 불명확하다.

60 急于改造舊房, 宜于拆掉刑禍方的建築, 增加福德方的建築. 왕옥덕, 앞의 책, 56쪽 참조.

61 『정통도장본』에는 '消災'를 '災消'로 하였음.

62 여기서 치(致)는 그 결과라는 뜻이다.

63 皆取 : 敦煌本作 '皆取移來相數定之'. 왕옥덕, 앞의 책, 54쪽 참조.

64 이 주석은 『진체비서본』과 『사고전서본』에는 수록되어 있으나, 『설부본』과 『고금도서집성본』에는 없다.

(不妨作陽宅居之吉)[65]

凡移來不勸遠近，一里百里千里，十步與百步同.[66]

무릇, 집을 변별할 때 (새집의 중심에서) 어느 방위에서 이사移徙를 왔는가를 따진다.[67] 다만, 그 때의 방위는 가로街路를 중심으로 가북街北이니, 가동街東이니 하여 그것을 양陽으로 보지 않는다. (또한 양의 방위로 와서 음택을 짓고 살면 길하다는 것에 얽매이지 않는다.) 또한 가남街南이니 가서街西니 하여 그것을 음陰으로 보지도 않는다. (마찬가지로, 양택陽宅을 짓고 살면 길하다는 것에 구애되지 않는다.) 무릇, 이사 온 거리의 멀고 가까움을 따지지 않는다. 1리이든지 100리, 1,000리든지 10보든지 100보든지 관계없다.

又此二宅[68]修造，唯[69]看天道，天德，月德，生氣[70]到即修之.

不避，將軍，太歲，豹尾，黃幡，黑方及音姓[71]宜忌.

음택과 양택을 수리할 때에는 오직 천도天道를 본다. 즉, 천덕天德, 월덕月德, 생기生氣에 도달하면 수리한다. 그래서 장군將軍, 태세太歲, 표미豹尾, 황번黃幡, 흑방黑方 내지는 성씨姓氏의 음音에 따른 기피忌避에 대해서는 논하지 않는다.

---

65 이 주석은 『진체비서본』과 『사고전서본』에는 수록되어 있으나, 『설부본』과 『고금도서집성본』에는 없다.

66 一里~ : 敦煌本作 '一里與百千里同, 一步與百千步同'. 왕옥덕, 앞의 책, 54쪽 참조.

67 이사 오기 전의 집과 이사 온 집의 중심에서 방위를 따질 때, 24방위를 기준으로 하며, 음택 방위로 중복되거나 양택 방위로 중복되는 것을 피한다. 즉 양택의 방위에서 음택의 방위로 오거나 음택의 방위에서 양택 방위로 넘어가는 것이 좋다는 이야기이다. 정히 방위가 중복될 때는 다른 쪽에서 45일이나, 75일간 머물다가 옮겨오면 무탈하다는 것이다. 즉, 진(辰)방위에서 해(亥)방위로 간다고 할 때, 양(陽)이 중복되므로, 음방위인 유(酉)방위로 갔다가 임시로 머문 뒤 해(亥)방위로 가면 된다는 것이다.

68 음(위)택과 양(위)택을 말한다.

69 唯 : 오직.

70 生氣 : 敦煌本作 '天道'. 왕옥덕, 앞의 책, 54쪽 참조.

71 音姓 : 敦煌本作 '五姓'. 왕옥덕, 앞의 책, 55쪽 참조.

順陰陽二氣為正.
此諸神殺, 及五姓六十甲子, 皆從二氣而生, 列在方隅.[72]
直一年公事, 故不為災.
(凡諸刑殺在刑禍方者, 設天德月德到, 亦須避之.
若神殺在宅福德方, 即待天德月德生氣到其位, 便須修之
用功多即善, 故不避也.
若不明陰陽之氣, 到其位便須修之用功多即善, 故不避也.
若不明氣中小數, 故不能制其大綱.)[73]

음양이기陰陽二氣에 순응하는 것이 정법正法이다. 이러한 여러 신살神殺과 오성五姓에 따른 육십갑자六十甲子는 모두 음양이기陰陽二氣에서 비롯된 것이고, 각 방위에 배열된 것일 뿐이다. 그래서 일년치 공사公事(공적인 일)일 경우는 재난이 일지 않는다. (형화방刑禍方에[74] 여러 형살刑殺이 있게 되면, 천덕天德, 월덕月德에 해당된다고 하더라도 역시 수리하는 것을 피하는 것이 좋다. 만일 복덕방에 신살神殺이 있다면, 천덕天德, 월덕月德, 생기生氣가 도달되기를 기다렸다가 편하게 수리를 할 수 있다. 이렇게 노력과 정성을 다하는 것은 좋은 것이므로 신살이 있다고 하더라도 피하지 않는 것이다. 만일 신살의 위치가 불명확할 경우 천덕, 월덕, 생기방위에 정성과 노력을 기울여 편하게 수리하면 된다. 만일, 신살의 위치가 불명확한 가운데 정성을 기울이지 않는다면, 큰 차원의 길흉을 제어할 수 없게 된다.)[75]

---

72 此諸~ : 敦煌本作, '此諸神煞, 依陰陽而立, 故不能若爲災, 避之亦不妨'. 왕옥덕, 앞의 책, 56쪽 참조.

73 이 주석은 『진체비서본』과 『사고전서본』에는 수록되어 있으나, 『설부본』과 『고금도서집성본』에는 없다.

74 형살이 형화방에 있다는 것은 어떤 경우를 말함인가? 수리를 하려는 해가 자년(子年, 甲子年, 壬子年 등 해당)이라면 그해의 형살(刑殺)은 묘(卯)인데, 양택(陽宅)이라면 묘(卯)가 형화방에 있는 것이므로 불리하다는 것이다. 1부 2장 〈표2－형살〉 참조.

75 신살(神殺)이라고 하면 12신살을 의미하는데, 그 중에서 겁살, 재살, 세살을 대표로 고려한다. 신살이 복덕방에 있는 것을 자년(子年)이라고 한다면, 그때의 신살은 겁살, 재살, 세살로서 각기 사, 오, 미이다. 이때 사, 오, 미의 방위를 음양택도를 통해서 살펴보면 양택의 복덕방에 있는 방위임을 알 수 있는 것이다.

又云, 刑禍之方缺復荒, 福德之方連接長, 吉也.
(又云, 刑禍方牆舍位宜狹薄, 誡之高壯也, 福德方及牆舍人家宜連接壯實也.)[76]

또한 형화방刑禍方은 비워두고 마당을 다듬지 않은 채로 두어야 하고, 복덕방福德方은 끊어짐이 없이 길게 이어지게 하여야 길吉하다. (형화방의 담장과 건물은 좁고 낮게 하여야지, 높고 장대하게 하면 안 된다. 복덕방의 담장과 건물, 그리고 사람이 사는 곳은 웅장하고 튼튼하게 하여야 한다.[77])

又云, 刑禍之方縮復縮, 猶恐災殃枉[78]相逐. 福德之方拓復拓, 子子孫孫受榮樂.
(刑禍之方戒侵拓也. 不得太縮, 縮即氣不足, 不足則損財祿.
福德之方宜戒侵拓也. 亦不得太過, 太過即滅[79]福. 會至微不消, 厚福所臨也.
凡事足戒太過, 所侵拓之數, 過於本宅, 名曰太過.)[80]

한편, 형화방을 축소하면 축소할수록 오히려 재앙에 대한 두려움이 왜곡되어 이따금 꼬리를 물고 나타날 수 있다. 그것은 마치 복덕방을 넓히면 넓힐수록 자자손손 영락榮樂을 받을 수 있는 것과 같다. (형화방이 넓어져서 복덕방을 침해할 정도가 되는 것도 경계하여야 하지만, 너무 축소縮小하면 기부족氣不足이 되므로 재록財祿의 손실損失이 생길 수 있다. 복덕방도 넓혀서 형화방을 침범하는 것을 경계해야 한다. 이 또한 과하면 좋지 않다. 태과太過(지나침)는 복을 감소시킨다. 복은 지극히 미미하면서도 사라지지 않게 할 수 있어야 두터운 복이 있게 되는 것이다. 범사凡事에 만족滿足할 줄 알고 태과太過를 경계해야할 것이다. 형화방이든 복덕방이든 그 수數를 넓혀서 본택本宅[81]을 넘어선다면 그것이 바로 태과太過

---

76 이 주석은 『진체비서본』과 『사고전서본』에는 수록되어 있으나, 『설부본』과 『고금도서집성본』에는 없다.

77 복덕방이 사람이 거처하는 방위임을 제시한다.

78 왕옥덕, 앞의 책, 56쪽. '왕(枉)'을 '왕(往)'으로 봄.

79 『정통도장본』에는 '滅' 대신에 '戒'로 되어있는데 문맥상 오기로 판단됨.

80 이 주석은 『진체비서본』과 『사고전서본』에는 수록되어 있으나, 『설부본』과 『고금도서집성본』에는 없다.

81 넓히는 정도가 원래 있었던 집의 규모이상이 된다면 태과(太過)라고 본 것이다. 즉 한번에 2배 이상의 증축을 태과라고 본 것이다. 만일, 형화방과 복덕방을 한꺼번에 증축할 경우는 집 전체의 2배가 될 것이다. 형화방이나 복덕방의 일부분을 증축한다고 한다면, 본택(本宅)은 형화방의 사장(舍墻), 복덕방의 사장이 기준이 된다.

인 것이다.)

又云[82],
宅有五虛, 令人[83]貧耗
五實, 令人富貴.

집에는 오허五虛가 있는데 그 집에 사는 사람을 빈궁貧窮하고 소모消耗하게 만든다. 집에는 오실五實이 있는데, 사람을 부유富裕하고 귀貴하게 만든다.

宅大人少, 一虛.
宅門大內小, 二虛.
牆院不完, 三虛.
井竈不處, 四虛.
宅地多屋少庭院廣, 五虛.
宅小人多, 一實.
宅大門小, 二實.
牆院完全, 三實.
宅小六畜多, 四實.
宅水溝[84]東南流, 五實.

집이 큰데 그 안에 사는 사람이 적은 것이 일허一虛,
대문이 큰데 그 안이 작은 것이 이허二虛,
장원墻院이 불완전한 것이 삼허三虛,
우물과 부엌이 제자리에 있지 못한 것이 사허四虛,

82 云 : 敦煌本作, '云' 없음. 왕옥덕, 앞의 책, 57쪽 참조.
83 令人 = 使人, 사람으로 하여금 ~~하게 하다.
84 宅水溝 : 敦煌本作, '宅中水瀆'. 왕옥덕, 앞의 책, 58쪽 참조.

대지가 넓은 데 집이 작고 정원이 넓은 것이 오허五虛이다.

집이 작고 사람이 많은 것이 일실一實,

대문이 작은 것(반면에 집안이 넓은 것)이 이실二實,

담장이 완전한 것이 삼실三實,

집이 작고 육축이 많은 것이 사실四實,

집안의 물이 동남東南으로 흘러나가는 것이 오실五實이다.

又云, 宅乃漸昌, 勿棄宮堂, 不衰莫移, 故為受殃.
舍居就廣, 未必[85]有歡, 計口半造, 必得壽考. (宅不宜廣)
又云, 其田雖良, 薅鋤乃芳, 其宅雖善, 修移[86]乃昌.

또한, 집이 점점 번창하면 궁당宮堂(집)을 버리지 말 것이며, 쇠하지 않는데 굳이 옮기려고 하지 말아야 할 것이다. 이를 어기면 재앙을 받게 될 것이다.[87] 넓은 집에 곧 환희歡喜가 있다고 할 수 없다. 식구수食口數를 계산하여 그의 반半에 해당하는 정도로 방房의 수數로 집을 축조하면 반드시 장수長壽하게 될 것이다. (집이 넓다는 것이 마땅한 것은 아니다.) 또한 밭이 아무리 좋다고 해도 호서薅鋤(김매다)질을 해야 분방芬芳(꽃다운 좋은 향기)해지듯이, 집이 아무리 좋아도 수이修移(관리)해야 번창할 것이다.

《宅統》之宅墓以象 榮華之源. 得利者所作遂心, 失利者妄生反心.
墓凶宅吉, 子孫官祿.
墓吉宅凶, 子孫衣食不足.
墓宅俱吉, 子孫榮華.
墓宅俱凶, 子孫移鄉絕種, 先靈譴責, 地禍常併, 七世亡魂, 悲憂受苦, 子孫不立零落[88],

---

85 미필(未必) : 그럴 것 같지가 않다.
86 修移의 移는 여기서 이전하다는 것 보다는 변화시키고 관리하다는 의미로 본다.
87 음식점 장사가 잘 된다고 함부로 확장해서 이전하면 쇠락하는 경우가 이에 해당한다.
88 零落 : 시들어 떨어짐.

他鄕流轉如蓬, 客死河岸.

〈택통〉에서는 주택住宅과 묘墓의 상象이 영화榮華의 근원根源이라고 하였다. 그로 인하여 득리자得利者가 되면, 마음가는대로 일이 잘 풀릴 것이고, 실리자失利者가 되면, 인생이 허망虛妄하고 모든 일이 뜻대로 되지 않을 것이다. 묘흉墓凶에 택길宅吉이라면 그래도 다른 것은 몰라도 자손에게 관록官祿 정도는 있을 것이다. 묘길에 택흉이면 자손은 의식衣食이 부족한 삶을 살게 될 것이다. 묘택이 모두 길하면 당연히 자손은 영화를 누릴 것이다. 묘택이 모두 흉하면, 자손이 고향을 떠나고 후손이 끊기고, 선령이 나타나 책망하며, 지화地禍(터나 땅으로 인한 재앙)가 항상 따르게 된다. 칠세에 망혼亡魂이 들고 슬픔과 우려가 생기는 어려움에 봉착한다. 자손이 제대로 자립하지 못하고 시들어 떨어진다. 마치 쑥부쟁이처럼 타향을 전전하다가 강가나 바닷가에서 객사客死한다.

《青烏子》云,

其宅得墓, 二神漸護, 子孫祿位乃固.

得地得墓, 龍驤虎步, 物業滋川[89], 財集倉庫, 子孫忠孝, 天神祐助.

〈청오자〉에서 말하길, 길택吉宅이 득묘得墓하면 이신二神이 점차 보호保護하여 자손의 봉록俸祿과 지위地位가 견고堅固해진다. 득지득묘得地得墓는 용양호보龍驤虎步(용이 오르고 호랑이가 내닫다.)에 해당하니, 물업物業이 번창하고 재물이 창고로 모이고, 자손이 충효하며 천지신명天地神明이 도움을 준다는 것이다.

《子夏》[90]云,

墓有四奇(訣)[91],

商角二姓, 丙壬乙辛,

---

89 자천(滋川) : 번성(繁盛). 왕옥덕, 앞의 책, 62쪽 참조.

90 왕옥덕, 앞의 책, 63쪽. 《子夏》 卽 《子夏金門宅經》, 已佚.

91 『설부』와 『고금도서집성』에서는 기(奇) 대신에 결(訣)로 되어 있다.

宮羽徵三姓，甲庚丁癸.

得地得宮[92]，刺史王公，朱衣紫綬，世貴名雄.

得地失宮，有始無終，先人受苦，子孫當凶.

失地得宮，子孫不窮，雖無基業，衣食過充.

失地失宮，絕嗣無蹤，行求衣食，客死篙蓬.

〈자하子夏〉에서 언급하길, 묘지의 터잡기와 방위정하기에 있어서 사결四訣[93]이 있다. 상음商音·각음角音의 이성二姓은 병좌임향, 임좌병향壬坐丙向, 을좌신향, 신좌을향辛坐乙向을 하고, 궁宮·우羽·치徵의 음音에 해당하는 삼성三姓은 갑좌경향, 경좌갑향庚坐甲向, 정좌계향, 계좌정향癸坐丁向을 하는 것이다.

《子夏》云，

人因宅而立，宅因人得存，人宅相扶，感通天地，故不可獨信命也.

〈자하〉에서 말하길, 사람은 집에 의지하여 일어서고, 집은 사람이 관리해주니 존재한다. 이렇게 사람과 집이 상부상조相扶相助하니 천지가 감통感通한다. 그래서 사람이 명命만을 유일하게 믿는 것은 불가하다.[94]

3. 범수택차제법凡修宅次第法[95]

先修刑禍，後修福德即吉[96]；

先修福德，後修刑禍即凶.

---

92 득궁(得宮)은 여기서 제대로 된 방위를 얻은 것을 말한다.

93 여기서 사결은 득지득궁(得地得宮), 득지실궁(得地失宮), 실지득궁(失地得宮), 실지실궁(失地失宮)의 4가지를 말하는 것으로 판단된다.

94 《黃帝宅經·總論》，故不可獨信命也.

95 범수택차제법이란 집을 고치는 것에 대한 방법과 과정에 대한 법이다.

96 卽吉 : 敦煌本作，'吉'. 왕옥덕, 앞의 책, 67쪽.

(형화방과 복덕방에 수리할 것이 있다면), 형화방을 먼저 수리하고 그 후에 복덕방을 수리하는 것이 길하다. 복덕방을 먼저 수리하고 형화방을 수리하는 것은 흉하다.[97]

陰宅從巳起功順轉, 陽宅從亥起功順轉.[98]
刑禍方用一百工, 福德方用二百工壓之[99]即吉.

음택에서는 사巳(음룡머리)방위에서 기공起功하여 시계방향順轉으로 수리하고, 양택에서는 해亥(양룡머리)방위에서 기공하여 시계방향順轉으로 수리한다.[100] 형화방刑禍方에 100의 공력을 투입하였다면, 복덕방에 200의 공력을 투입한다. 그렇게 함으로서 형화방을 진압鎮壓한다면 길하다工力壓勝.

陽宅多修於外, 陰宅多修於內.

양택은 주로 집의 외부 면을 수리하고, 음택은 집의 내부 면을 수리한다.

或者取子午分陰陽之界, 誤將甚也.
此是二氣潛通, 運回之數, 不同八卦九宮分形列象, 配男女之位也.[101]
(冬至巳, 夏[102]至亥, 是陰陽起盛之極處不同, 聖人於地面上畫八卦, 列女男之宮. 宮者, 宅也. 巽爲長女, 屬陰, 乾爲天, 天爲陽明矣.)[103]

혹자는 자오선子午線을 집의 음양陰陽의 경계로 삼는데, 그것은 심각한 오류이다. 음양의 잠통潛通과 운회運回의 도道는 팔괘와 구궁의 분형열상分形列象(형태를 구분하여 나열한 형태)에 근거하여

---

97 길한 것은 복덕방, 흉한 것은 형화방이 감당한다고 할 때, 흉한 것을 먼저 정리하고 그 후에 길한 것을 극대화시키는 방법을 제시하는 것으로 판단된다.
98 陽宅~: 敦煌本作, 此句後有, '終而復初'. 왕옥덕, 앞의 책, 67쪽 참조.
99 壓之: 敦煌本作, 此句前有, '以上' 二字. 왕옥덕, 앞의 책, 67쪽 참조.
100 제1부 3장 〈그림 16 · 17〉 참조.
101 왕옥덕, 앞의 책, 70쪽: 陰陽二氣潛通, 運回之道, 不同于八卦九宮根據範式列象, 配以男女之位.
102 정통도장본에는 '夏' 대신에 '聖'으로 되어 있는데 문맥상 오기로 판단됨.
103 이 주석은 『진체비서본』과 『사고전서본』에는 수록되어 있으나, 『설부본』과 『고금도서집성본』에는 없다.

남녀를 배속하는데 각 술수마다 동일하지 않다. (동지는 사巳방위에서 일어나기 시작하고, 하지는 해亥방위에서 일어나기 시작하기 때문에 음양의 기운이 기성起盛(일어나는)하는 극처極處가 서로 같지 않다. 그래서 성인聖人이 지면에다 팔괘八卦를 그려 남녀의 궁宮을 열거하였다. 여기서 궁宮이라는 것이 바로 택宅인 것이다. 손괘巽卦(☴)는 장녀長女로 음陰에 속하고, 건乾(☰)은 하늘로서 바로 양명陽明인 것이다.)

其有長才深智, 敏物愛[104]生, 敬曉斯門, 其利[105]莫測.

음양구분의 이 법식을 잘 따르면, 재주가 많아지고 지혜가 깊어지며, 사물에 대한 영민한 감각이 생기고 생명을 사랑하게 될 것이다. 더욱이 이 부분을 인정하고 깨닫게 되면, 그에 따르는 이해관계가 엄청남을 알게 될 것이다.

且大犯即家破逃散, 小犯則失爵亡官.
其餘雜犯, 火光口舌, 跛蹇偏枯, 衰殃疾病等, 萬般皆有, 豈得輕之哉.

이것을 크게 범犯할 경우는 가파도산家破逃散하고, 작게 범犯할 경우 실작망관失爵亡官(관직을 잃고 망함)하게 될 것이다. 나머지 잡다한 부분을 범犯할 경우, 화재발생, 구설시비口舌是非, 편탄偏癱(중풍), 쇠퇴의 재앙이 있고 질병에 걸리는 등의 만반萬般의 일이 모두 있을 수 있는데, 어찌 이를 경솔하게 대할 수 있겠는가?

犯處遠而慢,[106] 即半年, 一年, 二年, 三年始發,
犯處近而緊,[107] 即七十五日, 四十五日,[108] 或不出月即發.

먼 곳을 범犯하면 재난은 태만怠慢(천천히)하게 일어나는데, 즉, (빠르면) 반년, 일년, 이년,

---

104 愛 : 敦煌本作, '憂'. 왕옥덕, 앞의 책, 69쪽 참조.
105 왕옥덕, 앞의 책, 69쪽 : 利, 利害關係.
106 犯處遠而慢 : 敦煌本作, '犯處遠', '而慢' 二字無. 왕옥덕, 앞의 책, 70쪽 참조.
107 犯處近而緊 : 敦煌本作, '犯處近', '而緊' 二字無. 왕옥덕, 앞의 책, 70쪽 참조.
108 卽七十五 : 敦煌本作, 或七十五. 왕옥덕, 앞의 책, 70쪽 참조.

(늦으면) 삼년에 일어나기 시작할 것이다. 가까운 곳을 범犯하면 재난은 긴밀緊密하게 일어나는데, 즉, 75일, 45일 또는 한 달(30일)을 넘기지 못하고 일어난다.[109]

若見此圖者, 自然悟會, 不問愚智[110].
福德自修, 災殃不犯, 官榮進達, 財食豊盈, 六畜獲安, 又歸天壽.

이 책에서 제시된 음·양택도陰·陽宅圖(제1부 03장, 제2부 01장 그림 1·2 참조)를 본 사람이라면, 불문우지不問愚智(어리석고 똑똑한 것에 관계없이)하고 누구나 자연스럽게 이 원리를 깨닫게 될 것이다. 복덕福德의 방위를 스스로 알아서 잘 수리를 한다면, 재앙이 침범하지 못하고, 관영진달官榮進達도 가능하고, 재식財食이 풍영豊盈하며, 육축六畜을 획득獲得하고 안정安定되며, 또한 천수天壽를 누릴 수 있을 것이다.

金玉之獻, 未足為珍, 利濟[111]之徒, 莫大[112]於此.
可以家藏一本, 用誡子孫, 秘而寶之, 可名[113]《宅鏡》.

금金과 옥玉을 받는다고 하더라도 진珍에 이르기에는 부족하며, 진짜 살아가는데 유익한 것으로 말하자면 이것보다 막대莫大한 것은 없다. 집에 한 본本씩 소장하여 자손들을 훈계訓戒시키고 비보秘寶로 할 만한 것이 바로 이것인데, 그래서 〈택경宅鏡(집을 비추어보는 거울)〉이라고 할 수 있는 것이다.

又《宅書》云, 拆故營新, 爻卜[114]相伏.
移南徙北, 陰陽交[115]分, 是和陰陽者氣也.[116]

---

109 시간좌표와 공간좌표의 비례적 관련성을 드러냄.
110 智 : 敦煌本作, '師'. 왕옥덕, 앞의 책, 71쪽 참조.
111 왕옥덕, 앞의 책, 71쪽 : 利濟, 有益于事.
112 大 : 敦煌本作, '過'. 왕옥덕, 앞의 책, 71쪽 참조.
113 可名 : 敦煌本作, '可名云耳'. 왕옥덕, 앞의 책, 72쪽 참조.
114 爻卜 : 敦煌本作, '爻卦'. 왕옥덕, 앞의 책, 73쪽 참조.
115 交 : 敦煌本作, '災'. 왕옥덕, 앞의 책, 73쪽 참조.
116 왕옥덕, 앞의 책, 73쪽 : 調和陰陽的是氣.

逐人得變, 吉凶者化也.
隨事能興, 故天地運轉無窮.[117]

〈택서〉에 따르면, "옛 것을 철거하고 새로 건축할 때에는 효爻와 점대筮(서)가 서로 일치해야한다. 이남사북移南徙北할 때에는 음양교분陰陽交分해야 하는데, 그것이 바로 화음양자기和陰陽者氣라는 것이다. 사람이 이를 좇아 음양의 변화를 미리 읽어낼 수 있다면, 길을 흉으로, 흉을 길로 변화시킬 수가 있는 것이다. 어떤 일을 능히 흥하게 할 수 있는 이유는 천지의 운행運行과 전환轉換이 무궁無窮하기 때문이다."

人畜鬼神, 變化何準.
《搜神記》云 : 精靈鬼魅, 皆化為人.
或有人自相感變[118]為妖[119]怪, 亦如異性之木[120], 接續而生, 根苗雖殊, 異味相雜.
形礙之物, 尚隨變通, 陰陽虛無, 豈為常定.
是知宅[121]非宅氣, 由移來[122]以變之.[123]

사람과 가축, 귀鬼와 신神이 변화하는 것은 무엇을 표준標準으로 하는가? 〈수신기搜神記〉에 따르면 "정령精靈과 귀매鬼魅(도깨비)는 모두 사람으로 화化할 수 있다. 혹은 사람이 스스로 상감相感하여 요괴妖怪로 변할 수도 있다. 또한 서로 다른 성질의 나무를 접붙여서 한 나무로 함께 살게 할 수도 있다. 이는 비록 근묘根苗(뿌리새싹)가 특수特殊하고 원래 다른 맛이었지만 서로 교잡交雜하여 새로운 과실의 맛을 만들어낼 수 있는 것이다. 형形(모양)에 구애拘礙(제한)를 받는 여러 대상물들도 이렇게 오히려 쉽게 변통變通하곤 하는데, 허무虛無(손에 잡히지 않는)

---

117 왕옥덕, 앞의 책, 73쪽 : 一定要 "隨事能興", 這樣才可能適應天地之間的無窮運轉.
118 왕옥덕, 앞의 책, 74쪽 : 感變, 感通變化.
119 『진체비서본』에서는 祆(재앙)으로 되어 있다.
120 『진체비서본』에는 '木'을 '不'로 표기하고 있는데 오기이다.
121 宅 : 敦煌本作, '定'. 왕옥덕, 앞의 책, 74쪽 참조.
122 移來 : 敦煌本作, '移來相數'. 왕옥덕, 앞의 책, 74쪽 참조.
123 왕옥덕, 앞의 책, 74쪽 : 形狀不同的東西, 可以隨着事物而變化, 虛無的陰陽, 怎麼可能有常規的定式! 由此可知宅沒有宅氣, 是由移來之氣而變化的.

의 음양陰陽(여기서는 음양기운)이 어떻게 상정常定(항상 고정됨)할 수가 있겠는가? 고정된 사물 그 자체로서 택宅이 바로 그 택기宅氣가 아닌 것이다. 그 택기宅氣는 이래移來(여기서는 動線)로 인하여 변하는 것이다."[124]

又云, 宅以形勢爲身體[125], 以泉水為血脈, 以土地為皮肉, 以草[126]木為毛髮.
以舍屋為衣服, 以門戶為冠帶, 若得如斯, 是事儼雅,[127] 乃為上吉.

또 말하길, "택宅의 형形과 세勢를 사람의 신身과 체體라고 한다면, 집의 샘물泉은 혈맥血脈과 같으며, 토지土地는 피부皮膚와 근육筋肉이며, 초목草木은 모발毛髮이다. 사舍와 옥屋은 사람에게 의衣와 복服이며, 문門과 호戶는 관冠과 대帶이다. 만일 이와 같이 엄아儼雅(엄숙하고 아담)하게 잘 이루어지면 상길上吉의 집이라고 할 수 있는 것이다."

《三元經》云, 地善即苗茂, 宅吉即人榮.
又云, 人之福者, 喻如美貌之人, 宅之吉者, 如醜陋之子得好衣裳, 神彩尤添一半.
若命薄宅惡, 即如醜人更又衣弊, 如何堪也.[128]
故人之居宅, 大須慎擇.

〈삼원경三元經〉에서 말하길, "지선地善(땅이 좋으면)하면 묘무苗茂(초목이 무성)하고, 택길宅吉(집이 길하면)이면 인영人榮(사람이 번영)이다. 또 말하길, 인지복자人之福者라고 하는 것은 미모지인美貌之人에 비유되고, 택지길자宅之吉者라는 것은 추누지자醜陋之子(추하고 비루한 자)라고 하더라도 좋은 의상衣裳을 얻어서 신채神彩(표정)가 우첨일반尤添一半(50%가 더 좋아짐)한 것에 비유된다. 만일, 박명薄命한 자가

---

124 왕옥덕의 견해는 '이래(移來)'를 '외부이래적기(外部而來的氣)'라고 해석하였으나 여기서는 집 안팎의 동선(動線)으로 본다. 묘지풍수에서는 거의 거론되지 않았던 동선의 기운이 건축풍수에서 매우 중요하게 다루어지는 것으로 본다는 것이다.

125 身體 : 敦煌本作, '骨體'. 왕옥덕, 앞의 책, 75쪽 참조.

126 설부에서는 '草' 대신에 '艸'로 되어 있다.

127 왕옥덕, 앞의 책, 75쪽 : 儼雅, 規範而典雅.

128 宅之吉~ : 敦煌本作, '宅之吉者, 如上好衣服. 既有美質, 更服羅紈, 如有福之人居宅吉也. 若簿命之人居其宅, 優如丑陋之子.' 왕옥덕, 앞의 책, 78쪽 참조.

험한 집에 거처하는 것은 추인醜人이 의폐衣弊(낡은 옷)를 걸친 것과 같으니 어찌 감당堪當하리오. 따라서 인지거택人之居宅은 대수신택大須愼擇(매우 신중하게 선택)해야 하는 것이다."

又云, 修來路卽無不吉, 犯抵路未嘗安[129].
假如近從東來, 入此宅住後更修拓西方, 名抵路, 却修拓東方, 名來路.
餘方移轉, 及上官往來,[130] 不計遠近, 準此為例.

또 말하길, "내로來路(지나온 길)를 수리하는 것이 불길하다고 할 수 없지만, 저로抵路(맞닥뜨린 길)를 범犯하면 편안하다고 할 수 없다. 가령, 근종동래近從東來(동쪽에서 오다)로 이집에 들어와서 거주하다가 수탁서방修拓西方(서방을 수리하고 넓힘)하였다면 그것이 저로抵路(들어온 맞은 편 부분)를 수리한 것이 된다. 만일 각수탁동방却修拓東方(동방을 깎아내고 수리하여 넓힘)하였다면, 내로來路(들어온 부분)를 수리한 것이 된다.[131] 여타의 방위로 이전移轉하거나 상관上官(주택주인)이 왕래往來하는 것은 원근遠近에 관계없이 위의 사례에 따라 판단하면 된다."

凡人婚嫁, 買莊田六畜, 致瑩域, 上官求利等, 悉宜向宅福德方往來, 久久吉慶.
若為刑禍方往來, 久久不利.

또, "혼가婚嫁(婚事), 장전莊田이나 육축六畜을 매입買入하는 일, 선영先瑩을 다스리는 일, 상관上官(집주인)이 이익을 구하러가는 일 등에 있어서, 모두 의당宜當 향택向宅인 복덕방福德方으로 왕래往來를 해야 구구길경久久吉慶할 것이다. 만일 형화방刑禍方으로 왕래往來하면 구구불리久久不利할 것이다."[132]

---

129 왕옥덕, 앞의 책, 77쪽: 未嘗安, 편안하다고 할 수 없다.

130 왕옥덕, 앞의 책, 78쪽: 其他方向的變化, 以及住宅主人的往來.

131 집안의 중심에서 나침반을 놓고 판단할 때, 이사 오기 전에 머물렀던 방위가 내로(來路), 그것의 맞은편의 방위가 저로(抵路)가 된다. 내로(자기가 들어온 길)를 수리하는 것은 가능하지만, 괜히 그 맞은편의 방위인 저로(아직 가지 않은 길)는 손대지 말라는 의미이다. 내로와 저로는 처음 이사 온 동선방위와 수리관계, 복덕방과 형화방은 집에 안착한 후 왕래하는 동선관계로 파악된다.

132 길한 일을 보러 왕래할 때는 향방위인 복덕방으로 다니고, 흉한 일을 보러 왕래할 때는 좌방위인 형화방으로 다닌다는 원칙.

又忌龜頭廳, 在午地向北衝堂, 名曰凶亭, 有稍高豎屋亦不利.

또한, "귀두청龜頭廳을 기피忌避하는데, 그것이 남쪽에 자리하고 있어서 북쪽의 당堂을 충衝하는 것을 말하며, 이름하여 흉정凶亭이라고 한다. 초고수옥稍高豎屋이 있으면 또한 불리不利하다."[133]

訣云, 龜頭午, 必易主. 亦云, 妨主諸院有之, 亦不吉.
凡宅午巳東巽巳[134]來有高樓大榭, 皆不利, 宜去之吉.

결訣에서 말하길, "귀두龜頭가 남쪽으로 되어 있으면 반드시 집주인이 바뀔 수 있고, 또 말하길, 방주妨主(집주인을 방해하는)하는 제원諸院(주변의 여러 건물)이 있는 것도 또한 불길하다. 집의 오사午巳, 동손東巽방위에 고루대사高樓大榭가 있으면 모두 불리하니, 의당 제거해야 길하다."

又云, 凡欲修造動治, 須避四王神, 亦名帝車, 帝輅, 帝舍.
假如春三月, 東方為青帝木王[135], 寅為車, 卯為輅, 辰為舍, 即是正月, 二月, 三月不得東.

또한 이르길, "수조동치修造動治(수조와 동토를 다스림)하자고 한다면, 필히 사왕신四王神을 피해야 한다. 이름하여 제거帝車, 제로帝輅, 제사帝舍를 피해야한다. 가령 춘삼월이라면 동방東方이 청제목왕青帝木王을 위한 것으로, 인寅이 제거帝車, 묘卯가 제로帝輅, 진辰이 제사帝舍가 된다. 그래서 정월, 이월, 삼월에 수조동치修造動治를 하고자 한다면 동쪽을 얻을[손 댈] 수가 없는 것이다."[136]

《戶經》曰, 犯帝車殺父. 犯帝輅殺母. 犯帝舍殺子孫.
夏及秋冬三個月仿此為忌.

〈호경戶經〉에서 말하길, "제거帝車를 범犯하면 아버지가 죽고, 제로帝輅를 범犯하면 어머니

---

133 자기 집이 귀두청형식이거나 주변의 건물이 귀두청이거나 모두 흉하게 본다.
134 문맥상 사(巳)가 아니라 이(已)로 보고, 그래서 방위는 동손(東巽)으로 본다.
135 왕옥덕, 앞의 책, 80쪽 : 中國古代神話中的五天帝之一, 是位于東方的司春之神, 又偁蒼帝, 木帝.
136 1~3월까지는 동쪽을 건드리지 않는다는 의미이다.

가 죽으며, 제사帝舍를 범犯하면 자손이 죽는다. 이하 하추동夏秋冬에 대해서는 삼개월三個月 단위로 이와 같이 꺼리는 것을 적용하면 된다.”

又云, 每年有十二月, 每月有生氣死氣之位.
但修月生氣之位者, 福來. 集月生氣與天道, 月德合, 其吉, 路犯月死氣之位, 為有凶災.

또 말하길, “매년 12개월이 있는데, 매월에 생기生氣와 사기死氣의 방위가 정해져 있다. 단지 수월修月(수리하는 달)의 생기生氣 방위는 복이 들어오는 방위이다. 생기生氣, 천도天道, 월덕月德은 모두 길하다. 수리하는 해당 월에 24로路 중의 사기死氣방위를 범犯하면 흉재凶災가 있을 수 있다.” (1부 02장 <표 1> 생기사기, 천월덕, 사왕신 일람표 참조)

正月生氣在子癸, 死氣在午丁 ;
二月生氣在丑艮, 死氣在未坤 ;
三月生氣在寅甲, 死氣在申庚 ;
四月生氣在卯乙, 死氣在酉辛 ;
五月生氣在辰巽, 死氣在戌乾 ;
六月生氣在巳丙, 死氣在亥壬 ;
七月生氣在午丁, 死氣在子癸 ;
八月生氣在未坤, 死氣在丑艮 ;
九月生氣在申庚, 死氣在寅甲 ;
十月生氣在酉辛, 死氣在卯乙 ;
十一月生氣在戌乾, 死氣在辰巽 ;
十二月生氣在亥壬, 死氣在巳丙.

정월正月(1월)의 생기生氣는 자계子癸, 사기死氣는 오정午丁방위에 있다. 이월二月의 생기는 축간丑艮, 사기는 미곤未坤에 있다. 삼월三月의 생기는 인갑寅甲, 사기는 신경申庚에 있다. 사월四月의 생기는 묘을卯乙, 사기는 유신酉辛에 있다. 오월五月의 생기는 진손辰巽, 사기는 술건戌乾에 있다. 유월六月의 생기는 사병巳丙, 사기는 해임亥壬에 있다. 칠월七月의 생기는 오정午丁, 사기는 자계子癸에 있다. 팔월八月의 생기는 미곤未坤, 사기는 축간丑艮에 있다. 구월九月의 생기는 신경申庚, 사기는 인갑寅甲에 있다. 시월十月의 생기는 유신酉辛, 사기는 묘을卯乙에 있다. 십일월十一月의 생기는 술건戌乾, 사기는 진손辰巽에 있다. 십이월十二月의 생기는 해임亥壬, 사기는 사병巳丙에 있다.(이상 제1부 02장 <표1> 생기사기, 천월덕, 사왕신 일람표 참조)

03

택경권하宅經卷下

1. 양택도설陽宅圖說[1]

凡修築垣墻, 建造宅宇, 土氣所衝之方, 人家即有災殃, 宜依法禳之.

수축원장修築垣墻(담장을 고치고, 설치하는 일)을 하거나, 건조택우建造宅宇(집을 짓는 일)할 시에 토기소충지방土氣所衝之方(토기가 충하는 방위)에서 인가人家를 향하여 재앙災殃이 일어날 수 있으니, 의당宜當 법식法式에 의거하여 양재禳災(제사를 지내 일어날 재앙을 소멸시킴)를 해야 한다.

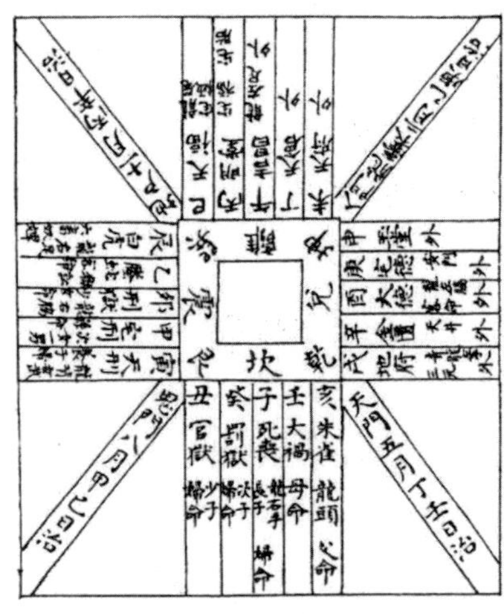

〈그림 1〉 양택도(陽宅圖)
出處 : 文淵閣四庫全書

正月土氣衝丁未方,
二月坤, 三月壬亥, 四月辛戌,
五月乾, 六月寅甲, 七月癸丑, 八月艮,

1 『사고전서본』에서는 양택도설(陽宅圖說)이라는 제목으로 구분하지 않았으나 『고금도서집성본』에 양택도, 도설로 구분하고 있으므로 본 책에서 구분하기 쉽게 제목을 붙임.

九月丙巳, 十月辰乙, 十一月巽, 十二月申庚.
已上圖無[2], 不精詳但細看之必有災咎.[3]

정월正月의 토기소충지방土氣所衝之方은 정미방丁未方이다. 이월二月은 곤방坤方이다. 삼월三月은 임해방壬亥方이다. 사월四月은 신술방辛戌方이다. 오월五月은 건방乾方이다. 육월六月은 인갑방寅甲方이다. 칠월七月은 계축방癸丑方이다. 팔월八月은 간방艮方이다. 구월九月은 병사방丙巳方이다. 십월十月은 진을방辰乙方이다. 십일월은 손방巽方이다. 십이월은 신경방申庚方이다. 이상 그림으로 설명되지 않아 정밀하고 상세하지는 않지만, (해당월과 해당방위에 대해) 자세히 살펴보면 필히 (해당하는) 재구災咎(재난과 근심거리)가 있음을 알게 될 것이다.

(*乾)天門陽首, 宜平穩實, 不宜絕高壯, 犯之損家長, 大病頭項等災.
(五月丁壬日修吉. 北方不用壬子 丁巳日)

천문天門(乾)은 양수陽首(陰極陽首)로서 의당宜當 평온실平穩實(평온하고 내실)해야지, 절고장絕高壯(끊어지고 높고 장대)하면 마땅하지 않다. 여기를 범犯하면 가장을 잃고, 머리와 목구멍에 큰 병을 얻는 재앙이 있을 수 있다. (오월五月 정일丁日 · 임일壬日에 수리하면 길하다. 북방北方은 불용不用의 원칙에 의거하여 임자일壬子日과 정사일丁巳日에 수리하지 않는다.)[4]

亥為朱雀、龍頭、父命座, 犯者害命坐[5]人.
(三月丁壬日修)

---

2 『사고전서본』에는 '已下圖無'로 되어 있고 『정통도장본』에는 '已上無'로 되어 있어서 본 글에서는 문맥상 '已上圖無'(이상 그림이 없어서)로 하였다.

3 한편, 『진체비서본』에는 '已上無(圖)不精詳但細看之必有災咎'로 되어 있어서 '圖'가 탈자(脫字)가 되었고, 『사고전서본』에서는 '已上'을 '已下'로 오기(誤記)한 것으로 보인다.

4 건방(乾方, 天門)은 오월(五月) 정임일(丁壬日)에 수리하면 길하다고 하고, 집의 북방은 임자일(壬子日)과 정사일(丁巳日)에 수리하지 않는다고 하였다. 건(乾), 간(艮), 손(巽)에 대해서 길일과 금기일을 표기하고 있는데, 그 원리를 알기는 어렵다. 다만, 제1부 2장 '〈그림6－오성불용의 원칙〉'에서 보듯이 시계방향의 다음방위가 불용방위가 된다. 건에서는 북방불용, 간에서는 동방불용, 손에서는 남방불용, 곤에서는 언급이 없지만 서방불용으로 볼 수 있다는 것이다.

5 『사고전서본』에서 명좌(命座)를 말할 때 좌(座, 명사)로도 쓰고 좌(坐, 동사)로도 쓴 것을 알 수 있다.

해亥방위는 주작朱雀, 용두龍頭, 부명좌父命坐인데, 이를 범犯하면 부명좌인父命坐人에게 해롭다. (삼월三月의 정일丁日 · 임일壬日에는 수리할 수 있다.)

壬為大禍, 母命, 犯之害命坐人, 有飛災[6], 口舌.
(修已亥同[7])

임壬방위는 대화大禍, 모명母命이다. 이를 범犯하면 모명좌인母命坐人에게 해롭다. 예상하지 못한 비재飛災가 있을 수 있다. (수리일은 해방위와 동일하게 적용한다.)

子為死喪, 龍右手, 長子, 婦命座, 犯之害命坐人, 失魂傷目、水災口舌.
(修已壬同)

자子방위는 사상死喪, 용우수龍右手, 장자長子, 장자부長子婦의 명命에 해당하는 좌坐이다. 이를 범하면 장자長子와 부명좌인婦命坐人이 실혼상목失魂傷目, 수재구설水災口舌의 해를 입을 수 있다. (수리는 임壬방위와 동일하게 적용할 수 있다.)

癸為罰獄、勾陳, 次子婦命座, 犯之害命坐人, 口舌鬪訟等災.
(七月丁壬日修, 三月亦通, 宮羽姓不宜三月, 七月即吉日)

계癸방위는 벌옥罰獄, 구진勾陳, 차자부명좌次子婦命座이다. 이를 범犯하면 차자次子와 부명좌인婦命坐人이 구설口舌과 투송鬪訟 등의 재난에 시달릴 수 있다. (칠월七月 정일丁日 임일壬日에 수리할 수 있다. 삼월三月에도 역시 같은 날 수리할 수 있다. 궁우성宮羽姓은 삼월三月에는 마땅하지 아니하고, 칠월七月의 길일吉日에는 가능하다.)

---

6 왕옥덕, 앞의 책, 97쪽 : 意想不到的橫禍.

7 원문에는 '수사임동(修巳壬同)'으로 되어 있으나 문맥상 '수이해동(修已亥同)'으로 본다. 바로 앞의 방위와 동일하게 한다는 의미로 이(已)를 쓴 것인데 '사(巳)'는 오기로 보인다. 이하 같다. 다른 방위에 대한 설명 문장에서는 이(已, 이미) 대신에 여(與, ~과)라고 하였다. 안거금경에서는 동일방위의 설명에서 그렇게 사용하고 있으므로 이(已)와 여(與)는 같은 의미로 보아도 될 것이다.

丑為官[8]獄, 少子婦命座, 犯之鬼魁盜賊火光怪異等災.
修已癸同.

축丑방위는 관옥官獄, 소자부명좌少子婦命座이다. 이를 범犯하면 귀매鬼魅, 도적盜賊, 화광火光 등의 괴이怪異한 재난에 시달릴 수 있다. (수리하는 것은 계癸방위와 동일하게 적용할 수 있다.)

(*艮)鬼門, 宅壅, 氣缺薄空荒吉, 犯之偏枯淋腫等災.
(八月甲己日修吉, 東方不用[9] 甲子 己巳日)

귀문鬼門(艮방위)은 택옹宅壅이다. 귀문鬼門방위의 기氣는 결박공황缺薄空荒(비워두고 두텁지 않게)한 것이 길하다. 이를 범하면 편고偏枯(중풍)와 임종淋腫 등의 병에 걸리는 재난이 닥칠 수 있다.(팔월八月 갑일甲日, 기일己日 수리하면 길吉, 동방불용東方不用의 원칙에 의거 갑자일甲子日, 기사일己巳日은 사용하지 않는다.)

寅為天刑、龍背、玄武, 庶養子婦長女命座, 犯之傷胎繫獄[10]、被盜亡敗等災.
(六月甲己日修, 角姓六月凶, 十一月吉)

인寅방위는 천형天刑, 용배龍背, 현무玄武, 서양자부庶養子婦와 장녀長女의 명좌命座이다. 이를 범犯하면 상태傷胎(태아가 다침)하거나 체포되어 감옥으로 가며, 도적을 만나 망신패가亡身敗家할 수 있다. (유월六月 갑일甲日 기일己日 수리가 가능하다. 각성角姓은 유월六月은 흉하고, 십일월十一月의 길일吉日에 수리가 가능하다.)

甲為宅刑[11], 次女孫男等命座, 犯之害命座人、家長病頭項諸傷折等災. (修與寅同)

갑甲방위는 택형宅刑, 차녀손남등명좌次女孫男等命座이다. 범犯할 경우 명좌에 해당하는 차

---

8 『설부본』과 『장통도경본』에서는 '官' 대신에 '縣'으로 되어 있다.
9 『정통도장본』에서 '東方不用' 대신에 '東卯日用'으로 되어 있으나 문맥상 오기로 판단된다.
10 왕옥덕, 앞의 책, 111쪽: 繫獄, 被抓進監獄 체포되어 감옥으로 가다.
11 『정통도장본』과 『설부본』에서 '刑' 대신 '形'으로 되어 있는데 오기로 보인다.

녀, 손남孫男 등에게 해롭다. 또한 가장家長의 머리와 목구멍에 병이 생기며, 신체적 손상損傷과 골절骨折 등의 재난災難이 일어날 수 있다. (수리일은 인寅방위의 경우와 같다.)

卯龍右脅、刑獄, 少女孫命座, 犯之害命坐人, 火光氣滿、刑傷失魂. (修與寅同)

묘卯방위는 용우협龍右脅, 형옥刑獄, 소녀손명좌少女孫命座이다. 범犯할 경우 소녀명좌인에게 해롭고 화광기만火光氣滿(火災)하고 형상실혼刑傷失魂의 재앙이 있다.(수리일은 인寅방위의 경우에 따른다.)

乙騰蛇, 訟獄, 客命座, 犯之害命坐人、妖怪、死喪, 口舌.
(十月巳日修吉, 惟宜, 屋低小, 仍不得重)

을乙방위는 등사騰蛇, 송옥訟獄, 객명좌客命座이다. 범犯하면 객명좌가 해를 입는다. 요괴妖怪, 사상死喪, 구설口舌에 휘말린다. (십월十月 기일己日에 수리할 수 있다. 다만, 의당 옥저소屋低小(낮고 작게)해야 하고 옥득중屋得重하게 하면 안 된다.)

辰為白虎, 龍右足, 主訟獄, 奴婢六畜命座, 犯之驚傷, 跛蹇[12]、筋急[13]等災, 亦主驚恐.
(修與乙同)

진辰방위는 백호白虎, 용우족龍右足, 주인의 송옥訟獄(訟事에 의한 옥살이)에 관계하며 노비육축명좌奴婢六畜命座이다. 범犯하면 명좌命座가 놀래고, 상처를 입게 되며, 절름발이, 급성근육경련의 재난을 입으며, 주인도 놀래고 공포에 질리게 될 수 있다. (수리는 을乙방위의 경우와 동일한 날 가능하다.)

(*巽)風門宜平缺, 名福首, 背枯向榮二宅, 五姓八宅, 並不宜高壯壅塞, 亦陽極陰首[14].
(十一月丙辛日修吉, 南方不用丙子至辛巳日)

12　跛蹇 : 절름발이.
13　왕옥덕, 앞의 책, 110쪽 : 筋急, 筋節突然疼痛.
14　『정통도장본』과 『설부본』에서는 '陽極陰首' 대신에 '陽極陰'으로 되어 있는데 '首'의 탈자이다.

풍문風門(巽방위)은 의당 평결平缺(평평하게 비워둠)해야 하고, 복수福首라고 부른다. 배고향영背枯向榮(쇠퇴하는 것을 뒤로하고 번영을 앞으로)의 이택二宅과 오성팔택五姓八宅의 법식에 의한 집은 모두 고장高壯하거나 옹색壅塞해서도 안 된다. 여기는 양극음수陽極陰首의 방위이다. (십일월十一月의 병일丙日과 신일辛日에 수리하면 길하다. 다만, 집의 남쪽 방위는 불용의 원칙에 따라 병자일丙子日과 신사일辛巳日에 공사를 하면 아니 된다.)

巳天福、宅屋, 亦名宅極[15]. 經曰：欲得職, 治宅極, 宜壯實, 修改吉.
(九月丙辛修, 唯用功多良)(*龍尾)

사巳방위는 천복天福, 택옥宅屋, 또는 택극宅極이라고 한다. 경經에서 말하길, 관직官職을 얻고 싶으면 택극宅極을 다듬되, 의당宜當 장실壯實하게 고치면 길하다. (구월九月 병일丙日, 신일辛日에 수리修理할 수 있으며, 그때는 용공다用功多(공 들임)하더라도 양호良好하다.)

丙明堂、宅福, 安門牛倉等舍.
經云, 治明堂, 加官益祿大吉祥, 合家快活不可當.
(修巳巳同)

병丙방위는 명당明堂, 택복宅福이라 한다. 안문安門, 우축사牛畜舍, 창고倉庫 등의 사舍를 두기에 적합하다. 경經에 따르면, “명당明堂을 잘 다듬으면, 가관加官(昇進), 익록益祿(연봉상승)의 대길상大吉祥이 되어 합가合家의 쾌활快活의 정도가 불가당不可當(감당할 수 없음)할 정도로 좋다.”고 하였다. (수리일은 사巳방위와 동일하다.)

午吉昌之地, 龍左足.
經云, 治吉昌, 奴婢成行六畜良.
宜平實, 忌高及龜頭廳.
(修與巳同)

---

15 왕옥덕, 앞의 책, 114쪽：巳是龍尾之位, 故稱宅極.

오午방위는 길창지지吉昌之地이며, 용좌족龍左足에 속한다. 경經에서 말하길 “길창吉昌방위를 잘 다듬으면 노비奴婢가 성행成行하고 육축六畜이 양호良好하다. 길창방위는 의당 평실平實해야 하고, 높거나高 귀두청龜頭廳이 있는 것을 기피한다.”고 하였다. (수리일은 사巳방위와 동일하게 한다.)

丁天倉. 經云[16], 財耗亡, 治天倉, 宜倉庫、六畜, 壯厚高拓吉.
(正月丙辛日修, 用功多大吉)[17]

정丁방위는 천창天倉에 속한다. 경에서 말하길 재모망財耗亡(재물이 소모되어 없어짐)일 때, 천창天倉을 다듬어야 한다. 의당 창고倉庫, 육축六畜은 장후고탁壯厚高하게拓(넓히면)하면 길하다. (정월正月 병일丙日, 신일辛日에 수리하면 길하다. 용공다用功多하면 대길大吉이다.)

未天府, 高樓大舍, 牛羊奴婢居之, 大孳息, 倉厠利.
(修與丁同)

미未방위는 천부天府에 속하며, 고루高樓, 대사大舍가 가능하다. 우양牛羊이나 노비奴婢가 거처하면 대자식大孳息(크게 번식)하고, 창고倉庫나 측간厠間을 두면 이롭다. (수리일은 정丁방위와 같다.)

(*坤)人門龍腸, 宜置牛馬廐, 其位欲開拓壅厚, 亦名福囊, 重而兼實, 大吉.
(二月乙庚日修)

곤坤방위는 인문人門으로 용장龍腸에 속한다. 의당宜當 우마구牛馬廐(마굿간)을 설치한다. 이 방위는 개탁옹후開拓壅厚하고 싶어지는데 이름하여 복낭福囊이라고 하며, 중이겸실重而兼實(두텁고 실하게)하면 대길大吉이다. (이월二月 을일乙日, 경일庚日에 수리할 수 있다.)

---

16 『정통도장본』에서 ‘經云’ 대신에 ‘經曰’로 되어 있다.
17 『설부』와 『고금도서집성』에서는 ‘用功多大吉’이 없다.

申玉堂, 置牛馬屋, 主寶貝金玉之事, 壯實開拓, 吉.
經曰, 治玉堂, 財錢橫來, 六畜肥強.

신申방위는 옥당玉堂에 속하고, 우마옥牛馬屋을 설치하는 것이 좋다. 이 쪽 방위는 보패금옥寶貝金玉과 관련된 일을 주관主管한다. 경에서 말하길, 옥당을 잘 다듬으면 재전財錢(재물과 금전)의 횡재橫財를 하고, 육축비강六畜肥強을 이룰 수 있다. (다른 방위와 다르게 어느 날에 수리하는 것이 좋다는 언급이 없음)

庚宅德、安門, 宜置車屋雞栖碓磑, 吉甚.[18]
宜開拓連接, 壯闊淨潔吉.
(修與申同)

경庚방위는 택덕宅德, 안문安門에 속한다. 의당 거옥車屋, 계서鷄棲(가금류), 대애碓磑(디딜방아, 맷돌)를 놓으면 길하다. 의당宜當 개탁開拓하고 연접장활連接壯闊하고 정결淨潔하게 하는 것이 길하다. (수리일은 신申방위와 동일하게 한다.)

酉大德, 龍左脅, 客舍, 吉.
經曰, 治大德, 富貴資財成萬億, 亦名宅德, 宜宅主.
(修與申同)

유酉방위는 대덕大德에 속하고 용좌협龍左脇에 해당한다. 객사客舍를 두면 길하다. 경에서 말하길, 대덕大德의 방위를 잘 다스리면 부귀자재성만억富貴資財成萬億(부귀를 만억에 이르게)할 수 있다. 택덕宅德이라고 한다. 그래서 의당 택주宅主가 거처하는 방위로도 좋다. (수리일은 신申방위와 동일하게 한다.)

辛金匱天井, 宜置門及高樓大屋.
經曰, 治金匱, 大富貴, 宜財, 百事吉.

---

18 『설부』와 『고금도서집성』에서는 '甚'이 없다.

(四月乙庚日修 大吉)

신辛방위는 금궤金匱, 천정天井에 속한다. 의당宜當 문을 두거나 고루대옥高樓大屋을 두어야 한다. 경왈, 치금궤治金匱하면 대부귀大富貴할 것이다. 의당 재물이 모이고 백사百事가 길吉이다. (사월四月 을일乙日, 경일庚日에 수리하면 좋다.)

地府(*戌), 青龍左手, 主三元. 宜 子孫, 恒令清淨[19], 吉.
經曰, 青龍壯高, 富貴雄豪.

술戌방위는 지부地府이며, 청룡좌수青龍左手에 속하며, 삼원三元을 주관한다. 의당宜當 자손들에게 항령恒令하여 청결清潔하게 하면 길하다. 경왈, "청룡장고青龍壯高하면 부귀상승富貴上昇하고 영웅호걸英雄豪傑이 난다."[20]고 하였다.

外巽之位, 宜作園池竹箄, 設有舍屋, 宜平而簿.

외손지위外巽之位는 의당 원지園池와 죽단竹箄을 만들고, 사옥舍屋을 설치하되 의당 평정平整하고 단박單簿(단출)하게 한다.[21]

外天德(*巳)及玉堂(*申)之位, 宜開拓侵修, 令壯實,[22] 大吉.
經曰, 福德之方拓複拓, 子子孫孫受榮樂. 唯不得高樓重舍.

외천덕外天德 내지 옥당지위玉堂之位의 신경유申庚酉는 의당 개탁침수開拓侵修하고 장실壯實하게 하면 대길大吉이다. 경왈, 복덕지방福德之方을 탁복탁拓複拓(계속 넓히다)하면, 자자손손子子孫孫이 수영락受榮樂한다. 하지만, 그렇다고 하더라도 고루중사高樓重舍하게 하면 안된다.

---

19 『설부』와 『고금도서집성본』에서는 '清淨'이 '清潔'로 되어 있다.

20 술방위의 수리일에 대한 언급이 없다.

21 외부 부분의 수리일에 대한 언급은 없다.

22 왕옥덕, 앞의 책, 124쪽 : 개탁침수(開拓侵修) 영장실(令壯實) : 最好擴展開來臨近着修, 使其高大結實.

外天倉(*丁)與天府(*未)之位，不厭[23]高壯樓舍，安門倉庫牛舍及奴婢車屋，並大吉.
(南方宜侵拓吉)[24]

외천창外天倉(丁)과 외천부지위外天府之位(未)는 고장루사高壯樓舍(높고 장대함)를 꺼리지 않는다. 안문安門[25], 창고倉庫, 우사牛舍 내지는 노비奴婢의 거처, 차옥車屋 등을 두는 것이 길하다. (남방南方은 의당 침탁侵拓(넓히다)하면 길하다.)

外龍腹(*坤)之位，與內院並同，安牛馬牢廠，亦名福囊，宜廣厚實，吉.
外坤宜置馬廄，吉.
安重滯之物及高樓等，並大吉.

외룡복지위外龍腹之位(坤)는 내원內院의 방위와 동일하게 우마牛馬와 뇌창牢廠(가축우리)을 안치한다. 또한 복랑福囊이라고도 하는데, 의당 광후실廣厚實하게 하면 길하다. 외곤外坤에는 의당 마구馬廄를 설치하면 길하다. 무겁고 움직이기 어려운 물건과 고루高樓 등을 안치하는 것도 역시 길하다.[26]

外玉堂(*申)之院，宜作崇堂及郎君孫幼等院，吉.
客廳即有公客來，若高壯侵拓及有大樹重屋等，招金玉寶帛，主印綬，喜.

외옥당지원外玉堂之院(申)에는 의당宜當 숭당崇堂 내지는 낭군손유등원郎君孫幼等院(아이들 교육장)을 두는 것이 길하다. 객청客廳은 즉 공객公客이 오는 곳으로써 만일 고장침탁高壯侵拓내지는 대수중옥등大樹重屋等으로 한다면 금옥보백金玉寶帛을 부를 것이고, 인수印綬를 주관主管하여 기쁘게 될 것이다.

---

23 불염(不厭), 꺼리지 않다.
24 이 주석은 『진체비서본』과 『사고전서본』에는 수록되어 있으나, 『설부본』과 『고금도서집성본』에는 없다.
25 여기서 안문(安門)은 문을 설치, 안치할 수 있다는 뜻으로 해석한다.
26 곤방위가 노모 즉 부인의 자리인데 특히 외곤에 대해서는 첩(妾)의 자리로 보고 이해한다면 무겁고 움직이기 어려운 정적(靜的)인 것을 두라는 의미로 해석할 수 있다.

外大德宅(*庚・酉)位，宜開拓勤修泥，令新淨，吉.
及作音樂飲會之事，吉.
宜子孫婦女等院，出貴人，增財富貴，德望遐振.

외대덕택위外大德宅位(庚酉)는 의당宜當 개탁근수니開拓勤修泥(진흙으로 된 부분을 부지런히 손보다)하고 신정新淨(새로운 진흙 바르기)하면 길하다. 또한 음악식음회音樂食飲會를 하면 길하다. 의당宜當 자손부녀子孫婦女의 원院(마당, 교육장)을 만들면 출귀인出貴人하고 증재부귀增財富貴하고 덕망德望이 널리 미치게 될 것이다.

外金匱(*辛)、青龍兩位，宜作庫藏倉窖，吉.
高樓大舍，宜財帛，又宜子孫出豪貴，婚連帝戚，常令清淨，連接藂[27]林，花木藹密.

외금궤外金匱(辛) 즉, 청룡양위青龍兩位(청룡의 양쪽)에는 의당 고장창교庫藏倉窖(창고류)를 만들면 길하다. 고루대사高樓大舍하면 의당 재백財帛이 모이고 또한 자손 중에 호걸豪傑과 귀인貴人이 나타나며 황제의 인척과 혼삿길이 열린다. 상령청결常令清潔하고 연접총림連接藂林하고 화목花木애밀藹密(촘촘히)[28]하게 하라.

27 총(叢)과 같은 의미이다.
28 화목알밀(花木藹密)에서 '애(藹)'는 '알(藹)'로도 읽는다.

2. 음택도설陰宅圖說

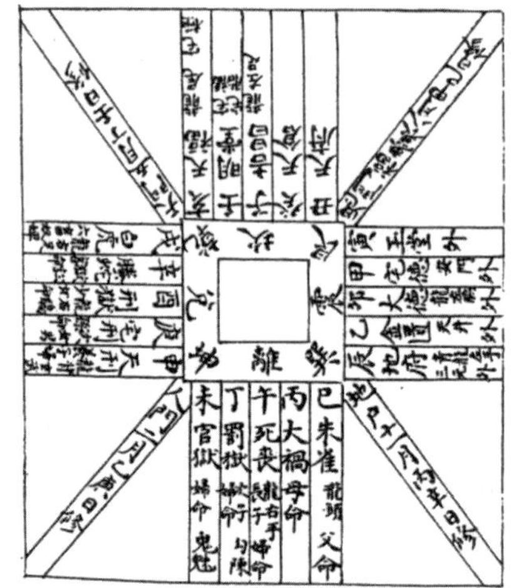

그림 2. 음택도(陰宅圖)
出處. 文淵閣四庫全書

乾天門, 陰極陽首, 亦名背枯向榮.[29]
其位舍屋連接長遠, 高壯闊實, 吉.
(五月丁壬日修吉, 北方不用壬子丁巳日)

건乾방위는 천문天門에 속하고, 음극양수陰極陽首로서 배고향영背枯向榮이라고 부르기도 한다. 이쪽 방위의 사옥舍屋은 연접장원連接長遠하고 고장활실高壯闊實하게 하는 것이 길하다. (오월 정일丁日 · 임일壬日에 수리修理하는 것이 길吉하고, 다만, 북방불용北方不用의 원칙에 따라 임자일壬子日, 정사일丁巳日은 피한다.[30])

亥為天福龍尾, 宜置猪欄, 亦名宅極.
經云, 欲得職, 治宅極. 宜開拓吉[31].
(亥, 東三月丁壬日修吉, 宮羽姓即七月吉)

해亥방위는 천복天福에 속하며 용미龍尾로서, 의당宜當 저란猪欄(돼지우리)을 배치한다. 또한 이르기를 택극宅極이라고도 한다. 경에서 말하길, 득직得職하고 싶을 때, 택극宅極을 다듬고 의당 개탁開拓하면 길하다. (해亥방위는 동삼월東三月[32]의 정일丁日 · 임일壬日에 수리하면 길하다. 집주인이 궁우성宮羽姓에 해당할 경우에 칠월이 길하다.)

壬宅福、明堂, 宜置高樓大舍, 常令清淨及集學經史,[33]

---

29 背枯向榮 : 雖然在陰的一邊, 但朝向却是興盛的一邊, 換言之, 乾的方向是坐陰向陽. 왕옥덕, 앞의 책, 133-134쪽 참조.

30 『양택』에서 마찬가지로 임자일, 정사일에 북방을 수리하지 않는다고 언급하였다.

31 『사고전서』에만 '宜開拓極'으로 되어 있는데, 다른 본에서는 모두 '척극'이 아니라 '拓吉'로 되어 있다.

32 동삼월(東三月)은 춘삼월(春三月)과 같은 의미로 본다.

33 왕옥덕, 앞의 책, 135쪽 : '集學經史' 可能是唐代以前的 一種說法. 所謂經, 主要指經典, 所謂史, 指歷史書籍, 所謂集, 指文集, 側重文學方面的書籍.

亦名印綬宮[34], 宜財祿.
(大吉修與亥同)

임壬방위는 택복宅福에 해당하면서, 명당明堂에 속한다. 의당宜當 고루대사高樓大舍를 배치하고 항상 청정淸淨하게 한다. 집학경사集學經史의 보관소書室를 배치한다. 이 방위는 또 인수궁印授宮이라 부르기도 하는데, 의당 재록財祿과 관련이 있다. (대길이다. 수리일은 해亥방위와 동일하게 적용한다.)

子吉昌, 龍左足, 宜置牛屋.
經云[35], 奴婢成行六畜良. 平實, 吉.
(修與亥同)

자子방위는 길창吉昌에 속하며, 용좌족龍左足이며, 의당宜當 우옥牛屋을 배치하는 것이 길하다. 경에서 말하길, 평실平實하게 하면, 길한데, 노비奴婢가 성행成行하고 육축六畜이 양호하게 된다. (수리일은 해亥방위의 기준과 동일하다.)

癸天倉, 立門戶客舍箄厠[36], 吉.
經云, 財耗亡, 治天倉.
安六畜, 開拓高厚.
(七月丁壬日修吉)

계癸 방위는 천창天倉에 속하며, 문호門戶(통로), 객사客舍, 단측箄厠을 설치하면 길하다. 경에서 말하길, "재물이 모망耗亡(소모하고 망함)할 경우 천창天倉을 수리하면 육축六畜이 안정된다. 개탁고후開拓高厚한 것이 좋다."고 하였다. (수리일을 칠월七月 정일丁日, 임일壬日로 하면 길하다.)

---

34 왕옥덕, 앞의 책, 135쪽 : 인수궁(印綬宮), 一種絲質帶子, 古代常用來拴在印紐上,《史記, 范睢蔡澤列傳》: "懷黃金之印, 結紫綬于要".

35 『정통도장본』에서 '經云' 대신에 '經曰'로 되어 있다.

36 왕옥덕, 앞의 책, 135쪽 : 附屬的建築物, 如倉庫, 厠所.

丑天府, 高樓大舍, 牛羊奴婢居之, 大孳息, 倉厠並吉.
(修與癸同)

축丑방위는 천부天府에 속하며, 고루高樓, 대사大舍의 건축이 가능하다. 우양牛羊이나 노비奴婢가 거처하면 대자식大孳息(크게 번식)하고, 창고倉庫나 측간厠間을 두는 것이 이롭다. (수리일은 계癸방위와 같다.)

艮鬼門龍腹、福囊[37], 宜厚實重, 吉,
缺薄即貧窮.
(八月甲己日修吉[38], 東方不用甲子日)

간艮 방위는 귀문鬼門에 속하며, 용복龍腹 · 복랑福囊이며, 의당宜當 후실중厚實重하게 하면 길吉하다. 이 방위를 결박缺薄하게 하면 빈궁貧窮하게 된다. (팔월八月의 갑일甲日, 기일己日에 수리하면 길하다. 다만, 동방불용東方不用의 원칙에 따라 갑자일甲子日은 수리하지 않는다.)

寅玉堂, 宜置車牛舍, 主寶貝金玉之事, 宜開拓.
經曰, 治玉堂, 錢財橫至, 六畜肥強. 大吉.
(六月甲己日修吉)

인寅방위는 옥당玉堂에 속하며, 의당宜當 거사車舍나 우사牛舍를 배치한다. 주로 보패금옥寶貝金玉의 일이 있을 때 이 쪽 방위를 개탁開拓한다. 경에서 말하길, "옥당玉堂을 다듬으면 전재횡지錢財橫至하고 육축비강六畜肥强하여 대길大吉이다."라고 하였다. (유월六月 갑일甲日, 기일己日에 수리하면 길하다.)

甲宅德[39]、安門, 宜置碓磑, 開拓連接壯觀, 吉.

---

37 『정통도장본』에는 '福囊' 대신에 '德囊'으로 되어 있는데 오기로 판단된다.
38 『정통도장본』에서는 '修吉' 대신에 '修日'로 되어있는데, 오기로 판단된다.
39 『진체비서』와 『사고전서』 원문에는 '득(得)'으로 되어 있으나, 『설부』와 『고금도서집성본』에서와 같이 문맥상 '덕(德)'이 옳은 것으로 판단된다.

清淨, 災殃自消.

(修與寅同)

갑甲방위는 택덕宅德에 속하며, 문門을 안치安置하고, 의당 디딜방아碓磑를 설치한다. 개탁開拓하여 연접장관連接壯觀하게 하면 길하다. 청정清淨하게 하면 재앙자소災殃自消(재앙이 스스로 소멸할 것)할 것이다. (수리일의 기준은 인寅방위의 경우와 동일하게 적용한다.)

卯大德, 龍脅、客舍.

經曰, 治大德, 富貴財成萬億.

亦名宅主, 主有德望.

(修已寅同)

묘卯방위는 대덕大德에 속하며 용협龍脅으로 객사客舍를 두는 것이 좋다. 경에서 말하길, "대덕大德을 다듬으면 부귀재富貴財가 만억萬億이 될 것이다."고 하였다. 또 다른 이름으로는 택주宅主로서 집주인의 거처를 두기에 적합하고 주로 집주인의 덕망德望과 관련이 있다. (수리일 기준은 인寅방위와 동일하게 한다.)

乙金匱、天井, 宜置高樓大舍, 常令清淨, 勤修泥, 尤增喜慶.

(卯巳南十月修.)

을乙방위는 금궤金匱에 속하며, 천정天井이라고 한다. 의당宜當 고루대사高樓大舍를 둔다. 항상 청정하게 유지하고 정성을 들여 흙벽을 수리하면 희경사喜慶事가 우증尤增(겹쳐서 일어난다)한다. (묘방위와 사방위사이의 남쪽방위 즉, 24로상의 을乙, 진辰, 손巽(11월 수리)의 방위는 10월에 수리하는 것이 좋다.)

辰地府, 青龍左手、三元, 宜子孫, 當宜清淨.

經曰, 青龍壯高, 富貴雄豪

(修已乙同)[40]

진辰방위는 지부地府로서, 청룡좌수青龍左手에 해당하며, 삼원三元이라 한다. 의당宜當, 자손

子孫의 거처로 삼는다. 그래서 의당 항상 청정淸淨하게 하여야 한다. 경에서 말하길, "청룡장고靑龍壯高하면 부귀富貴와 영웅英雄과 호걸豪傑이 난다."고 하였다. (수리일의 기준은 을乙방위와 동일하다.)

巽風宜平穩, 不宜壅塞, 亦名陽極陰前, 背榮向枯,[41] 宜空缺通疎, 大吉.
(十一月丙辛日修吉. 南方不用丙子吉[42])

손巽방위는 의당 평온平穩해야 하고, 옹색壅塞한 것은 옳지 않다. 또한 이르길 양극음전陽極陰前(양이 다하고 음이 다가오다)이라고 부른다. 배영향고背榮向枯(꽃피우기를 다하고 시들음)하며 의당宜當 공결空缺하고 통소通疎(통하고 트임)하게 만들면 대길大吉이다.[43] (십일월十一月 병일丙日, 신일辛日에 수리하면 길하다. 남방불용南方不用의 원칙에 따라 병자일丙子日에 수리하지 않는다.)

巳朱雀、龍頭、父命座, 不宜置井, 犯害命坐人、口舌飛禍、吐血顚狂、蛇畜作怪.
(巳酉九月丙辛日修吉,[44] 至午地, 徵音並忌, 正三四月吉)

사巳방위는 주작朱雀에 속하며, 용두龍頭이다. 부명父命의 좌座로서 우물을 이 방위에 배치하는 것은 적합하지 않다. 이를 범犯할 경우 명좌인命坐人에게 해롭다. 구설口舌이 화禍로 비화하고 토혈전광吐血癲狂하며 뱀이랑 가축의 괴이한 행동을 보게 된다. (사巳에서 유酉까지 구월酉九月(秋九月) 병일丙日, 신일辛日 수리하는 것이 길하다. 오지午地(오방위)와 마찬가지로 치음성徵音姓의 집주인은 정삼사월正三四月이 길하다.)

丙大禍, 母命, 不宜置門, 犯之害命坐人、飛禍口舌.
(修與巳同)

---

40 『정통도장본』과 『진체비서본』에서는 乙同을 一同으로 되어있는데 오기로 판단된다.
41 왕옥덕, 앞의 책, 135쪽 : 배영향고(背榮向枯), 地戶與天門相對, 天門是背枯向榮, 而地戶是背榮向枯.
42 '南方不用丙子吉'은 병자일과 신사일에 수리하지 않는다는 원칙을 적용하는 것이 길하다는 것이다.
43 사합원에서 공결소통의 의미로서 출입문을 두거나 물빠짐의 통로로 사용하는 근거가 된 것 같다.
44 이 주석은 『정통도장본』, 『진체비서본』, 『사고전서본』에는 수록되어 있으나, 『설부』와 『고금도서집성본』에는 '修吉'이하의 주석 부분은 없다.

병丙방위는 대화大禍이다. 모명母命의 좌座이다. 그 쪽에 문을 설치하는 것은 부당하다. 이를 범犯할 경우 해당 명인命人과 종인從人에게 해롭다. 구설口舌로 인해 화禍를 입을 수 있다. (수리일의 기준은 사巳방위와 동일하다.)

午為死喪, 長子婦命座, 犯之害命坐人、失魂傷目、心痛、火光口舌、龍右手, 筋急.
(修與巳同)

오午방위는 사상死喪이다. 용우수龍右手에 해당하며, 장자長子와 장자부長子婦의 명좌命座이다. 이를 범犯할 경우[45] 명좌인命座人에게 해롭다. 실혼상목失魂傷目하고 심통心通과 화광구설火光口舌, 근급筋急(급성 근육통)을 당할 수 있다. (수리일의 기준은 사巳방위와 동일하다.)

丁罰獄、勾陳, 次子婦命, 犯之坐人、口舌鬪訟瘡病等災.
(午日兩用[46]正月丙辛日修吉[47], 未地五姓並吉)

정丁 방위는 벌옥罰獄에 속하며, 구진勾陳이다. 차자次子와 차자부次子婦의 명좌命座이다. 범犯할 경우 명좌인命座人에게 해롭다. 구설口舌, 투송鬪訟, 창병瘡病 등의 재화災禍가 있을 것이다. (오일午日과 더불어 정월正月 병일丙日, 신일辛日에 수리하면 길하다. 이 수리일은 미未방위와 함께 오성五姓에 대해서 모두 길하다.)

未為官[48]獄, 少子婦命座, 犯之害命坐人、
鬼魅、火瘡、霹靂、盜賊、刀兵、流血、六畜傷死、家破逃散.

---

45 무엇을 범하는 것인지에 대한 언급이 없는데, 사방위와 동일한 내용 외에도 사왕신방 등의 금기사항의 모든 것을 포함한다. 이하 막연히 범한다는 것도 동일한 의미이다.

46 원문은 '오일서용(午日西用)'으로 되어 있다. 오기(誤記)일 가능성이 있다. '오일(午日)'은 갑오, 병오, 무오, 경오, 임오를 의미하고, '서용(西用)'이 아니라 '양용(兩用)'으로 더불어 병일, 신일을 함께 적용할 수 있음을 말하는 것으로 보았다.

47 이 주석은 『진체비서』와 『사고전서』에는 수록되어 있으나, 『설부』와 『고금도서집성본』에는 '修吉' 이하의 주석 부분은 없다.

48 『정통도장본』, 『설부본』, 『고금도서집성본』에는 '官' 대신 '縣'으로 되어 있다.

(修與丁同)

미未 방위는 관옥官獄에 속하며, 소자少子와 소자부少子婦의 명좌命座에 해당하며, 이를 범犯할 경우 해당 명좌인命座人이 해害를 입는다. 귀매鬼魅 · 화창火瘡 · 벽력霹靂(맑은 하늘 날벼락)을 겪고, 도적盜賊 · 도병刀兵을 만나 유혈流血 · 육축상사六畜傷死가 있고 가파도산家破逃散을 당한다. (수리일의 기준은 정丁방위와 동일하게 한다.)

坤人門, 女命座,
不宜置馬廏, 犯之偏枯淋腫等.
此地宜荒缺低薄, 吉.
二月乙庚日修.

곤坤방위는 인문人門이며, 여명좌女命座에 해당한다. (이쪽으로) 마구간馬廏를 두는 것은 합당하지 않다. 이를 범犯하면 편고偏枯와 임종淋腫에 걸린다. 이쪽 방위는 의당 황결저박荒缺低薄하게 하는 것이 길하다. (이월二月 을일乙日, 경일庚日에 수리하는 것이 길하다.)

申天刑、龍背、庶子婦長女命座, 犯之失魂病脅, 刑傷、牢獄、氣滿、火怪.
(申北十二月乙庚修至酉吉[49], 商姓十二月凶, 四月吉)

신申방위는 천형天刑에 속하며, 용배龍背(용의 등)에 해당한다. 서자庶子와 서자부庶子婦, 장녀長女의 명좌命座에 해당한다. 이를 범犯할 경우 형상刑傷, 뇌옥牢獄 · 기만氣滿 · 화괴火怪가 생긴다. (신申 방위는 북십이월北十二月(冬十二月)의 을일乙日, 경일庚日에 수리하는 것이 길하다. 이는 유酉방위와 동일하게 적용한다. 다만, 상성商姓의 경우에 십이월十二月에 수리하는 것은 흉凶하고, 사월四月에 하는 것이 길吉하다.)

---

49 이 주석은 『진체비서』와 『사고전서』에는 수록되어 있으나, 『설부』와 『고금도서집성본』에는 '酉吉'이하의 주석 부분은 없다.

庚宅刑, 次女長孫命座, 不宜置門,
犯之害命坐人、病右脅、口舌、傷殘損墜.
(修與甲同)

경庚방위는 택형宅刑에 속한다. 차녀次女, 장손長孫의 명좌命座에 해당한다. 이쪽 방위에 문門을 설치하는 것은 합당하지 않다. 이를 범犯하면 해당 명좌인에게 해롭다. 병우협病右脇, 구설口舌, 상잔손추傷殘損墜(장애자가 되고 낙상)의 피해가 있다. (수리기준은 갑甲방위와 동일하다.)

酉刑獄、龍右脅, 少女孫命座人, 犯者害命坐人、失魂, 刑獄、氣滿, 火怪.
(修與申同)

유酉 방위는 용우협龍右脅에 해당한다. 소녀少女, 손자孫子의 명좌命座이다. 이를 범犯하면 명좌인에게 해롭다. 실혼失魂, 형옥刑獄, 기만氣滿, 화괴火怪의 해를 입는다. (수리는 신申방위와 동일하게 적용한다.)

辛為螣蛇訟獄, 客命, 犯之害命坐人、口舌妖怪、死喪災起.
(酉北至戌, 四月乙庚日修)

신辛 방위는 등사螣蛇에 속하며 송옥訟獄이다. 이 방위는 객명客命이다. 이를 범犯할 경우 명좌인命坐人이 해를 입는다. 구설口舌, 요괴妖怪 · 사상死喪의 재해災害가 일어난다. (유酉 방위에서 북으로 술방위까지 사월 을일乙日, 경일庚日에 수리하면 길하다.)

戌白虎、獄訟、龍右足, 奴婢六畜命座, 犯之足踸, 跛蹇、偏枯, 筋急.
(修與辛同[50], 從乾順行至戌, 一週二十四路)

술戌방위는 백호白虎에 속하며, 옥송獄訟 · 용우족龍右足에 해당한다. 노비奴婢, 육축六畜의 명좌命座이다. 이를 범犯하면 족기足踸, 파건跛蹇 · 편고偏枯, 근급筋急의 해를 당한다. (수리일의

50 이 주석은 『진체비서』와 『사고전서』에는 수록되어 있으나, 『설부』와 『고금도서집성본』에는 '辛同'이하의 주석 부분은 없다.

기준은 신辛 방위와 같다. 건乾에서 순행順行(시계방향)하여 술戌에 이르기까지 이렇게 일주一周하면 이십사로二十四路가 된다.[51)]

外乾院, 與同院修造開拓, 令壯實, 高岡陵大樹, 並吉.
宜家長延壽, 子孫榮祿不絕, 光映門族, 乾地廣闊.

외건원外乾院(건방위의 바깥 마당)은 수조개탁修造開拓할 때에 내동원內同院(안마당)의 경우처럼 장실壯實하고, 고강릉대수高岡陵大樹(언덕을 만들고 큰 나무를 심음)로 꾸미면 아울러 길하다並吉. 그렇게 되면 의당 가장연수家長延壽하고 자손영록불절子孫榮祿不絕이 보장된다. 광영문족光映門族이 되려면 건乾방위를 광활廣闊하게 하라.

外亥, 天福與宅極之鄉, 宜置大舍, 位次重疊, 深遠濃厚吉.
與宅福、明堂相連接壯實, 子孫聰明昌盛, 科名印綬大富貴.

외해外亥 방위는 천복天福과 택극宅極의 고향古鄉으로 마땅히 대사大舍를 배치할 수 있다. 이쪽 방위를 중루심원농후重疊深遠濃厚하게 하면 길吉하다. 택복宅福 · 명당明堂의 임壬방위처럼 상연접장실相連接壯實하게 하면 자손총명창성子孫聰明昌盛할 것이며 과명인수대부귀科名印綬大富貴하게 될 것이다.

外天倉(*癸), 宜高樓重舍, 倉稟庫藏, 奴婢六畜等舍, 大孳息, 宜財帛五穀.
其位高潔開拓, 吉.

외계外癸방위는 천창天倉이니 의당 고루중사高樓重舍하고, 창품고장倉稟庫藏(창고), 노비육축奴婢六畜 등의 사옥舍屋을 배치할 수 있다. 그렇게 되면, 재백오곡財帛五穀 대자식大孳息(불리다)할 수 있다. 이쪽 방위를 고결개탁高潔開拓(높고 청결하고 넓게)하면 길吉하다.

---

51 《黃帝宅經 · 陰宅圖說－주석》, (修與辛同, 從乾順行至戌, 一週二十四路).

外天府(*丑), 宜闊壯, 子孫婦女居之, 大吉.
亦名富貴飽溢之地, 遷職喜, 萬般悉有矣.

외축外丑방위는 천부天府이니 마땅히 활장闊壯하고, 자손부녀子孫婦女의 거처로 하면 크게 길하다. 또한 이름하여 부귀포일富貴飽溢(부귀가 넘치는)의 방위라고 한다. 천직遷職(직장을 옮김)을 하여도 기쁘고喜, 모든 일이 좋다.

絕上, 外龍腹(*艮)、福囊[52]之位, 宜壅實如山, 吉.
遠近連接, 大樹長岡不厭, 開拓, 吉.
若低缺無屋舍, 即貧薄不安.

절상絕上은 외간外艮방위로 외용복外龍腹 · 복랑福囊의 방위이다. 의당 옹실壅實하기를 산山과 같이 하면 길吉하다. 원근연접遠近連接하고, 대수장강大樹長岡하는 것을 꺼리지 않는다. 개탁開拓하면 길吉하다. 만약萬若 이 방위가 저결무옥사低缺無屋舍(낮고 건물이 없음)하면, 빈박불안貧薄不安(가난과 불안)하게 된다.

外玉堂(*寅), 宜子婦, 即富貴榮華, 子孫興達, 其位雄壯, 即官職昇藤, 位至臺省, 寶帛金玉不少, 若陷缺荒殘, 即受貧薄, 流移他地.

외인外寅방위는 외옥당外玉堂이다. 의당 자부子婦의 명좌이다. 즉 부귀영화富貴榮華, 자손흥원子孫興遠하는 자리이다. 이쪽 방위를 웅장雄壯하게 하면 관직승등官職升騰하여 그 지위가 대성臺省에 이르고, 보백금옥寶帛金玉이 적지 않다不少. 만약萬若, 함결황잔陷缺荒殘하면, 빈박貧薄하게 되며 유이타지流移他地(타향의 유랑민이 됨)하게 된다.

外宅德(*甲), 宜作學習道藝, 功巧立成, 亦得名聞千里, 四方來慕, 亦為師統, 子孫居之, 有信懷才, 抱義壯勇無雙.

외갑外甲방위는 외택덕外宅德으로 의당 학습도예學習道藝에 관여하여, 공교입성功巧立成(능력이

---

52 『정통도장본』에는 '囊'이 脫字되어 있다.

수준에 도달)하게 하고 명문名聞이 천리千里에 떨쳐 사방래모四方來慕(사방에서 몰려들어)하여 역시 사통師統(학문의 맥)을 잇게 된다. 자손이 거처하면 유신회재有信懷才(신뢰와 재능이 있음)하고 포의장용抱義壯勇(의리와 용기를 가짐)한 것이 무쌍無雙(최고)이다.

外天德(*卯)、金匱(*乙)、青龍(*辰), 此三神並宜濃厚實, 大舍高樓, 或有客廳.
卿相[53]遊宴, 過往一家, 富貴豪盛, 須賴三神, 尤宜開拓.
若冷薄荒缺敗陷, 即貧窮也.

외천덕外天德(外卯), 외금궤外金匱(外乙) · 외청룡外青龍(外辰)의 삼신三神 방위에는 모두 의당 농후실濃厚實하고 대사고루大舍高樓를 둘 수 있다. 혹 객청客廳을 두고 경상유연卿相遊宴(귀한 분을 위한 연회를 베풂)하고 과왕일가過往一家(방문)하게 한다면, 부귀호성富貴豪盛할 수 있다. 필히 삼신三神을 믿고 우의개탁尤宜開拓(넓힘)하라. 만약, 이쪽 방위가 냉박황결패함冷薄荒缺敗陷(소홀함)하면 빈궁貧窮하게 될 것이다.

外青龍(*辰), 不厭清潔, 焚香設座, 延迓[54]賓朋, 高道奇人, 自然而至, 安井及水瀆, 甚吉.

외청룡外青龍(外辰)은 청결한 것을 꺼리지 않으니 분향焚香을 할 자리를 설치하고, 연아빈붕延迓賓朋(손님과 친구를 초청하여 맞이함)하면, 고도기인高道奇人이 자연 도래할 것이다. 우물과 수독水瀆을 이쪽 방위에 설치하면 심길甚吉(아주 길함)이다.(끝)

53 왕옥덕, 앞의 책, 141쪽 : 경상(卿相), 汎指古代在朝廷中的高官.
54 왕옥덕, 앞의 책, 142쪽 : 아(迓), 迎接. 《左傳 · 成公十三年》 : "迓晉侯于新宮."

부록

『안거금경』의 음·양택도

『속수사고전서續修四庫全書』에 수록되어 있는 「안거금경安居金鏡」의 그림을 바탕으로 양택도과 음택도를 다시 그려보았다. 「안거금경」이 『황제택경』을 바탕으로 작성된 것이라고 볼 때 문제가 되는 것이 몇 가지가 있다. 첫째, 음택과 양택의 구분선이 약간 다르다는 것이다. 진辰방위가 『황제택경』에서는 분명 양택에 속한 것이었는데, 「안거금경」에서는 음룡陰龍(그림 참조) 즉 음택의 방위로 표현되고 있다. 술戌방위의 경우(그림 참조)는 그 반대로 표현되고 있다. 필자의 생각으로는 안거금경에서 잘못판단하고 있는 것으로 본다. 하지만 원전에 충실하게 복원한다는 의미에서 「안거금경」에서 구분한대로 진좌술향辰坐戌向을 음택에 술좌진향戌坐辰向을 양택으로 구분하여 작성하였다는 것을 밝혀둔다.

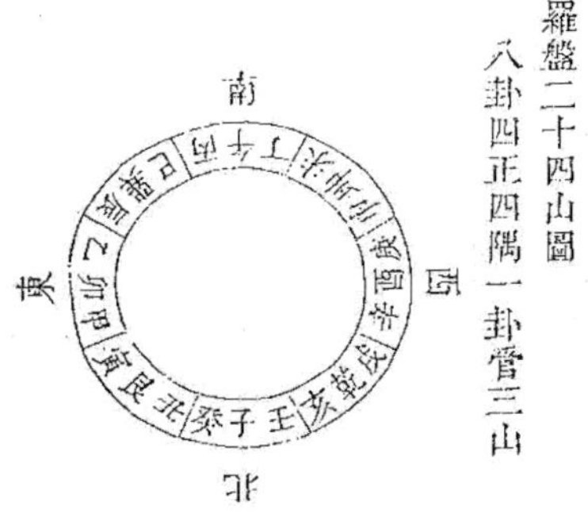

그림1. 일괘관삼산(一卦管三山)
출처. 안거금경, 권4, 16b.

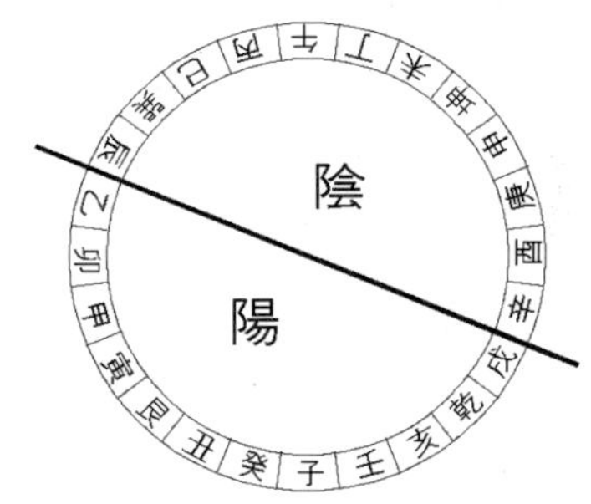

그림2. 안거금경의 논리에 따라 재작성한 음택, 양택의 구분
안거금경의 오류로 판단된다. 출처. 필자작성.

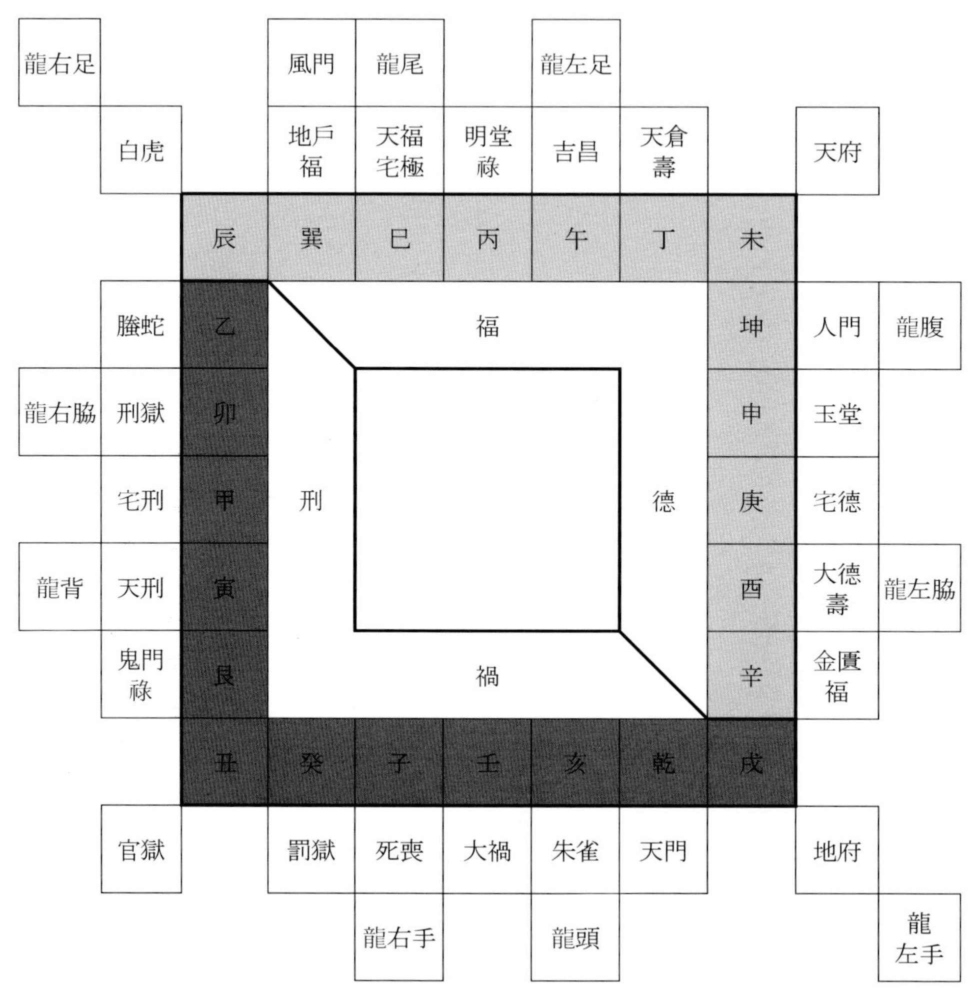

그림3. 양택도
坐壬向丙 : 水宅

坐壬向丙 東四宅 陽龍陰向 水宜左到右(放丁方吉)

水宅宜沈而忌露 水宜淺而不宜生旺 旺則出遊蕩人亦主他鄕死

陽宅開門放水(宜丁乙方 忌辰巽坤方) 陰地來水左到右吉 右到左凶

內盤丙壬兼巳亥 外盤巳亥兼壬丙 分金(坐丁亥向丁巳)

分界七亥三壬(度坐室向翌)[1]

內盤壬丙兼子午 外盤壬丙兼亥巳 分金(坐辛亥向辛巳)

分界三亥七壬(度坐危向張)

임좌병향의 동사택으로 양룡음향이다. 물은 마땅히 좌수도우左水到右이어야 하고 정丁방위로 내보는 것이 길하다. 수택水宅(임좌의 집)[2]은 의당 깊이가 있어야지 외부로 쉽게 노출되는 형식이면 안된다. 하지만, 물은 의당 얕아야하고 생왕生旺한 것은 좋지 못하다. 왕旺(왕성)하다는 것은 유탕인遊蕩人을 배출하고 집주인이 타향사他鄕死 한다. 양택개문방수는 의당 정방과 을향으로 하고 진, 손, 곤방은 기피한다. 음지陰地[3]에서 래수는 좌도우수하는 것이 길하고 우도좌수하는 것은 흉하다. 내반內盤(인반중침)으로 병임丙壬이 사해巳亥와 겸兼[4]하는 경우, 외반外盤(천반봉침)이 사해巳亥와 임병壬丙을 겸하는 경우 분금[5]으로 정해좌丁亥坐에 정사향丁巳向로 한다. 분계로는 7해3임[6]으로 도度로는 실좌익향室坐翌向이 될 것이다. 내반이 임병과 자오를 겸하고, 외반이 임병과 해사를 겸하는 경우 분금은 신해辛亥좌에 신사辛巳향을 한다. 분계로는 3해7임으로 하고, 도度로는 위좌장향危坐張向을 한다.

---

1 28수 중의 특정각도.

2 팔괘오행으로 구분하여 목화토금수의 택(宅)이 결정된다. 24방위 중 임자계(壬子癸)는 감괘(坎卦)에 해당되므로 감수(坎水)로서 수택(水宅)이 된다.

3 음지(陰地)는 양택(陽宅, 산사람의 집)에 대한 대비로써 '묘지'를 의미하는 것으로 보인다.

4 여기서 겸(兼)의 의미는 나침반 상의 경계선에 걸칠 경우를 말한다.

5 분금은 120분금을 말한다.

6 외반상으로 임해방위(30도)를 10으로 볼 때 7을 임방위로 3을 해방위로 한다는 의미인데, 결국 해방위 쪽으로 치우친 분계가 된다. 그렇게 되면 해방위 15도 중에 3/5에 해당하는 것만 해방위로 본다는 뜻이다. 임방위가 3×7=21도, 해방위가 3×3=9도로 분계가 된다.

風門			龍尾		龍左足					龍腹
	地戶 福		天福 宅極	明堂 祿	吉昌	天倉 壽	天府		人門	
		巽	巳	丙	午	丁	未	坤		
龍右足	白虎	辰			福			申	玉堂	
	螣蛇	乙						庚	宅德	
龍右脇	刑獄	卯	刑				德	酉	大德 壽	龍左脇
	宅刑	甲						辛	金匱 福	
龍背	天刑	寅			禍			戌	地府	龍 左手
		艮	丑	癸	子	壬	亥	乾		
	鬼門 祿		官獄	罰獄	死喪	大禍	朱雀		天門	
					龍右手		龍頭			

그림4. 양택도
坐子向午, 水宅

坐子向午 東四宅 陽龍陰向 水宜右到左(放丁甲庚方吉)

水宅宜沈而忌露

陽宅開門放水(宜丁甲辛方 忌坤方)

陰地右水到左吉 左水到右凶

內盤子午兼丙壬 外盤丙壬兼子午 分金(坐丙子向丙午)

分界五壬五午(度坐危向張)

內盤子午兼丁癸 外盤子午兼壬丙 分金(坐庚子向庚午)

分界正子(度坐虛向星)

자좌오향 동사택인 양룡음향의 집에서 물은 마땅히 우수도좌하는데 정,갑,경방으로 방류하면 길하다. 수택은 의당 깊어야 하고 노출됨을 꺼린다. 양택의 개문방수는 의당 정갑신방으로 하고 곤방을 꺼린다. 음지는 우수도좌가 길하다. 좌수도우는 흉하다. 내반의 자오와 병임이 겸하고 외반의 병임과 자오가 겸하면 분금은 병자좌에 병오향을 한다. 분계로 5임5오五壬五午하는데 도度로는 위좌장향危坐張向이다. 내반자오와 정계가 겸하고, 외반에서 자오가 임병과 겸하면 분금은 경자좌庚子坐에 경오향庚午向한다.

龍尾				龍左足			龍腹			
	天福 宅極		明堂 祿	吉昌	天倉 壽	天府	人門		玉堂	
		巳	丙	午	丁	未	坤	申		
風門	地戶 福	巽		福				庚	宅德	
龍右足	白虎	辰					德	酉	大德 壽	龍左脇
	螣蛇	乙						辛	金匱 福	
龍右脇	刑獄	卯	刑					戌	地府	龍 左手
	宅刑	甲				禍		乾	天門	
		寅	艮	丑	癸	子	壬	亥		
	天刑		鬼門 祿	官獄	罰獄	死喪	大禍		朱雀	
龍背						龍右手				龍頭

그림5. 양택도
坐癸向丁, 水宅

坐癸向丁 東四宅 陽龍陰向 水宜右到左(放庚丁乙方吉)
水宅宜沈而忌露 陽宅開門放水(宜丁甲方 忌未坤方)
陰地右水到左吉 左水到右凶
內盤丁癸兼子午 外盤子午兼丁癸 分金(坐丙子向丙午)
分界七子三癸(度坐女向柳)
內盤丁癸兼丑未 外盤丁癸兼子午 分金(坐庚子向庚午)
分界三子七癸(度坐女向柳)

계좌정향 동사택인 양룡음향의 집에서 물은 마땅히 우수도좌하는데 경,정,을방으로 방류하면 길하다. 수택은 의당 깊어야 하고 노출됨을 꺼린다. 양택의 개문방수는 의당 정갑방으로 하고 미곤방을 꺼린다. 음지는 우수도좌가 길하다. 좌수도우는 흉하다. 내반의 정계와 자오가 겸하고 외반의 자오와 정계가 겸하면 분금은 병자좌에 병오향을 한다. 분계로 7자3계七子三癸하는데 도度로는 여좌류향女坐柳向이다. 내반의정계와 축미가 겸하고, 외반에서 정계와 자오가 겸하면 분금은 경자좌庚子坐에 경오향庚午向한다.

			龍左足			龍腹				
	明堂 祿		吉昌	天倉 壽	天府	人門	玉堂		宅德	
		丙	午	丁	未	坤	申	庚		
龍尾	天福 宅極	巳				德		酉	大德 壽	龍左脇
風門	地戶 福	巽	福					辛	金匱 福	
龍右足	白虎	辰						戌	地府	龍 左手
	螣蛇	乙					禍	乾	天門	
龍右脇	刑獄	卯		刑				亥	朱雀	龍頭
		甲	寅	艮	丑	癸	子	壬		
	宅刑		天刑	鬼門 祿	官獄	罰獄	死喪		大禍	
			龍背				龍右手			

그림6. 양택도
坐丑向未, 土宅

坐丑向未 西四宅 陽龍陰向 水宜左到右(放庚丙方吉)

土宅宜厚而 忌窄 土宜旺而不宜剋 剋則土崩不惟退財而男女主浮黃腫 黃泉煞在坤 不宜開門

陽宅開門防水(宜庚丙方 忌坤申方)

陰地去水吉 來水凶

內盤丑未兼丁癸 外盤丁癸兼丑未

分金(坐丁丑向丁未)

分界五癸五丑(度坐牛向井)

內盤丑未兼艮坤 外盤丑未兼丁癸

分金(坐辛丑向辛未) 分界正丑(度坐斗向井)

축좌미향 동사택인 양룡음향의 집에서 물은 마땅히 좌수도우左水到右하는데 경,병방으로 방류하면 길하다. 토택土宅은 의당 넓어야 하고 협착함을 꺼린다. 토土는 의당 왕성하게 해야 하며, 극剋하는 것은 마땅하지 않다. 만일 극한다면 토가 붕괴되어 무엇을 도모할 수가 없으며, 재물이 없어지고 남녀주인에게 황종黃腫이 생긴다. 곤방위에 황천살黃泉殺[7]이 있으므로 그 쪽으로 문을 낼 수 없다. 양택의 개문방수는 의당 경병방으로 하고 곤신방을 꺼린다. 음지는 거수가 길하고 래수는 흉하다. 내반의 축미와 정계가 겸하고 외반의 정계와 축미가 겸하면 분금은 정축좌에 정미향을 한다. 분계로 5계5축五癸五丑(정중앙)하는데 도度로는 우좌정향牛坐井向이다. 내반의 축미와 간곤이 겸하고, 외반에서 축미와 정계가 겸하면 분금은 신축좌辛丑坐에 신미향辛未向한다. 분계는 정축正丑으로 도度로는 두좌정향斗坐井向으로 한다.

---

7 황천살(黃泉殺)은 소위 향방위에 대한 팔로사로황천살(八路四路黃泉殺)을 말한다. 축좌미향(丑坐未向)의 경우 향방위인 미(未)방위에 대해서 곤(坤)방위가 팔로사로황천살에 해당한다. 이 경우, 정미(丁未)는 쌍산(雙山, 같은 방위)으로 취급되므로 정방위에 대해서도 곤방위가 팔로사로황천살이 된다.

龍左足					龍腹					龍左脇
	吉昌		天倉 壽	天府	人門	玉堂	宅德		大德 壽	
		午	丁	未	坤	申	庚	酉		
	明堂 祿	丙		福		德		辛	金匱 福	
龍尾	天福 宅極	巳						戌	地府	龍 左手
風門	地戶 福	巽						乾	天門	
龍右足	白虎	辰						亥	朱雀	龍頭
	螣蛇	乙		刑		禍		壬	大禍	
		卯	甲	寅	艮	丑	癸	子		
	刑獄		宅刑	天刑	鬼門 祿	官獄	罰獄		死喪	
龍右脇				龍背						龍右手

그림7. 양택도
坐艮向坤, 土宅

坐艮向坤 西四宅 陽龍陰向 水宜右到左(放丙坤方吉)

土宅宜厚而忌窄

陽宅開門放水(宜坤丙方 忌庚丁方)

陰地來水右到左吉 左水到右凶

內盤艮坤兼丑未 外盤丑未兼艮坤 分金(坐丁丑向丁未)

分界七丑三艮(度坐斗向井)

內盤艮坤兼寅申 外盤艮坤兼丑未 分金(坐辛丑向辛未)

分界三丑七艮(度坐斗向井)

간좌곤향 동사택인 양룡음향의 집에서 물은 마땅히 우수도좌하는데 병곤방으로 방류하면 길하다. 토택은 의당 넓어야 하고 협착함을 꺼린다. 양택의 개문방수는 의당 곤병방으로 하고 경정방을 꺼린다. 음지는 래수來水로써 우수도좌가 길하다. 좌수도우는 흉하다. 내반의 간곤과 축미가 겸하고 외반의 간곤과 축미와 간곤이 겸하면 분금은 정축좌에 정미향으로 한다. 분계로 7축3간七丑三艮하는데 도度로는 두좌정향斗坐井向이다. 내반의 간곤과 인신이 겸하고, 외반에서 간곤과 축미가 겸하면, 분금은 신축좌辛丑坐에 신미향辛未向한다. 분계는 3축7간三丑七艮으로 도度로는 두좌정향斗坐井向으로 한다.

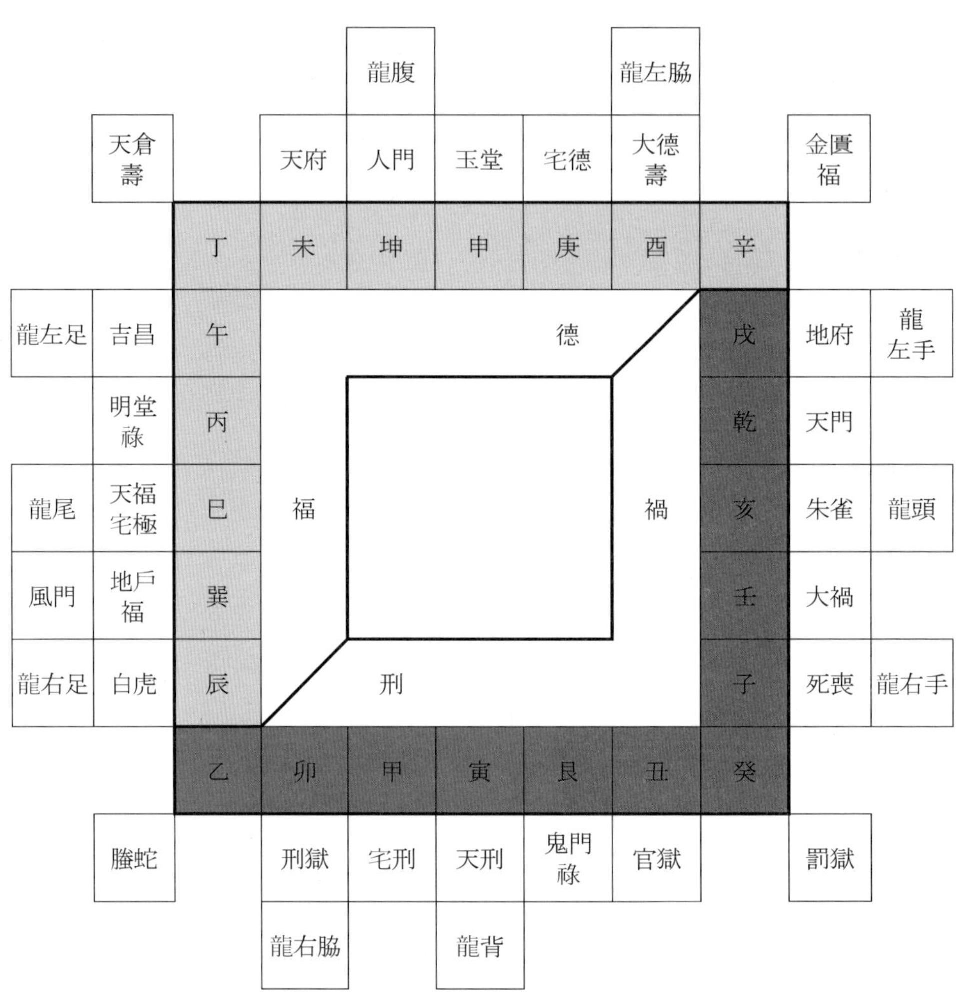

그림8. 양택도
寅坐申向, 土宅

坐寅向申　西四宅　陽龍陰向　水宜右到左(放庚方吉)

土宅宜厚而忌窄

陽宅開門放水(宜乾丁方　忌坤申酉方)

陰地宜右水到左吉　左水到右凶

內盤寅申兼艮坤　外盤艮坤兼寅申　分金(坐丙寅向丙申)

分界五艮五寅(度坐箕向參)

內盤寅申兼甲庚　外盤寅申兼艮坤　分金坐庚寅向庚申　分界正寅(度坐尾向觜)

인좌신향 서사택인 양룡음향의 집에서 물은 마땅히 우수도좌하는데 경방으로 방류하면 길하다. 토택은 의당 넓어야 하고 협착함을 꺼린다. 양택의 개문방수는 의당 건정방으로 하고 곤신유방을 꺼린다. 음지는 의당 우수도좌가 길하다. 좌수도우는 흉하다. 내반의 인신과 간곤이 겸하고 외반의 간곤과 인신이 겸하면 분금은 병인좌에 병신향으로 한다. 분계로 5간5축五艮五丑하는데 도度로는 기좌삼향箕坐參向이다. 내반의 인신과 간곤이 겸하고, 외반에서 간곤과 인신이 겸하면, 분금은 병인좌丙寅坐에 병신향丙申向한다. 분계는 5간5인五艮五寅으로 도度로는 미좌자향尾坐觜向으로 한다.

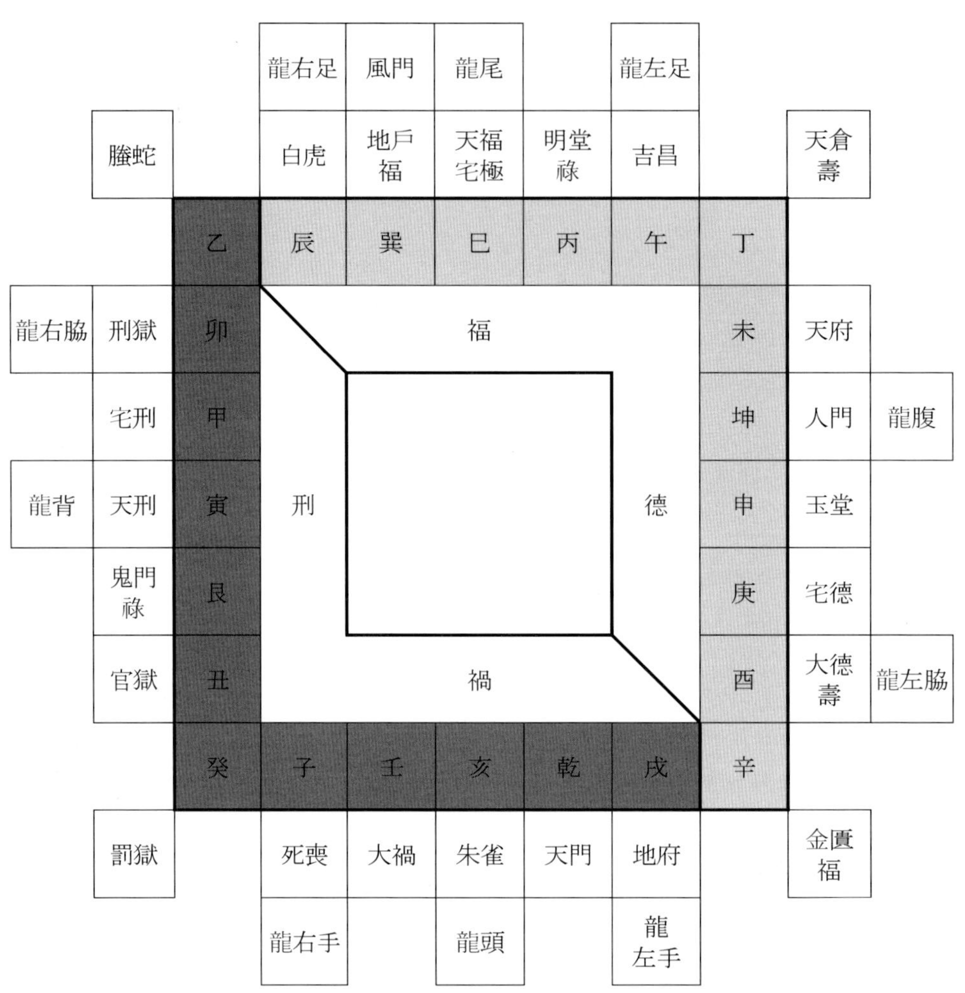

그림9. 양택도
亥坐巳向, 金宅

坐亥向巳　東四宅　陽龍陰向　水宜右到左(放丁巽方吉)

金宅宜微明而不宜太明

陽宅開門放水(宜甲丁方　忌坤巽方)

陰地右水到左吉　左水到右凶

內盤亥巳兼乾巽　外盤乾巽兼巳亥　分金(坐丁亥向丁巳)

分界五乾五亥(度坐室向翌)

內盤巳亥兼壬丙　外盤亥巳兼乾巽　分金(坐辛亥向辛巳)

分界正亥(度坐室向翌)

해좌사향 동사택인 양룡음향의 집에서 물은 마땅히 우수도좌하는데 정손방으로 방류하면 길하다. 금택은 의당 미명微明(은은하게 빛남)하여야 하고, 태명太明(너무 드러나게 빛남)를 꺼린다. 양택의 개문방수는 의당 갑정방으로 하고 곤손방을 꺼린다. 음지는 의당 우수도좌가 길하다. 좌수도우는 흉하다. 내반의 해사와 건손이 겸하고 외반의 건손과 사해가 겸하면, 분금은 정해좌에 정사향으로 한다. 분계로 5건5해五乾五亥하는데 도度로는 실좌익향室坐翌向이다. 내반의 사해와 임병이 겸하고, 외반에서 해사와 건손이 겸하면, 분금은 신해좌辛亥坐에 신사향辛巳向한다. 분계는 정해正亥로 도度로는 실좌익향室坐翌向으로 한다.

龍右脇				龍右足	風門	龍尾				龍左足
	刑獄		螣蛇	白虎	地戶 福	天福 宅極	明堂 祿		吉昌	
		卯	乙	辰	巽	巳	丙	午		
	宅刑	甲			福			丁	天倉 壽	
龍背	天刑	寅						未	天府	
	鬼門 祿	艮	刑				德	坤	人門	龍腹
	官獄	丑						申	玉堂	
	罰獄	癸			禍			庚	宅德	
		子	壬	亥	乾	戌	辛	酉		
	死喪		大禍	朱雀	天門	地府	金匱 福		大德 壽	
龍右手				龍頭		龍 左手				龍左脇

그림10. 양택도
乾坐巽向, 金宅

坐乾向巽 東四宅 陽龍陰向 水宜右到左(放甲方水吉)

金宅宜微明而不宜太明

陽宅開門放水(宜艮坤門丁甲水吉 忌巽方)

陰地來水右到左吉 左到右凶

內盤乾巽兼辰戌 外盤辰戌兼乾巽 分金(坐丙戌向丙辰)

分界七戌三乾(度坐奎向軫)

內盤乾巽兼亥巳 外盤乾巽兼戌辰 分金(坐庚戌向庚辰)

分界三戌七乾(度坐壁向軫)

건좌손향 동사택인 양룡음향의 집에서 물은 마땅히 우수도좌하는데 갑방으로 방류하면 길하다. 금택은 의당 미명微明(은은하게 빛남)하여야 하고, 태명太明(너무 드러나게 빛남)를 꺼린다. 양택의 개문방수는 의당 간곤문 정갑으로 물길을 내면 길하고 손방을 꺼린다. 음지의 래수는 우수도좌가 길하다. 좌수도우는 흉하다. 내반의 건손과 진술이 겸하고 외반의 진술과 건손이 겸하면, 분금은 병술좌에 병진향으로 한다. 분계로 7술3건七戌三乾하는데 도度로는 규좌진향奎坐軫向이다. 내반의 건손과 해사가 겸하고, 외반에서 건손과 술진이 겸하면, 분금은 경술좌庚戌坐에 경진향庚辰向한다. 분계는 삼칠칠건三戌七乾하고 도度로는 벽좌진향壁坐軫向으로 한다.

			龍右脇		龍右足	風門	龍尾			
	宅刑		刑獄	螣蛇	白虎	地戶 福	天福 宅極		明堂 祿	
		甲	卯	乙	辰	巽	巳	丙		
龍背	天刑	寅				福		午	吉昌	龍左足
	鬼門 祿	艮	刑					丁	天倉 壽	
	官獄	丑						未	天府	
	罰獄	癸					德	坤	人門	龍腹
龍右手	死喪	子		禍				申	玉堂	
		壬	亥	乾	戌	辛	酉	庚		
	大禍		朱雀	天門	地府	金匱 福	大德 壽		宅德	
			龍頭		龍 左手		龍左脇			

그림11. 양택도
戌坐辰向, 金宅

坐戌向辰 東四宅 陽龍陰向 水宜右到左(放乙方水吉)

金宅宜微明而不宜太明

金宜生而不宜剋 剋則主輕而田地退散

陽宅開門放水(宜癸甲乙方 忌艮巽方)

陰地去水吉 來水凶

內盤辰戌兼乙辛 外盤乙辛兼辰戌 分金(坐丙戌向丙辰)

分界五辛五戌(度坐婁向角)

內盤辰戌兼乾巽 外盤辰戌兼乙辛 分金(坐庚戌向庚辰)

分界五辛五戌(度坐奎向角)

술좌진향 동사택인 양룡음향의 집에서 물은 마땅히 우수도좌하는데 을방으로 방류하면 길하다. 금택은 의당 미명微明(은은하게 빛남)하여야 하고, 태명太明(너무 드러나게 빛남)을 꺼린다. 양택의 개문방수는 의당 계갑을방으로 하고 간손방을 꺼린다. 음지는 거수가 길하고 래수는 흉하다. 내반의 진술과 을신이 겸하고 외반의 을신과 진술이 겸하면, 분금은 병술좌에 병진향으로 한다. 분계로 5신5항五辛五戌하는데 도度로는 누좌각항婁坐角向이다. 내반의 진술과 건손이 겸하고, 외반에서 진술과 을신이 겸하면, 분금은 결술좌庚戌坐에 경진항庚辰向한다. 분계는 오신오술五辛五戌로 도度로는 규좌각항奎坐角向으로 한다.

				龍左脇		龍 左手				龍頭
	玉堂		宅德	大德 壽	金匱 福	地府	天門		朱雀	
		申	庚	酉	辛	戌	乾	亥		
龍腹	人門	坤		福				壬	大禍	
	天府	未					禍	子	死喪	龍右手
	天倉 壽	丁						癸	罰獄	
龍左足	吉昌	午	德					丑	官獄	
	明堂 祿	丙				刑		艮	鬼門 祿	
		巳	巽	辰	乙	卯	甲	寅		
	天福 宅極		地戶 福	白虎	螣蛇	刑獄	宅刑		天刑	
龍尾			風門	龍右足		龍右脇				龍背

그림12. 양택도
乙坐辛向, 木宅

坐乙向辛 西四宅 陽龍陰向 水宜右到左(放庚辛方)

木宅宜深而忌淺 木宜生而不宜洩 洩則木折不惟退財而男女主癆瘵少亡

陽宅開門放水(宜丁辛方 忌坤乾方)

陰地右水到左吉 左水到右凶

內盤乙辛兼卯酉 外盤卯酉兼乙辛 分金坐丁卯向丁酉

分界七卯三乙(度坐氐向胃)

內盤乙辛兼辰戌 外盤乙辛兼卯酉 分金 坐辛卯向辛酉

分界三卯七乙(度坐亢向婁)

을좌신향 서사택인 양룡음향의 집에서 물은 마땅히 우수도좌하는데 경신방庚辛方으로 방류하면 길하다. 목택은 의당 깊어야 좋고 얕음을 꺼린다. 목기운은 생기의 대표이며 설기하면 안된다. 설기는 목기운이 쪼개지는 것이고 재물이 없어지고, 남녀주인이 노채癆瘵(폐결핵)에 걸리고 어린애가 죽는다. 양택의 개문방수는 의당 정신방丁辛方으로 하고 곤건방坤乾方을 꺼린다. 음지는 우수도좌가 길하고 좌수도우는 흉하다. 내반의 을신과 묘유가 겸하고 외반의 묘유와 을신이 겸하면, 분금은 정묘좌에 정유향으로 한다. 분계로 7묘3을七卯三乙하는데 도度로는 저좌위향氐坐胃向이다. 내반의 을신과 진술이 겸하고, 외반에서 을신과 묘유가 겸하면, 분금은 신묘좌辛卯坐에 신유향辛酉向한다. 분계는 3묘7을三卯七乙로 도度로는 항좌루향亢坐婁向으로 한다.

龍腹					龍左脇		龍左手			
	人門		玉堂	宅德	大德壽	金匱福	地府		天門	
		坤	申	庚	酉	辛	戌	乾		
	天府	未			德			亥	朱雀	龍頭
	天倉壽	丁						壬	大禍	
龍左足	吉昌	午	福				禍	子	死喪	龍右手
	明堂祿	丙						癸	罰獄	
龍尾	天福宅極	巳			刑			丑	官獄	
		巽	辰	乙	卯	甲	寅	艮		
	地戶福		白虎	螣蛇	刑獄	宅刑	天刑		鬼門祿	
風門			龍右足		龍右脇		龍背			

그림13. 양택도
卯坐酉向, 木宅

坐卯向酉 西四宅 陽龍陰向 水宜左到右(放辛方水吉)

木宅宜深而忌淺

陽宅開門放水(宜辛丙方忌坤方)

陰地左水到右吉右水到左凶

內盤卯酉兼甲庚 外盤甲庚兼卯酉 分金(坐丁卯向丁酉)

分界五甲五卯(度坐房向昴)

內盤卯酉兼乙辛 外盤卯酉兼甲庚 分金(坐辛卯向辛酉)

分界正卯(度坐氐向胃)

묘좌유향 서사택인 양룡음향의 집에서 물은 마땅히 좌수도우하는데 신방辛方으로 방류하면 길하다. 목택은 의당 깊어야 좋고 얕음을 꺼린다. 양택의 개문방수는 의당 신병방辛丙方으로 하고 곤방坤方을 꺼린다. 음지는 좌수도우가 길하고 우수도좌는 흉하다. 내반의 묘유와 갑경이 겸하고 외반의 갑경과 묘유가 겸하면, 분금은 정묘좌에 정유향으로 한다. 분계로 5갑5묘五甲五卯하는데 도度로는 방좌묘항房坐昴向이다. 내반의 묘유와 을신이 겸하고, 외반에서 묘유와 갑경이 겸하면, 분금은 신묘좌辛卯坐에 신유향辛酉向한다. 분계는 정묘正卯로 도度로는 저좌위항氐坐胃向으로 한다.

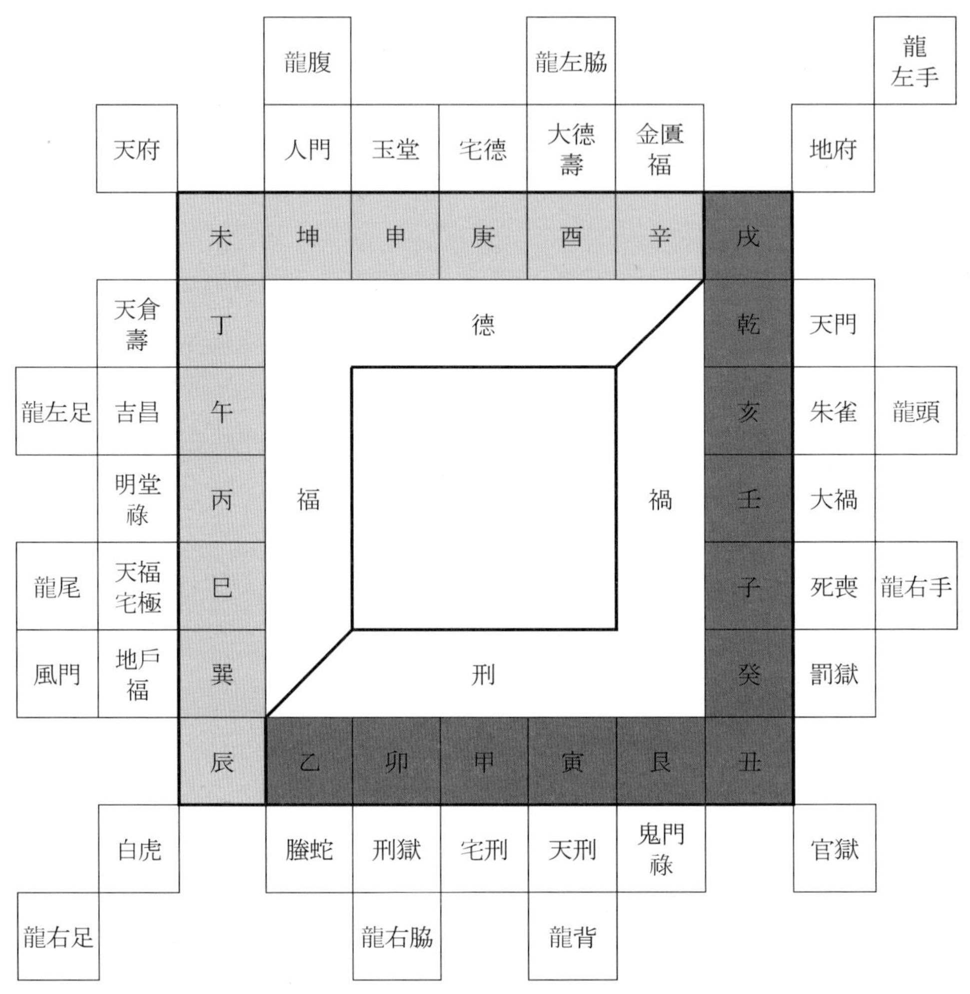

그림14. 양택도
甲坐庚向, 木宅

坐甲向庚　西四宅　陽龍陰向　水宜左到右(放庚方水吉)

木宅宜深而忌淺

陽宅開門放水(宜庚丁方　忌坤申酉方)

陰地左水到右吉　右水到左凶

內盤甲庚兼寅申　外盤寅申兼甲庚　分金(坐丙寅向丙申)

分界七寅三申(度坐尾向畢)

內盤甲庚兼卯酉　外盤甲庚兼寅申　分金(坐庚寅向庚申)

分界三寅七申(度坐心向畢)

갑좌경향 서사택인 양룡음향의 집에서 물은 마땅히 좌수도우하는데 경방庚方으로 방류하면 길하다. 목택은 의당 깊어야 좋고 얕음을 꺼린다. 양택의 개문방수는 의당 경정방庚丁方으로 하고 곤신유방坤申酉方을 꺼린다. 음지는 좌수도우가 길하고 우수도좌는 흉하다. 내반의 갑경과 인신이 겸하고, 외반의 인신과 갑경이 겸하면, 분금은 병인좌에 병신향으로 한다. 분계로 7인3신七寅三申하는데 도度로는 미좌필향尾坐畢向이다. 내반의 갑경과 묘유가 겸하고, 외반에서 갑경과 인신이 겸하면, 분금은 경인좌庚寅坐에 경신향庚申向한다. 분계는 3인7신三寅七申으로 도度로는 심좌필향心坐畢向으로 한다.

--------------------이상 양택도설, 이하 음택도설----------------

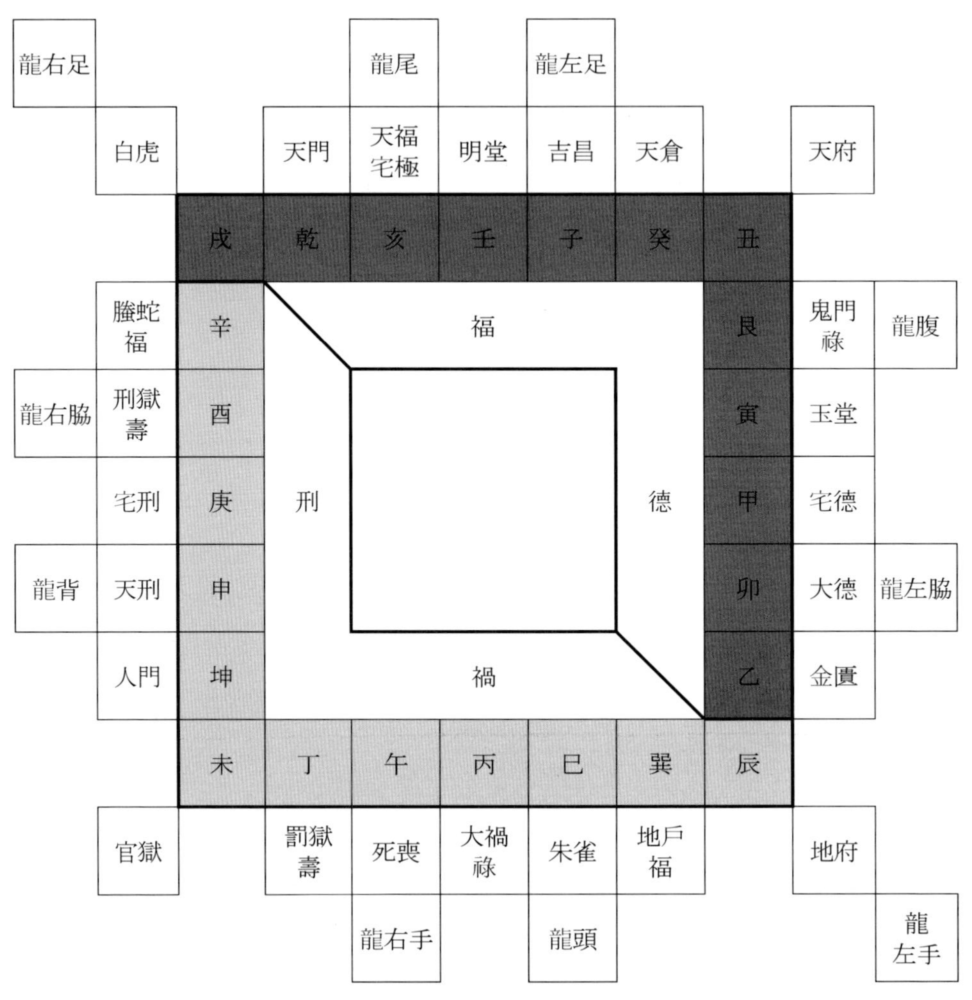

그림15. 음택도
坐丙向壬, 火宅

坐丙向壬 東四宅 陰龍陽向 水宜左到右(放辛方水吉)

火宅宜實而忌虛 火宜泄而不宜生旺 旺則主寅午戌年 傷人官非必驗

陽宅開門放水(宜丁辛方 忌乾癸子方)

陰地來水 左到右吉 右到左凶

內盤丙壬兼巳亥 外盤巳亥兼丙壬 分金(坐丁巳向丁亥)

分界七巳三丙(度坐翼向室)

內盤丙壬兼子午 外盤丙壬兼巳亥 分金(坐辛巳向辛亥)

分界三巳七丙(度坐張向危)

병좌임향 동사택인 음룡양향의 집에서 물은 마땅히 좌수도우하는데 신방辛方으로 방류하면 길하다. 화택은 의당 실實한 것이 좋고 허虛한 것을 꺼린다. 화기운은 의당 설기로서 작용해야지 생왕하게 하면 안된다. 화기운은 주로 인오술년에 왕성하게 되는데, 그 때 사람이 부상을 당하고 관비官非(官災)를 반드시 경험하게 된다. 양택의 개문방수는 의당 정신방丁辛方으로 하고 건계자방乾癸子方을 꺼린다. 음지는 래수로 좌도우수가 길하고 우도좌수는 흉하다. 내반의 병임과 사해가 겸하고, 외반의 사해와 병임이 겸하면, 분금은 정사좌에 정해향으로 한다. 분계로 7사3병七巳三丙하는데 도度로는 익좌실향翼坐室向이다. 내반의 병임과 자오가 겸하고, 외반에서 병임과 사해가 겸하면, 분금은 신사좌辛巳坐에 신해향辛亥向한다. 분계는 3사7병三巳七丙으로 도度로는 장좌위향張坐危向으로 한다.

			龍尾		龍左足					龍腹
	天門		天福宅極	明堂	吉昌	天倉	天府		鬼門祿	
		乾	亥	壬	子	癸	丑	艮		
龍右足	白虎	戌			福			寅	玉堂	
	螣蛇福	辛						甲	宅德	
龍右脇	刑獄壽	酉	刑				德	卯	大德	龍左脇
	宅刑	庚						乙	金匱	
龍背	天刑	申			禍			辰	地府	龍左手
		坤	未	丁	午	丙	巳	巽		
	人門		官獄	罰獄壽	死喪	大禍祿	朱雀		地戸福	
					龍右手		龍頭			

그림 16. 음택도
坐午向子, 火宅

坐午向子 東四宅 陰龍陽向 水宜左到右(放癸方水吉)

火宅宜實而忌虛

陽宅開門放水(宜癸方 忌乾艮方)

陰地來水左到右吉 右到左凶

內盤子午兼丙壬 外盤丙壬兼子午 分金(坐丙午向丙子)

分界五午五丙(度坐張向危)

內盤子午兼丁癸 外盤子午兼壬丙 分金(坐庚午向庚子)

分界正午(度坐星向虛)

오좌자향 동사택인 음룡양향의 집에서 물은 마땅히 좌수도우하는데 계방癸方으로 방류하면 길하다. 화택은 의당 실實한 것이 좋고 허虛한 것을 꺼린다. 양택의 개문방수는 의당 계방癸方으로 하고 건간방乾艮方을 꺼린다. 음지는 래수로 좌도우수가 길하고 우도좌수는 흉하다. 내반의 자오와 정계가 겸하고, 외반의 병임와 자오가 겸하면, 분금은 병오좌에 병자향으로 한다. 분계로 5오5병五午五丙하는데 도度로는 장좌위향張坐危向이다. 내반의 자오와 정계가 겸하고, 외반에서 자오와 임병이 겸하면, 분금은 경오좌庚午坐에 경자향庚子向한다. 분계는 정오正午로 도度로는 성좌허향星坐虛向으로 한다.

龍尾				龍左足			龍腹			
	天福 宅極		明堂	吉昌	天倉	天府	鬼門 祿		玉堂	
		亥	壬	子	癸	丑	艮	寅		
	天門	乾		福				甲	宅德	
龍右足	白虎	戌					德	卯	大德	龍左脇
	螣蛇 福	辛						乙	金匱	
龍右脇	刑獄 壽	酉	刑					辰	地府	龍 左手
	宅刑	庚				禍		巽	地戶 福	
		申	坤	未	丁	午	丙	巳		
	天刑		人門	官獄	罰獄 壽	死喪	大禍 祿		朱雀	
龍背						龍右手				龍頭

그림17. 음택도
坐丁向癸, 火宅

坐丁向癸 東四宅 陰龍陽向 水宜右到左(放壬癸方吉)

火宅宜實而忌虛

陽宅開門放水(宜丁癸方 忌乾艮方)

陰地右水到左吉 左水到右凶

內盤丁癸兼子午 外盤子午兼丁癸 分金(坐丙午向丙子)

分界七午三丁(度坐柳向女)

內盤丁癸兼丑未 外盤丁癸兼子午 分金(坐庚午向庚子)

分界三午七丁(度坐柳向女)

정좌계향 동사택인 음룡양향의 집에서 물은 마땅히 우수도좌하는데 임계방壬癸方으로 방류하면 길하다. 화택은 의당 실實한 것이 좋고 허虛한 것을 꺼린다. 양택의 개문방수는 의당 정계방丁癸方으로 하고 건간방乾艮方을 꺼린다. 음지는 우수도좌가 길하고 좌수도우는 흉하다. 내반의 정계와 자오가 겸하고, 외반의 자오와 정계가 겸하면, 분금은 병오좌에 병자향으로 한다. 분계로 7오3정七午三丁하는데 도度로는 류좌여향柳坐女向이다. 내반의 정계과 축미가 겸하고, 외반에서 정계와 자오가 겸하면, 분금은 경오좌庚午坐에 경자향庚子向한다. 분계는 3오7정三午七丁으로 도度로는 유좌여향柳坐女向으로 한다.

			龍左足			龍腹				
	明堂		吉昌	天倉	天府	鬼門 祿	玉堂		宅德	
		壬	子	癸	丑	艮	寅	甲		
龍尾	天福 宅極	亥				德		卯	大德	龍左脇
	天門	乾	福					乙	金匱	
龍右足	白虎	戌						辰	地府	龍 左手
	螣蛇 福	辛					禍	巽	地戶 福	
龍右脇	刑獄 壽	酉		刑				巳	朱雀	龍頭
		庚	申	坤	未	丁	午	丙		
	宅刑		天刑	人門	官獄	罰獄 壽	死喪		大禍 祿	
			龍背				龍右手			

그림18. 음택도
坐未向丑, 土宅

坐未向丑 西四宅 陰龍陽向 水宜左到右(放甲方水吉)

土宅宜厚而忌窄

陽宅開門放水(宜辛甲丙方 忌癸丑艮乾方)

陰地去水吉 來水凶

內盤未丑兼丁癸 外盤丁癸兼丑未 分金(坐丁未向丁丑)

分界五丁五未(度坐井向斗)

內盤丑未兼艮坤 外盤丑未兼丁癸 分金(坐辛未向辛丑)

分界正未(度坐井向斗)

미좌축향 서사택인 음룡양향의 집에서 물은 마땅히 좌수도우하는데 갑방甲方으로 방류하면 길하다. 토택은 의당 넓은厚한 것이 좋고 좁은窄한 것을 꺼린다. 양택의 개문방수는 의당 신갑병방辛甲丙方으로 하고 계축간건방癸丑艮乾方을 꺼린다. 음지는 거수가 길하고, 래수는 흉하다. 내반의 미축과 정계가 겸하고, 외반의 정계와 축미가 겸하면, 분금은 정미좌에 정축향으로 한다. 분계로 5정5미五丁五未로 하는데 도度로는 정좌두향井坐斗向이다. 내반의 축미와 간곤이 겸하고, 외반에서 축미와 정계가 겸하면, 분금은 신미좌辛未坐에 신축향辛丑向으로 한다. 분계는 정미正未로 하고 도度로는 정좌두향井坐斗向으로 한다.

龍左足					龍腹					龍左脇
	吉昌		天倉	天府	鬼門 祿	玉堂	宅德		大德	
		子	癸	丑	艮	寅	甲	卯		
	明堂	壬			德			乙	金匱	
龍尾	天福 宅極	亥						辰	地府	龍 左手
	天門	乾	福				禍	巽	地戶 福	
龍右足	白虎	戌						巳	朱雀	龍頭
	螣蛇 福	辛			刑			丙	大禍 祿	
		酉	庚	申	坤	未	丁	午		
	刑獄 壽		宅刑	天刑	人門	官獄	罰獄 壽		死喪	
龍右脇				龍背						龍右手

그림19. 음택도
坐坤向艮, 土宅

坐坤向艮　西四宅　陰龍陽向　水宜右到左(放艮方水吉)

土宅宜厚而忌窄

陽宅開門放水(宜艮申丙方　忌子癸甲方)

陰地右水到左吉　左到右凶)

內盤艮坤兼丑未　外盤丑未兼艮坤　分金(坐丁未向丁丑)

分界七未三坤(度坐井向斗)

內盤坤艮兼寅申　外盤坤艮兼丑未　分金(坐辛未向辛丑)

分界三未七坤(度坐井向斗)

곤좌간향 서사택인 음룡양향의 집에서 물은 마땅히 우수도좌하는데 간방艮方으로 방류하면 길하다. 토택은 의당 넓은厚한 것이 좋고 좁은窄한 것을 꺼린다. 양택의 개문방수는 의당 간신병방艮申丙方으로 하고 자계갑방子癸甲方을 꺼린다. 음지는 우수도좌가 길하고, 좌수도우는 흉하다. 내반의 간곤과 축미가 겸하고, 외반의 축미와 간곤이 겸하면, 분금은 정미좌에 정축향으로 한다. 분계로 7미3곤七未三坤으로 하는데 도度로는 정좌두향井坐斗向이다. 내반의 곤간과 인신寅申이 겸하고, 외반에서 간곤과 축미가 겸하면, 분금은 신미좌辛未坐에 신축향辛丑向으로 한다. 분계는 3미7곤三未七坤으로 하고 도度로는 정좌두향井坐斗向으로 한다.

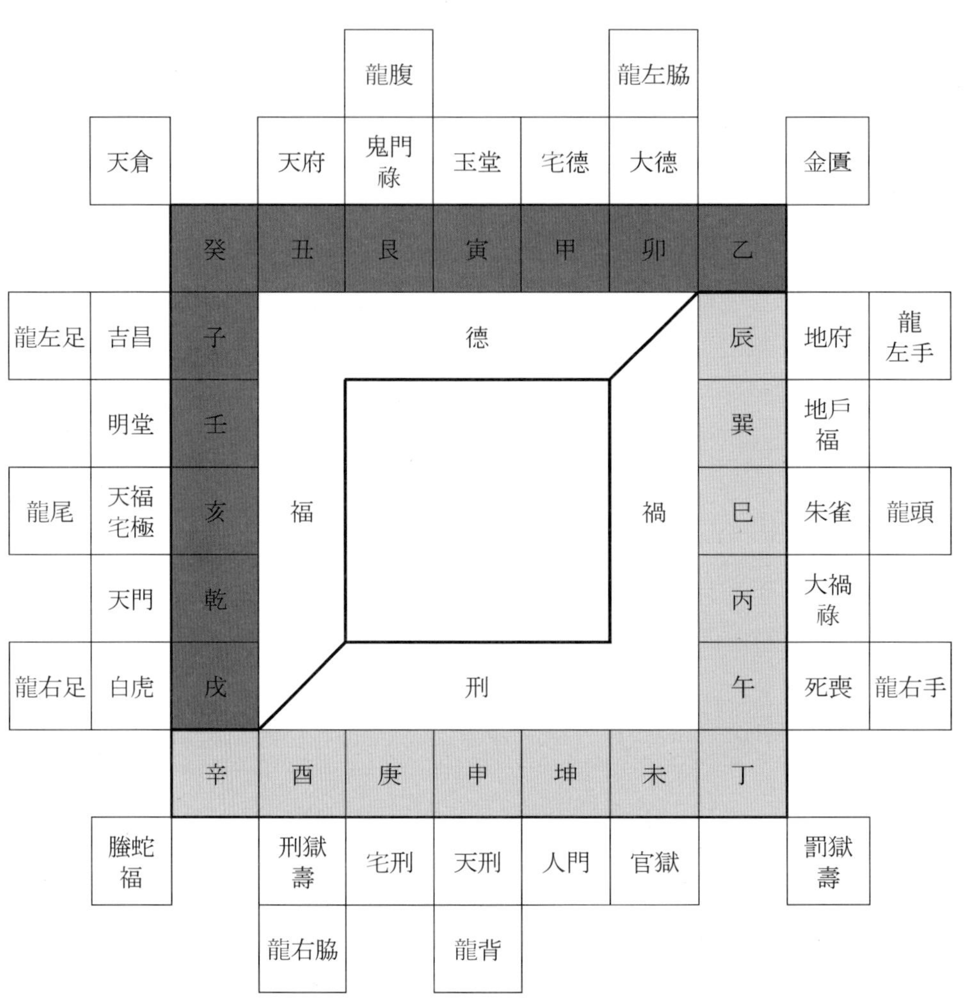

그림20. 음택도
坐申向寅, 土宅

坐申向寅　西四宅　陰龍陽向　水宜右到左(放甲方水吉)

土宅宜厚而忌窄

陽宅開門放水(宜甲癸方　忌艮乙方)

陰地來水右水到左吉　左到右凶

內盤申寅兼坤艮　外盤坤艮兼寅申　分金(坐丙申向丙寅)

分界五坤五申(度坐參向箕)

內盤申寅兼庚甲　外盤申寅兼坤艮　分金(坐庚申向庚寅)

分界正申(度坐觜向尾)

신좌인향 서사택인 음룡양향의 집에서 물은 마땅히 우수도좌하는데 갑방甲方으로 방류하면 길하다. 토택은 의당 넓은厚한 것이 좋고 좁은窄한 것을 꺼린다. 양택의 개문방수는 의당 갑계방甲癸方으로 하고 간을방艮乙子方을 꺼린다. 음지는 래수로서 우수도좌가 길하고, 좌수도우는 흉하다. 내반의 신인申寅과 곤간坤艮이 겸하고, 외반의 곤간과 인신寅申이 겸하면, 분금은 병신좌丙申坐에 병인향丙寅向으로 한다. 분계로 5곤5신五坤五申으로 하는데 도度로는 삼좌기항參坐箕向이다. 내반의 신인申寅과 경갑이 겸하고, 외반에서 신인申寅과 곤간坤艮이 겸하면, 분금은 경신좌庚申坐에 경인향庚寅向으로 한다. 분계는 정신正申으로 하고 도度로는 자좌미항觜坐尾向으로 한다.

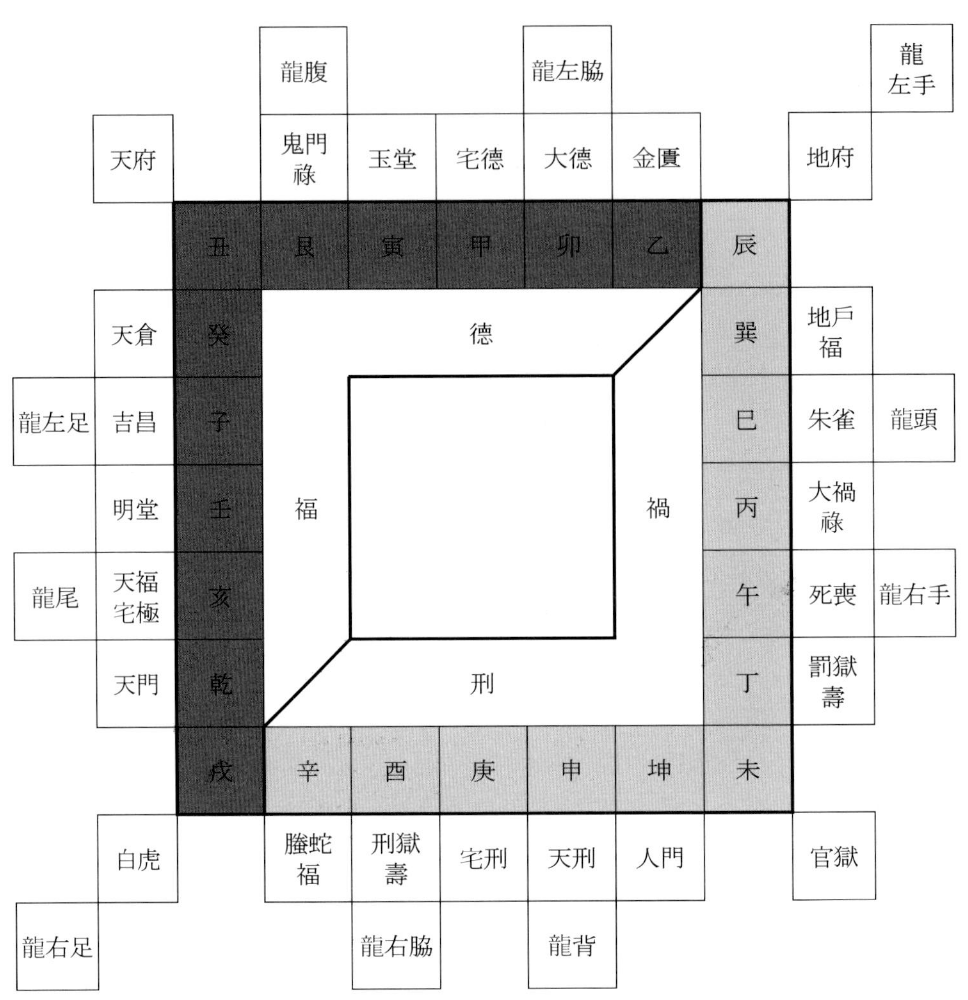

그림21. 음택도
坐庚向甲, 金宅

坐庚向甲　東四宅　陰龍陽向　水宜左到右(放甲方水吉)

金宅宜微明而不宜太明

陽宅開門放水(宜甲壬丙方　忌辰巽方)

陰地左水到右吉　右水到左凶)

內盤甲庚兼寅申　外盤寅申兼甲庚　分金(坐丙申　向丙寅)

分界七申三庚(度坐畢向尾)

內盤甲庚兼卯酉　外盤甲庚兼寅申　分金(坐庚申　向庚寅)

分界七庚三申(度坐畢向心)

경좌갑향 동사택인 음룡양향의 집에서 물은 마땅히 좌수도우하는데 갑방甲方으로 방류하면 길하다. 금택은 의당 은은하게 빛나는微明이어야지 드러나게 빛나는 것太明은 온당치 못하다. 양택의 개문방수는 의당 갑임병방甲寅丙方으로 하고 진손방辰巽方을 꺼린다. 음지는 좌수도우가 길하고, 우수도좌는 흉하다. 내반의 갑경과 인신寅申이 겸하고, 외반의 인신寅申과 갑경이 겸하면, 분금은 병신좌丙申坐에 병인향丙寅向으로 한다. 분계로 7신3경七申三庚으로 하는데 도度로는 필좌미향畢坐尾向이다. 내반의 갑경과 묘유가 겸하고, 외반에서 갑경과 인신寅申이 겸하면, 분금은 경신좌庚申坐에 경인향庚寅向으로 한다. 분계는 7경3신七庚三申으로 하고 도度로는 필좌심항畢坐心向으로 한다.

龍腹					龍左脇		龍左手			
	鬼門祿		玉堂	宅德	大德	金匱	地府		地戶福	
		艮	寅	甲	卯	乙	辰	巽		
	天府	丑			德			巳	朱雀	龍頭
	天倉	癸						丙	大禍祿	
龍左足	吉昌	子	福				禍	午	死喪	龍右手
	明堂	壬						丁	罰獄壽	
龍尾	天福宅極	亥			刑			未	官獄	
		乾	戌	辛	酉	庚	申	坤		
	天門		白虎	螣蛇福	刑獄壽	宅刑	天刑		人門	
			龍右足		龍右脇		龍背			

그림22. 음택도
坐酉向卯, 金宅

坐酉向卯 東四宅 陰龍陽向 水宜左到右(放乙方水吉)

金宅宜微明而不宜太明

陽宅開門放水(宜癸乙方 忌辰巽巳方)

陰地左水到右吉 右水到左凶

內盤卯酉兼甲庚 外盤甲庚兼卯酉 分金(坐丁酉 向丁卯)

分界五庚五酉(度坐昴 向房)

內盤卯酉兼乙辛 外盤卯酉兼甲庚 分金(坐辛酉 向辛卯)

分界正酉(度坐胃 向氐)

유좌묘향 동사택인 음룡양향의 집에서 물은 마땅히 좌수도우하는데 을방乙方으로 방류하면 길하다. 금택은 의당 은은하게 빛나는微明이어야지 드러나게 빛나는 것太明은 온당치 못하다. 양택의 개문방수는 의당 계을방癸乙方으로 하고 진손사방辰巽巳方을 꺼린다. 음지는 좌수도우가 길하고, 우수도좌는 흉하다. 내반의 묘유와 갑경이 겸하고, 외반의 갑경甲庚과 묘유가 겸하면, 분금은 정유좌丁酉坐에 정묘향丁卯向으로 한다. 분계로 5경5유五庚五酉로 하는데 도度로는 묘좌방향昴坐房向이다. 내반의 묘유卯酉와 을신乙辛이 겸하고, 외반에서 묘유와 갑경이 겸하면, 분금은 신유좌辛酉坐에 신묘향辛卯向으로 한다. 분계는 정유正酉로 하고 도度로는 위좌저향胃坐氐向으로 한다.

				龍左脇		龍左手				龍頭
	玉堂		宅德	大德	金匱	地府	地戶福		朱雀	
		寅	甲	卯	乙	辰	巽	巳		
龍腹	鬼門祿	艮		德				丙	大禍祿	
	天府	丑					禍	午	死喪	龍右手
	天倉	癸						丁	罰獄壽	
龍左足	吉昌	子	福					未	官獄	
	明堂	壬				刑		坤	人門	
		亥	乾	戌	辛	酉	庚	申		
	天福宅極		天門	白虎	螣蛇福	刑獄壽	宅刑		天刑	
龍尾				龍右足		龍右脇				龍背

그림23. 음택도
坐辛向乙, 金宅

坐辛向乙 東四宅 陰龍陽向 水宜右到左(放乙方水吉)

金宅宜微明而不宜太明

陽宅開門放水(宜癸丙乙方 忌巽辰方)

陰地右水到左吉 左水到右凶

內盤乙辛兼酉卯 外盤卯酉兼乙辛 分金(坐丁酉 向丁卯)

分界七酉三申(度坐危 向氐)

內盤乙辛兼辰戌 外盤乙辛兼卯酉 分金(坐辛酉 向辛卯)

分界三酉七辛(度坐婁 向亢)

신좌을향 동사택인 음룡양향의 집에서 물은 마땅히 우수도좌하는데 을방乙方으로 방류하면 길하다. 금택은 의당 은은하게 빛나는微明이어야지 드러나게 빛나는 것太明은 온당치 못하다. 양택의 개문방수는 의당 계병을방癸丙乙方으로 하고 손진방巽辰方을 꺼린다. 음지는 우수도좌가 길하고, 좌수도우는 흉하다. 내반의 을신乙辛과 묘유가 겸하고, 외반의 묘유와 을신乙辛이 겸하면, 분금은 정유좌丁酉坐에 정묘향丁卯向으로 한다. 분계로 7유3신七酉三申으로 하는데 도度로는 위좌저항危坐氐向이다. 내반의 을신乙辛과 진술이 겸하고, 외반에서 을신乙辛과 묘유가 겸하면, 분금은 신유좌辛酉坐에 신묘향辛卯向으로 한다. 분계는 삼유칠신三酉七辛으로 하고 도度로는 누좌항항婁坐亢向으로 한다.

			龍右脇		龍右足		龍尾			
	宅刑		刑獄 壽	螣蛇 福	白虎	天門	天福 宅極		明堂	
		庚	酉	辛	戌	乾	亥	壬		
龍背	天刑	申				福		子	吉昌	龍左足
	人門	坤	刑					癸	天倉	
	官獄	未						丑	天府	
	罰獄 壽	丁					德	艮	鬼門 祿	龍腹
龍右手	死喪	午		禍				寅	玉堂	
		丙	巳	巽	辰	乙	卯	甲		
	大禍 祿		朱雀	地戶 福	地府	金匱	大德		宅德	
			龍頭		龍 左手		龍左脇			

그림24. 음택도
辰坐戌向, 木宅〉

坐辰向戌 西四宅 陰龍陽向 水宜右到左(放辛方水吉)

木宅宜深而 忌淺

陽宅開門放水(宜丁辛方 忌乾方)

陰地去水吉 來水凶

內盤辰戌兼乙辛 外盤乙辛兼辰戌 分金(坐丙辰 向丙戌)

分界五乙五辰(度坐角 向婁)

內盤辰戌兼巽乾 外盤辰戌兼乙辛 分金(坐庚辰 向庚戌)

分界五乙五辰(度坐角 向奎)

진좌술향 서사택인 음룡양향의 집에서 물은 마땅히 우수도좌하는데 신방辛方으로 방류하면 길하다. 목택은 깊어야 하며 얕은 것을 꺼린다. 양택의 개문방수는 의당 정신방丁辛方으로 하고 건방乾方을 꺼린다. 음지는 거수를 길한 것으로 래수를 흉한 것으로 본다. 내반의 진술과 을신乙辛이 겸하고, 외반의 을신乙辛과 진술이 겸하면, 분금은 병진좌丙辰坐에 병술향丙戌向으로 한다. 분계로 5을5진五乙五辰으로 하는데 도度로는 각좌루향角坐婁向이다. 내반의 진술과 손건이 겸하고, 외반에서 진술과 을신乙辛이 겸하면, 분금은 경진좌庚辰坐에 경술향庚戌向으로 한다. 분계는 5을5진五乙五辰으로 하고 도度로는 각좌규향角坐奎向으로 한다.

龍右脇				龍右足		龍尾				龍左足
	刑獄壽		螣蛇福	白虎	天門	天福宅極	明堂		吉昌	
		酉	辛	戌	乾	亥	壬	子		
	宅刑	庚			福			癸	天倉	
龍背	天刑	申						丑	天府	
	人門	坤	刑				德	艮	鬼門祿	龍腹
	官獄	未						寅	玉堂	
	罰獄壽	丁			禍			甲	宅德	
		午	丙	巳	巽	辰	乙	卯		
	死喪		大禍祿	朱雀	地戶福	地府	金匱		大德	
龍右手				龍頭		龍左手				龍左脇

그림25. 음택도
坐巽向乾, 木宅

坐巽向乾 西四宅 陰龍陽向 水宜右到左(放癸方)

木宅宜深而忌淺

陽宅開門放水(宜庚癸方 忌乾壬方)

陰地右水到左吉 左水到右凶

內盤巽乾兼辰戌 外盤辰戌兼巽乾 分金(坐丙辰 向丙戌)

分界七辰三巽(度坐軫 向奎)

內盤巽乾兼巳亥 外盤巽乾兼辰戌 分金(坐庚辰 向庚戌)

分界三辰七巽(度坐軫 向壁)

손좌건향 서사택인 음룡양향의 집에서 물은 마땅히 우수도좌하는데 계방癸方으로 방류하면 길하다. 목택은 깊어야 하며 얕은 것을 꺼린다. 양택의 개문방수는 의당 경계방庚癸方으로 하고 건임방乾壬方을 꺼린다. 음지는 우수도좌를 길한 것으로 좌수도우를 흉한 것으로 본다. 내반의 손건과 진술이 겸하고, 외반의 진술과 손건이 겸하면, 분금은 병진좌丙辰坐에 병술항丙戌向으로 한다. 분계로 7진3손七辰三巽으로 하는데 도度로는 진좌규항軫坐奎向이다. 내반의 손건과 사해가 겸하고, 외반에서 손건과 진술이 겸하면, 분금은 경진좌庚辰坐에 경술항庚戌向으로 한다. 분계는 3진7손三辰七巽으로 하고 도度로는 진좌벽항軫坐壁向으로 한다.

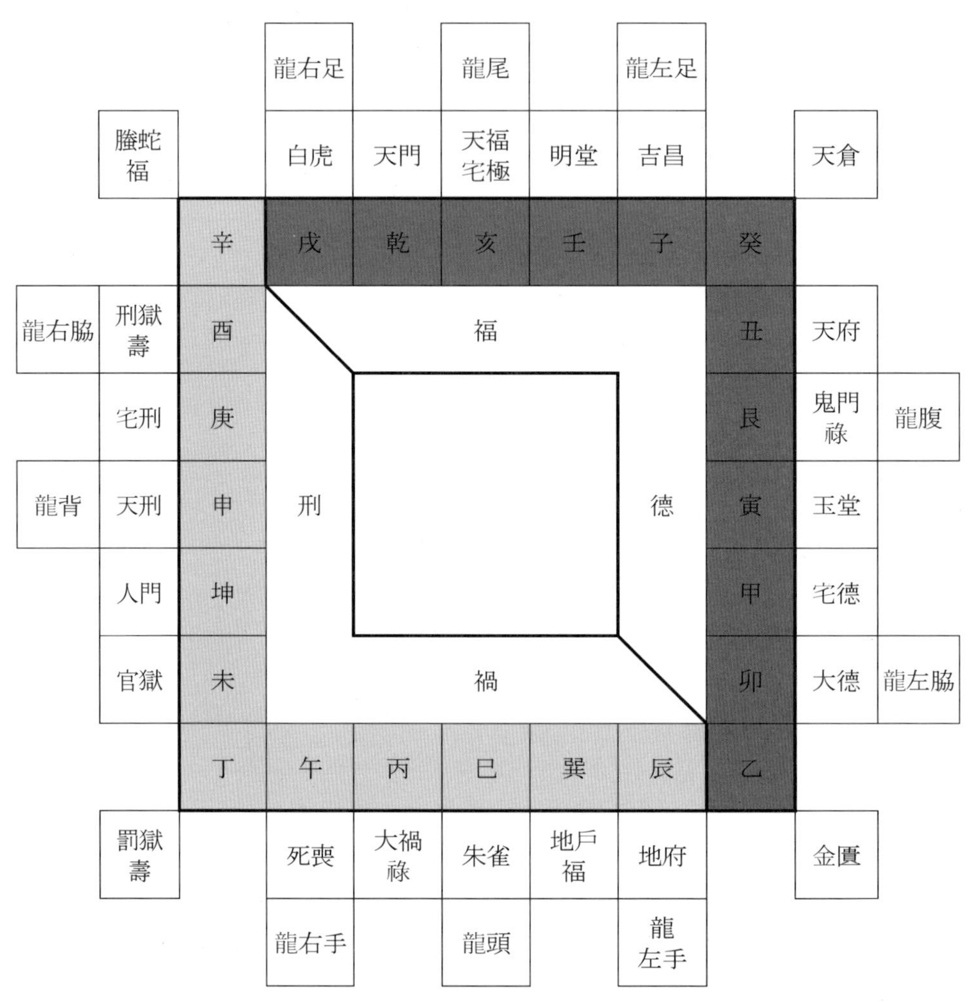

그림26. 음택도
坐巳向亥, 木宅

坐巳向亥 西四宅 陰龍陽向 宜右水到左(放癸方水)

木宅宜深而忌淺

陽宅開門放水(宜癸庚辛方 忌乾壬方)

陰地右水到左吉 左水到右凶

內盤巳亥兼巽乾 外盤巽乾兼巳亥 分金(坐丁巳 向丁亥)

分界五巽五巳(度坐翼向室)

內盤巳亥兼丙壬 外盤巳亥兼巽乾 分金(坐辛巳 向辛亥)

分界正巳(度坐翼 向室)

사좌해향 서사택인 음룡양향의 집에서 물은 마땅히 우수도좌하는데 계방癸方으로 방류하면 길하다. 목택은 깊어야 하며 얕은 것을 꺼린다. 양택의 개문방수는 의당 경계방癸庚辛方으로 하고 건임방乾壬方을 꺼린다. 음지는 우수도좌를 길한 것으로 좌수도우를 흉한 것으로 본다. 내반의 사해와 손건이 겸하고, 외반의 손건과 사해가 겸하면, 분금은 정사좌丁巳坐에 정해향丁亥向으로 한다. 분계로 5손5사五巽五巳로 하는데 도度로는 익좌실향翼坐室向이다. 내반의 사해와 병임이 겸하고, 외반에서 사해와 손건이 겸하면, 분금은 신사좌辛巳坐에 신해향辛亥向으로 한다. 분계는 정사正巳로 하고 도度로는 익좌실향翼坐室向으로 한다.

단행본

≪鼎文版古今圖書集成·黃帝宅經≫, 中華民國臺灣省臺北市 : 鼎文書局, 1965(中華民國66年).

≪景印文淵閣四庫全書·宅經≫, 中華民國臺灣省臺北市 : 臺灣商務印書館, 1971(中華民國72年).

≪正統道藏·洞眞部·衆術類·薑上≫, 臺北 : 藝文印書館, 1962.

張繼禹主編, ≪中華道藏32·014황제택경≫, 北京 : 華夏出版社, 2004.

(明) 陶宗儀 等編, ≪說郛三種·宅經≫, 上海 : 上海古籍出版社, 1988.

≪增補津逮秘書 第3册·宅經≫, 京都 : 中文出版社, 1980.

≪續修四庫全書·安居金鏡≫, 中國上海 : 上海古籍出版社, 1995.

王玉德, 王鋭, 『宅經』, 北京 : 中華書局, 2011.

周履靖 校正, 『叢書集成初編-黃帝宅經』, 中國北京 : 中華書局, 1991.

允 祿, 何國宗(主編), 『協紀辨方書-上卷』, 中國文聯出版社, 2007.

虛生上人,『『宅經』心得』, 中國 : 江蘇人民出版社, 2010.

王其鈞, 『中國民間住宅建築』, 中國北京 : 機械工業出版社, 2003.

喬today 外 編著, 『중국고대건축』, 中國北京 : 新世界 出版社, 2002.

中國建築圖鑑 編輯部 編著, 『中國建築圖鑑』, 中國西安 : 陝西師範大學出版社, 2004.

劉敦楨, 『中國住宅概說』, 中國天津 : 百花文藝出版社, 2003.

慧 緣, 『風水學』, 中國 : 線裝書局, 2014.

劉敦楨, 정옥근 외(역), 『中國古代建築史』, 圖書出版 世進社, 1995.

李正浩, 『訓民正音의 構造原理-그 易學的 硏究』, 亞細亞文化社, 1990.

장성규·김혜정, 『완역풍수경전』, 문예원, 2010.

조인철, 『우리시대의 풍수』, 민속원, 2008.

______, 『양생풍수의 비밀』, 다산북스, 2010.

서유구, 안대회(역), 『산수 간에 집을 짓고-임원경제지에 담긴 옛사람의 집짓는 법』, 돌베개, 2009.

강현식, 『꼭 알고 싶은 심리학의 모든 것(All That Psychology)』, 원앤원북스, 2010.
김규열 외, 『한의학개론』, 성보사, 2010.

연구논문

이은주 외, 「황제내경(黃帝內經) 영추(靈樞)에 관한 연구」, 『동서의학』, 2011.12.
정우진, 「養生과 한의학－『黃帝內經』의 순환론을 중심으로」, 『도교문화연구』 제32집, 2010.4.
조인철, 「풍수향법의 논리체계와 의미에 관한 연구」, 성균관대학교박사학위논문, 2005.
_____, 「중국 풍수고전 『황제택경』의 논리체계와 의미에 관한 연구－음양이택도(陰陽二宅圖)의 청룡(青龍)과 적룡(赤龍)을 중심으로」, 『중국학논총』 제49호, 고려대학교 중국학연구소, 2015.8.31.
_____, 「풍수고전 『황제택경』에 관한 연구－오행론과 금기적 내용을 중심으로」, 『원불교사상연구』, 원광대학교 원불교 사상연구원, 2015.9.30.

인터넷자료

http://baike.baidu.com/view/776941.htm
네이버 지식백과

찾아보기

ㄱㅏ

ㄴㅏㄷㅏ

ㅁㅏ

ㅂㅏ

ㅅㅏ

아

자

차

타파

하

영인본

『택경』 사고전서본과 『안거금경』 속수사고전서본

1.(황제)택경의 원문
≪(景印)文淵閣四庫全書≫, 中華民國臺灣省臺北市 : 臺灣商務印書館, 1971(中華民國72年).
제808권, pp.808-1~808-10.

2. 안거금경(安居金鏡)의 원문
≪續修四庫全書≫,中國上海 : 上海古籍出版社, 1995.
제1052, 子部(자부), 術數類(술수류)
pp.六三八(638) ~ 六五七(657).

안거금경본은 24방위에 대한 음양택도면을 각각 작성하고 각 방위에 대한 길흉을 언급하였다. 이는 황제택경의 내용을 더욱 구체적으로 보여주고 있는 귀한 자료로서 여기에 원문을 별도로 추가하였다.

欽定四庫全書

子部

宅經卷上下

詳校官中書臣李　采

靈臺郎臣倪廷梅覆勘

總校官編修臣王燕緒

校對官編修臣張　焘

謄錄監生臣毛敬事

欽定四庫全書　　子部七

宅經　　術數類三相宅相墓之屬

提要

臣等謹案宅經二卷舊本題曰黃帝撰案漢志形法家有宮宅地形二十卷則相宅之書較相墓為古然隋志有宅吉凶論三卷相宅圖八卷舊唐志有五姓宅經二卷皆不云出黃帝是書蓋依託也考書中稱黃帝二宅經及淮南子李淳風呂才等宅經二十有九種則作書之時本不偽稱黃帝特方技之流欲神其說詭題黃帝作耳其法分二十四路考尋休咎以八卦之位向乾坎艮震及辰為陽巽離坤兌及戌為陰陽以亥為首巳為尾陰以巳為首亥為尾而主於陰陽相得頗有義理文辭亦皆雅馴宋史藝文志五行類有相宅經一卷疑即此書在術數之中猶最為近古

者矣乾隆四十六年十月恭校上

總纂官臣紀昀臣陸錫熊臣孫士毅

總校官臣陸費墀

【序】

欽定四庫全書

宅經卷上

夫宅者乃是陰陽之樞紐人倫之軌模非夫博物明賢而能悟斯道也就此五種其最要者唯有宅法而真秘術凡人所居無不在宅雖只大小不等陰陽有殊縱然客居一室之中亦有善惡大者大說小者小論犯者有災鎮而禍止猶藥病之效也故宅者人之本人以宅為家居若安即家代昌吉若不安即門族衰微墳墓川岡並同茲說上之軍國次及州郡縣邑下之村坊署柵乃至山居但人所處皆其例焉目見耳聞古制非一

黄帝二宅經地典宅經三元宅經文王宅經孔子宅經宅錦宅撓宅統宅鏡天老宅經劉根宅經玄女宅經司馬天師宅經淮南子宅經王徽宅經司最宅經劉晉平宅經張子毫宅經八卦宅經五兆宅經玄悟宅經六十四卦宅經右盤龍宅經李淳風宅經五姓宅經呂才宅

經飛陰亂伏宅經子夏金門宅經刁曇宅經已上諸經其皆大同小異亦皆自言秘妙互推短長若不遍求即用之不足近來學者多攻五姓八宅黃道白方例皆違犯大經未免災咎所以人犯修動致令造者不居却毀陰陽而無據效豈不痛哉況先賢垂籍誡勗昭彰人自冥蒙日用而不識其象者日月乾坤寒暑雌雄晝夜陰陽等所以包羅萬象舉一千從運變無形而能化物大矣哉陰陽之理也經之陰者生化物情之母

也陽者生化物情之父也作天地之祖為孕育之尊順之則亨逆之則否何異公忠受爵違命變殃者乎今採諸秘驗分為二十四路八卦九宮配女男之位宅陰陽之界考尋休咎並無出前二宅此實養生靈之聖法也二十四路者隨宅大小中院分四面作二十四路十干十二支乾艮坤巽共為二十四路是也乾將三男震坎艮悉屬於陽位即從西北乾位之震為陽明矣坤將三女巽離兌悉屬陰之位即從東南巽角順之戌為陰明矣是以陽不獨王以陰為得陽宅

為宜修陰方陰不獨王以陽為得如上說亦如冬以溫暖為德夏以涼冷為德男以女為德女以男為德之義易訣云陰得陽如暑得涼五姓咸和百事俱昌所以德位高壯藹密即吉重陰重陽則凶陽宅更招東方北方陰宅更招西方南方為重也是東面為長南西面為戌北之位斜分一條為陰陽之界凡之陽宅即有陽氣抱陰陰宅即有陰氣抱陽陰陽之宅者即龍也陽宅龍頭在亥尾在巳陰宅龍頭在巳尾在亥其狀在龍者陰龍青陽龍赤各有命坐切忌犯也凡從巽向乾從午向子從坤

向艮從酉向卯從戌向辰移已上移轉及上官所住不計遠近悉入陽也從乾向巽從子向午從艮向坤從卯向酉從辰向戌移已上移轉及上官悉名入陰故福德之方勤依天道天德月德生氣到其位即修令清潔闊厚即一家獲安榮華富貴天之福德者宅之財命也財命既壯何愁不榮故須勤修再入陰入陽是名無氣三度重入陰陽謂之無魂四入謂之無魄魂魄既無即家破逃散子孫絕後也經云連化不止滅門絕嗣此之謂也若一陰陽往來即合天道自然吉昌之象也設要重往即須遂道住四十五日

七十五日往之无咎仍宜生氣福德之方始吉更犯五鬼絶命刑禍者尤不利訣云行不得度不如復故斯之謂也又云其宅乃窮急翻故宫宜折刑禍方舍却益福德方也又云翻宅平牆可為銷殃宅之行年不利或口舌疾病等即宜翻刑禍添益福德改移牆壁即消災致其大吉昌也夫辨宅者皆取移來方位不以街北街東為陽不妨是陽之位作陰宅居之即吉街南街西為陰不妨作陽宅居之吉凡移來不勸遠近一里百里千里十步與百步同又此二宅修造唯看天道天德月德生氣到即修之不

避將軍太歲豹尾黄幡黒方及音姓宜忌順陰陽二氣為正此諸神殺及五姓六十甲子皆從二氣而生列在方隅直一年公事故不為災凡諸刑殺在刑禍方者設天德月德到亦須避之若神殺在宅福德方即待天德月德生氣到其位便須修之用功多即善故不避也若不明陰陽之氣到其位便須修之用功多即善故不避也若不明氣中小數故不能制其大綱又云刑禍之方缺復荒福德之方連接長吉也又云刑禍方牆舍位宜狹薄誡之高壯也福德方及牆舍又云刑禍之方縮復縮猶恐災殃枉相逐福人家宜連接壯實也德之方拓復拓子子孫孫受榮樂刑禍之方戒使拓也不得太縮縮即氣不足不足則損財祿福德之方宜戒使拓也亦不得太過太過即滅福會至微不消厚福所臨也凡事足太過所使拓之數過於本宅名曰太過又云宅有五虚令人貧耗五實令人富貴宅大人少一虚宅門大内小二虚牆院不完三虚井竈不處四虚宅地多屋少庭院廣五虚宅小人多一實宅大門小二實牆院完全三實宅小六畜多四實宅水溝東南流五實又云宅乃漸昌勿棄宮堂不衰莫移故為受殃舍居就廣未必有歡計口半造必得壽考宅不宜廣又云其田雖良薅鋤乃芳其宅雖善修移乃昌宅統之

宅墓以象榮華之源得利者所作遂心失利者妄生反心墓凶宅吉子孫官祿墓吉宅凶子孫衣食不足墓宅俱吉子孫榮華墓宅俱凶子孫移鄉絶種先靈譴責地禍常併七世亡魂悲憂受苦子孫不立零落他鄉流轉如蓬客死河岸青烏子云其宅得墓二神漸護子孫祿位乃固得地得墓龍驤虎步物業滋川財集倉庫子孫忠孝天神祐助子夏云墓有四奇商角二姓丙壬乙辛宫羽徵三姓甲庚丁癸得地得宮刺史王公朱衣紫綬

世貴名雄得地失宮有始無終先人受苦子孫當凶失地得宮子孫不窮雖無基業衣食過充失地失宮絶嗣無蹤行求衣食客死萬蓬子夏云人因宅而立宅因人得存人宅相扶感通天地故不可獨信命也

凡修宅次第法

先修刑禍後修福德即吉先修福德後修刑禍即凶陰宅從巳起功順轉陽宅從亥起功順轉刑禍方用一百工福德方用二百工壓之即吉陽宅多修於外陰宅多

修於內或者取子午分陰陽之界悞將甚也此是二氣潛通運迴之數不同八卦九宮分形列象配男女之位也冬至巳夏至亥是陰陽起盛之極處不同聖人於地面上畫八卦列女男之宮宮者宅也巽為長女屬陰乾為天天為陽明矣其有長才深智愍物愛生敬曉斯門其利莫測且大犯即家破逃散小犯則失爵亡官其餘雜犯火光口舌跛蹇傴枯衰殃疾病等萬般皆有豈得輕之哉犯處遠而慢即半年一年二年三年始發犯處近而緊即七十五日四十五日或不出月即發若見此圖者自然悟會不問愚智福德自修災殃不犯官榮進達財食豐盈六畜獲安又歸天壽金玉之獻未足為珍利濟之徒莫大於此可以家藏一本用誡子孫秘而寶之可名宅鏡又宅書云拆故營新爻卜相伏移南從北陰陽交分是和陰陽者氣也逐人得變吉凶者化也隨事能興故天地運轉無窮人畜鬼神變化何準搜神記云精靈鬼魅皆化為人或有人自相感變為妖怪亦如異性之木接續而生根苗雖殊異味相雜形礙之物尚隨變通

陰陽虛無豈為常定是知宅非宅氣由移來以變之又云宅以形勢為身體以泉水為血脈以土地為皮肉以草木為毛髮以舍屋為衣服以門戶為冠帶若得如斯是事儼雅乃為上吉三元經云地善即苗茂宅吉即人榮又云人之福者喻如美貌之人宅之吉者如醜陋之子得好衣裳神彩尤添一半若命薄宅惡即如醜人更又衣弊如何堪也故人之居宅大須慎擇又云修來路即無不吉犯抵路未嘗安假如近從東來入此宅住後

更修拓西方名柢路卻修拓東方名來路餘方移轉及上官往來不計遠近準此為例凡人婚嫁買莊田六畜致營域上官求利等悉宜向宅福德方往來久久吉慶若為刑禍方往來久久不利又忌廳頭廳在午地向北衙堂名曰凶亭有稍高竪屋亦不利訣云廳頭午必易主亦云妨主諸院有之亦不吉凡宅午巳東巽巳來有高樓大榭皆不利宜去之吉又云凡欲修造動治須避四王神亦名帝車帝輅帝舍假如春三月東方為青帝

木王寅為車卯為輅辰為舍即是正月二月三月不得東戶經曰犯帝車殺父犯帝輅殺母犯帝舍殺子孫夏及秋冬三箇月做此為忌又云每年有十二月每月有生氣死氣之位但修月生氣之位者福來集月生氣與天道月德合其吉路犯月死氣之位為有凶災

正月生氣在子癸死氣在午丁二月生氣在丑艮死氣在未坤三月生氣在寅甲死氣在申庚四月生氣在卯乙死氣在酉辛五月生氣在辰巽死氣在戌乾六月生氣在巳丙死氣在亥壬七月生氣在午丁死氣在子癸八月生氣在未坤死氣在丑艮九月生氣在申庚死氣在寅甲十月生氣在酉辛死氣在卯乙十一月生氣在戌乾死氣在辰巽十二月生氣在亥壬死氣在巳丙

宅經卷上

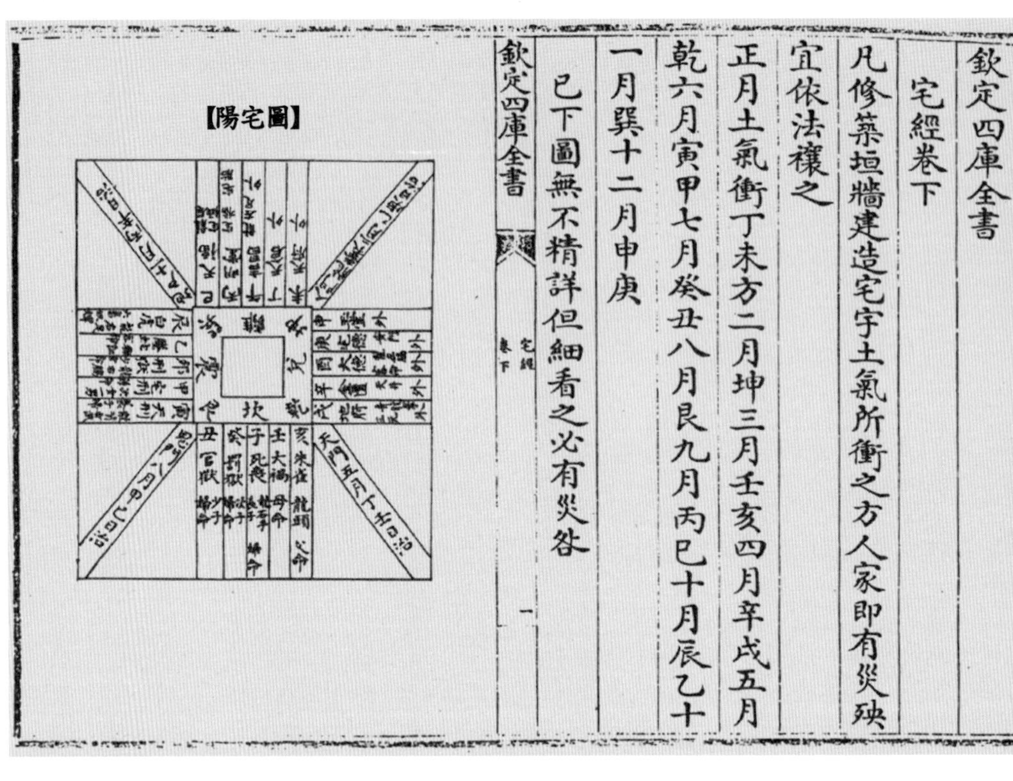

【陽宅圖】

欽定四庫全書

宅經卷下

凡修築垣牆建造宅宇土氣所衝之方人家即有災殃宜依法禳之

正月土氣衝丁未方二月坤三月壬亥四月辛戌五月乾六月寅甲七月癸丑八月艮九月丙巳十月辰乙十一月巽十二月申庚

已下圖無不精詳但細看之必有災咎

欽定四庫全書　宅經　卷下　一

【陽宅圖說】

天門陽首宜平穩實不宜絕高壯犯之損家長大病頭項等災（五月丁壬日修吉北方不用壬子丁巳日）亥爲朱雀龍頭父命座犯者害命坐人（三月丁壬日修）壬爲大禍母命犯之害命坐人有飛災口舌（修巳亥同）子爲死喪龍右手長子婦命座犯之害命坐人失魂傷目水災口舌（修巳壬同）癸爲罰獄幻陳次子婦命座犯之害命坐人口舌鬭訟等災（七月丁壬日修三月亦通宮羽姓不宜三月七月即吉日）丑爲官獄少子婦命座犯之鬼魅盜賊火光怪異等災（修巳癸同）鬼門宅壅氣缺薄空荒吉犯之偏枯

欽定四庫全書　宅經　卷下　二

淋腫等災（八月甲巳日修吉東方不用甲子巳巳日）寅爲天刑龍背玄武庶養子婦長女命座犯之傷胎繫獄被盜亡敗等災（六月甲巳日修角姓六月凶十一月吉）甲爲宅刑次女孫男等命座犯之害命坐人家長病頭項諸傷折等災（修與寅同）卯龍右脇刑獄少女孫命座犯之害命坐人火光氣滿刑傷失魂（修與寅同）乙螣蛇訟獄客座命犯之害命坐人妖怪死喪口舌（十月巳日修吉惟宜屋低小仍不得重）辰爲白虎龍右足主訟獄奴婢六畜命座犯之驚傷跛蹇筋急等災亦主驚恐（修與乙同）風門宜平

欽名福首背枯向榮二宅五姓八宅並不宜高壯壅塞亦陽極陰首十一月丙辛日修吉南方不用丙子至辛巳日巳天福宅屋亦名宅極經曰欲得職治宅極宜壯實修改吉九月丙辛修唯用功多良丙明堂宅福安門牛倉等舍經云治明堂加官益祿大吉祥合家快活不可當修巳巳同午吉昌之地龍左足經云治吉昌奴婢成行六畜良宜平實忌高及龜頭廳修與巳同丁天倉經云財耗亡治天倉宜倉庫六畜壯厚高拓吉正月丙辛日修用功多大吉未天府高樓大舍牛羊奴婢居之大孳

息倉厠利修與丁同人門龍腸宜置牛馬廏其位欲開拓壅厚亦名福囊重而兼實大吉二月乙庚日修申玉堂置牛馬屋主寶貝金玉之事壯實開拓吉經曰治玉堂財錢橫來六畜肥强庚宅德安門宜置車屋雞栖碓磑吉甚宜開拓連接壯闊淨潔吉修與申同酉大德龍左脇客舍吉經曰治大德富貴資財成萬億亦名宅德宜宅主修與申同辛金匱天井宜置門及高樓大屋經曰治金匱大富貴宜財百事吉四月乙庚日修大吉地府青龍左手主三元宜子孫恒令

清淨吉經曰青龍壯高富貴雄豪外巽之位宜作園池竹篁設有舍屋宜平而薄外天德及玉堂之位宜開拓侵修令壯實大吉經曰福德之方拓復拓子子孫孫受榮樂唯不得高樓重舍外天倉與天府之位不厭高壯樓舍安門倉庫牛舍及奴婢車屋並大吉南方宜侵拓吉外龍腹之位與內院並同安牛馬牢廄亦名福囊宜廣厚實吉外坤宜置馬廏吉安重滯之物及高樓等並大吉外玉堂之院宜作崇堂及郎君孫幼等院吉客廳即有公

客來若高壯侵拓及有大樹重屋等招金玉寶帛主印綬喜外大德宅位宜開拓勤修泥令新淨吉及作音樂飲會之事吉宜子孫婦女等院出貴人增財富貴德望遐振外金匱青龍兩位宜作庫藏倉窖吉高樓大舍宜財帛又宜子孫出豪貴婚連帝戚常令清淨連接蘩林花木藹密

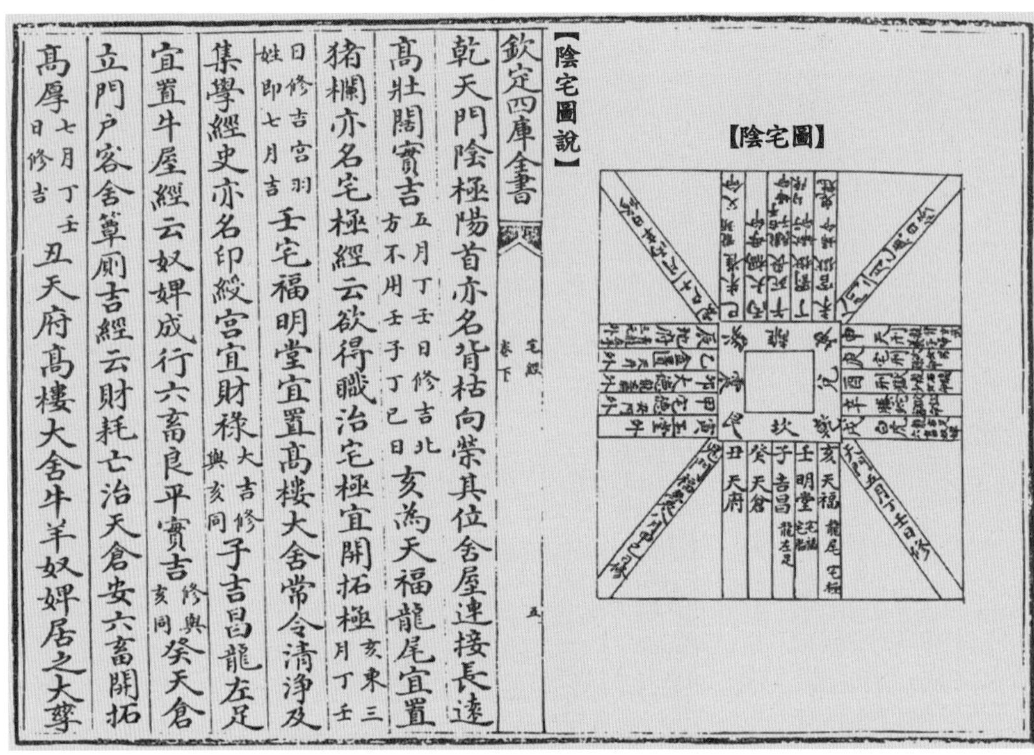
【陰宅圖】

【陰宅圖說】

乾天門陰極陽首亦名背枯向榮其位舍屋連接長遠高壯闊實吉五月丁壬日修吉北方不用壬子丁巳日亥為天福龍尾宜置豬欄亦名宅極經云欲得職治宅極宜開拓極亥東三月丁壬日修吉宮羽姓即七月吉壬宅福明堂宜置高樓大舍常令清淨及集學經史亦名印綬宮宜財祿大吉修與亥同子吉昌龍左足宜置牛屋經云奴婢成行六畜良平實吉修與亥同癸天倉立門戶客舍篳廁吉經云財耗亡治天倉安六畜開拓高厚七月丁壬日修吉丑天府高樓大舍牛羊奴婢居之大孳息倉廁並吉修與癸同艮鬼門龍腹福橐宜厚實重吉缺薄即貧窮八月甲巳日修吉東方不用甲子日寅玉堂宜置車牛舍主寶貝金玉之事宜開拓經曰治玉堂錢財橫至六畜肥強大吉六月甲巳日修吉甲宅得安門宜置碓磑開拓連接壯觀吉清淨災殃自消修巳寅同卯大德龍脇客舍經曰治大德富貴資財成萬億亦名宅主主有德望修與寅同乙金匱天井宜置高樓大舍常令清淨勤修泥尤增喜慶卯巳南十月修辰地府青龍左手三元宜子孫當宜清淨經曰青龍壯高

富貴雄豪修乙乙同巽風宜平穩不宜壅塞亦名陽極陰前背榮向枯宜空缺通疎大吉十一月丙辛日修吉南方不用丙子吉巳朱雀龍頭父命座不宜置井犯害命坐人口舌飛禍吐血顛狂虵畜作怪巳酉九月丙辛日修吉至午地徵音並忌正三四月吉丙大禍母命不宜置門犯之害命坐人飛禍口舌修與巳同午為死喪長子婦命座犯之害命坐人失魂傷目心痛火光口舌龍右手筋急修與巳同丁罰獄勾陳次子婦命犯之坐人口舌鬬訟瘡病等災午日酉用正月丙辛日修吉未地五姓並吉未為官獄少

子婦命座犯之害命坐人鬼魅火瘡霹靂盜賊刀兵流血六畜傷死家破逃散修與丁同坤人門女命座不宜置高廄犯之偏枯淋腫等此地宜荒缺低薄吉二月乙庚日修申天刑龍背庶子婦長女命座犯之失魂病脇刑傷牢獄氣滿火怪申北十二月乙庚修至酉吉商姓十二月凶四月吉庚宅刑次女長孫命座不宜置門犯之害命坐人病右脇口舌傷殘損墜修與甲同酉刑獄龍右脇少女孫命座犯者害命坐人失魂刑獄氣滿火怪修與申同辛爲螣蛇訟獄客命犯之害命坐人

口舌妖怪死喪災起酉北至戌四月乙庚日修戌白虎獄訟龍右足奴婢六畜命座犯之足跂跛蹇偏枯筋急修與辛同乾順行至戌一周二十四路外乾院與同院修造開拓令壯實高岡陵大樹並吉宜家長延壽子孫榮祿不絕光映門族乾地廣闊外亥天福與宅極之鄉宜置大舍位次重疊深遠濃厚吉與宅福明堂相連接壯實子孫聰明昌盛科名印綬大富貴外天倉宜高樓重舍倉廩庫藏奴婢六畜等舍大孽息宜財帛五穀其位高潔開拓吉外天府宜闊壯

子孫婦女居之大吉亦名富貴飽溢之地遷職喜萬般悉有矣絕上外龍腹福囊之位宜壅實如山吉遠近連接大樹長岡不厭開拓吉若低缺無屋舍即貧薄不安外玉堂宜子婦即富貴榮華子孫興達其位雄壯即官職昇騰位至臺省寶帛金玉不少若陷缺荒殘即受貧薄流移他地外宅德宜作學習道藝功巧立成亦得名聞千里四方來慕亦爲師統子孫居之有信懷才抱義壯勇無雙外天德金匱青龍此三神並宜濃厚實大舍

高樓或有客廳卿相遊宴過往一家富貴豪盛須賴三神尤宜開拓若冷薄荒缺敗陷即貧窮也外青龍不厭清潔焚香設座延迓賓朋高道奇人自然而至安井及水瀆甚吉

宅經卷下

安居金鏡

安居金鏡卷二

吳永年巽輿甫鑒定

周　南梅堂甫
陸　煌檀甫　仝輯
王惟謙司直甫參閱
呂　臨蔚若甫
薛　儁理齋甫　仝較

黃帝授

宅經

二十四路者隨宅大小中院分四面作二十四路十干十二支乾艮坤巽共爲二十四路是也乾將三男震坎艮悉屬於陽位坤將三女巽離兌悉屬陰之位是以陽不獨旺以陰爲得(陽宅爲宜修陰方)陰不獨旺以陽爲得(陰宅爲宜修陽方)亦如冬以溫煖爲德夏以涼冷爲德男以女爲德女以男爲德之義易訣云陰得陽如暑得涼五姓咸和百事俱昌所以德位高壯藹密卽吉重陰重陽則凶陽宅更招東方北方陰宅更招西方南方爲重也(是東面爲辰南西面爲戌北之位斜分一條爲陰陽之界)凡閱陽宅卽有陽氣抱陰陰宅卽有陰氣抱陽陰陽之宅者卽龍也陽宅龍頭在亥尾

在巳陰宅龍頭在巳尾在亥(各有命座切忌犯之)凡從巽向乾從午向子從坤向艮從酉向卯從戌向辰移(已上移轉及上官所住不計遠近悉入陽也)不從乾向巽從子向午從艮向坤從卯向酉從辰向戌移(已上移轉及上官悉名入陰)故福德之方勤依天道天德月德生炁到其位卽修令清潔濶厚卽一家獲安榮華富貴再入陰入陽是名無氣三度重入陰陽謂之無魂四入謂之無魄魂魄既無卽家破逃散子孫絕後也若一陰陽往來卽合天道自然吉昌之象也設要重往卽須逐道住四十五日七十五日往之無咎仍宜生氣福德之方始吉更犯五鬼絕命刑禍者尤不到訣云存不得度不如復故斯之謂也又云其宅乃窮急飜故宮宜拆刑禍方舍却益福德方也又云飜宅平牆可謂銷殃夫辨宅者皆取移來方位不以街北街東爲陽街南街西爲陰凡移來方位不拘遠近一里百千里十步百步同又此二宅修造惟看天道天德月德生氣到卽修之不避將軍太歲豹尾黃幡黑方及音姓宜忌順陰陽二氣爲正此諸神殺及五姓六十甲子皆從二氣而生列在方隅直一年公事故不爲災

又云刑禍之方缺復荒福德之方連接長吉也
又云刑禍之方拓復拓子子孫孫受榮樂
又云宅有五虛令人貧耗宅有五實令人富貴宅大人少一虛宅門大內小二虛牆院不完三虛井竈不處四虛宅地多屋少庭院廣五虛宅小人多一實宅大門小二實牆院完全三實宅小六畜多四實宅水溝東南流五實
又云宅乃漸昌勿棄宮堂不衰莫移故爲受殃舍居就廣未必有歡計口半造必得壽考
又曰其田雖良薅鋤乃芳其宅雖善修移乃昌宅統之宅墓以象榮華之源得利者所作遂心失利者妄生反心墓凶宅吉子孫官祿墓吉宅凶子孫衣食不足墓宅俱吉子孫榮華墓宅俱凶子孫移鄉絕種先靈譴責地禍常併七世亡魂悲憂受苦子孫不立零落他鄉流轉如蓬客死河岸

安居金鏡卷二　三

青烏子宅經

其宅得墓二神漸護子孫祿位乃固得地得墓龍驤虎步物業滋川財集倉庫子孫忠孝天神祐助

安居金鏡卷二　四

子夏宅經

墓有四奇商角二姓丙壬乙辛宮羽徵三姓甲庚丁癸得地得宮刺史王公朱衣紫綬世貴名雄得地失宮有始無終先人受苦子孫當凶失地得宮子孫不窮雖無基業衣食過充失地失宮絕嗣無蹤行求衣食客死蒿蓬

又云人因宅而立宅因人而存人宅相扶感通天地故不可獨信命也

又云先修刑禍後修福德卽吉先修福德後修刑禍卽凶陰宅從巳起工順轉陽宅從亥起工順轉

刑禍方用一百工福德方用二百工壓之卽吉陽宅多修於外陰宅多修于內

又云宅以形勢爲體以泉水爲血脈以土地爲皮肉以草木爲毛髮以舍屋爲衣服以門戶爲冠帶若得如斯是事儼雅乃爲上吉

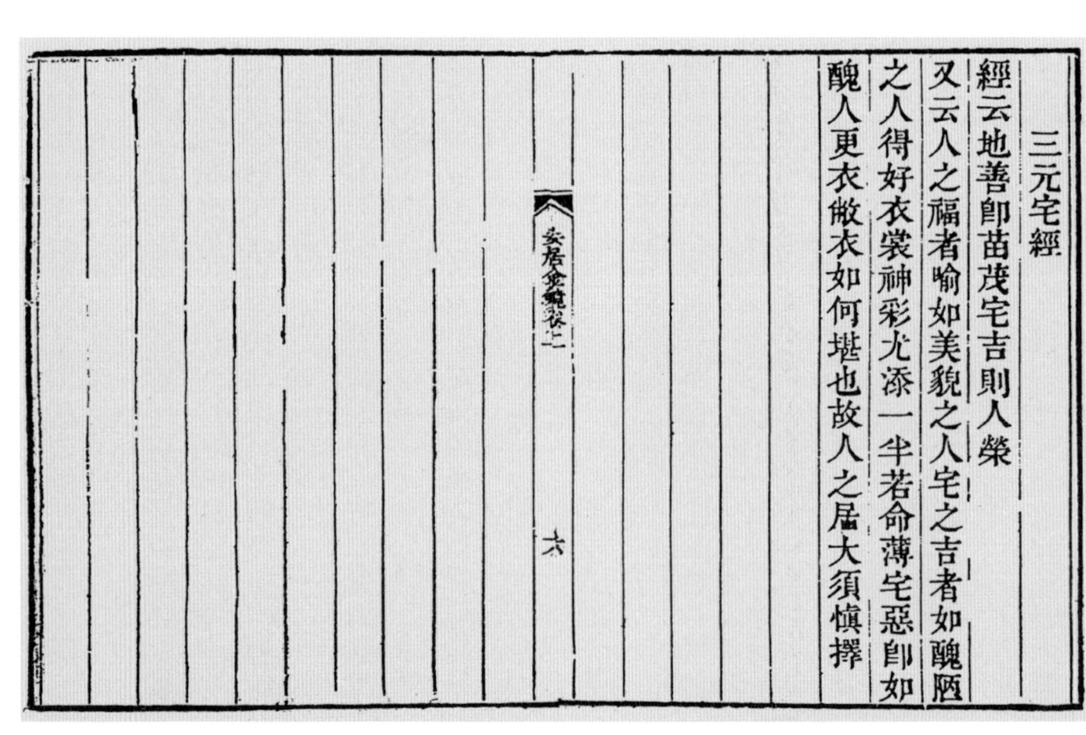

三元宅經

經云地善卽苗茂宅吉則人榮

又云人之福者喻如美貌之人宅之吉者如醜陋之人得好衣裳神彩尤添一半若命薄宅惡卽如醜人更衣敝衣如何堪也故人之居大須愼擇

亥 朱雀 龍頭 父命
壬 大禍 母命
子 死喪
癸 罰獄
丑 官獄
寅 天刑
甲 宅刑
卯 刑獄
乙 螣蛇
辰 白虎
巳 丙 午 丁 申

天門首陽宜平穩實不宜絕高壯犯之損家長大病頭項等災五月丁壬日修吉北方不用壬子丁巳日

亥爲朱雀龍頭父命座犯者害命坐人三月丁壬日修

壬爲大禍母命犯之害命坐人有飛災口舌修與亥同

子爲死喪龍右手長子婦命座犯之害命坐人失魂傷目水災口舌修與壬同

癸爲罰獄勾陳次子婦命座犯之害命坐人口舌鬪訟七月丁壬日修三月亦通宮羽姓不宜三月七月卽吉日

丑爲縣獄少子命座犯之鬼魅盜賊火光怪異等災修巳癸同

鬼門宅塹氣缺薄空荒吉犯之偏枯淋腫等災八月甲己日修吉東方不用甲子己巳日

寅爲天刑龍背元武庶養子婦長女命座犯之傷胎繫獄被盜亡敗等災六月甲己日修角姓六月凶十一月吉

甲爲宅刑次女孫男等命座犯之害命坐人家長病頭項諸傷折等災修與寅同

卯龍右脇刑獄少女孫命座犯之害命坐人火光氣滿刑傷失魂修與寅同

乙螣蛇訟獄客座命犯之害命坐人妖怪死喪口舌十月己日修吉惟宜

辰爲白虎龍右足主訟獄奴婢六畜命座犯之驚傷跛蹇筋悸等災亦主驚恐修與乙同

地戶宜平缺亦名禍首背向榮二宅五姓八宅並不宜高壯壅塞亦名陽極陰十一月丙辛日修吉南方不用丙子辛巳日

巳天福宅屋亦名宅極經曰欲得職治宅極宜壯實修改吉九月丙辛修

丙明堂宅福安門牛倉等舍經曰治明堂加官益祿大吉祥合家快活不可當修與巳同

午吉昌之地龍左足經云治吉昌奴婢成行六畜

艮宜平實忌高及龜頭廳 修與巳同
丁天倉經云財耗亡治天倉宜倉庫六畜壯厚高
拓吉 正月丙辛日修
未天府高樓大舍牛羊奴婢居之大孳息倉厠利
修與下同
人門龍賜宜置牛馬廄其位欲開拓壅厚亦名福
囊重而兼實大吉 二月乙庚日修
申玉堂置牛馬屋主寶貝金玉之事壯實開拓吉
經曰治玉堂錢財橫來六畜肥強
庚宅德安門宜置車屋雞栖碓磑吉宜開拓連接

壯濶淨潔吉 修與申同
酉大德龍左脇客舍吉經云治大德富貴資財成
萬億亦名宅德宜宅主 修與申同
辛金匱天井宜置門及高樓大屋經曰治金匱大
富貴宜財百事吉 四月乙庚日修大吉
地府戌青龍左手主三元宜子孫恆令清潔吉經
曰青龍壯高富貴雄豪
外巽之位宜作園池竹篁設有舍屋宜平而薄
外天德及玉堂之位宜開拓重修令壯實大吉經
曰福德之方拓復拓子子孫孫受榮樂唯不得

高樓重舍
外天倉與天府之位不厭高壯樓舍安門倉庫牛
舍及奴婢車屋並大吉
外龍腹之位與內院並同安牛馬牢廄亦名福囊
宜廣厚實吉
外坤宜置馬廄吉安重滯之物及高樓等並大吉
外玉堂之院宜作崇堂及郎君孫幼等院吉客廳
即有公客來若高壯開拓及有大樹重屋等招
金玉寶帛主印綬喜
外大德宅位宜開拓勤修泥令新淨吉及作音樂

飲食會宴之事吉宜子孫婦女等院出貴人增
財富貴德望遐舉
外金匱青龍兩位宜作庫藏倉害吉高樓大舍宜
財帛又宜子孫出豪貴婚連帝戚常令清淨連
接藂林花木蓊密

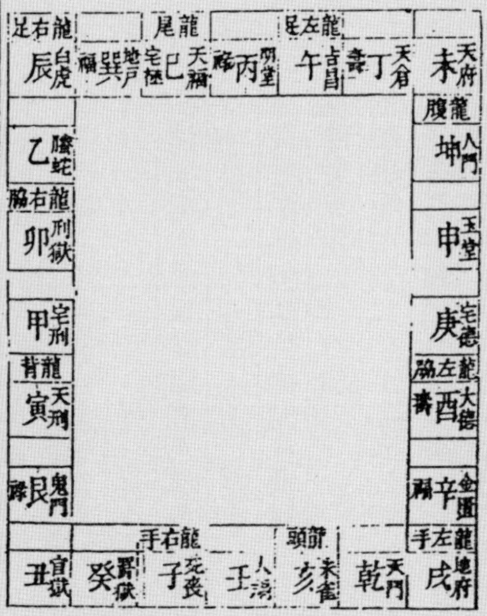

辰 白虎 龍右足
巽 地戶 福
巳 宅極 天福 龍尾
丙 明堂 祿
午 吉昌 龍左足
丁 天倉 壽
未 天府
龍腹 坤 人門
申 天堂
庚 宅德
酉 大德 壽 龍左脇
辛 金匱 福
戌 地府 龍左手
乾 天門
亥 朱雀 龍頭
壬 人祿
子 死喪 龍右手
癸 牢獄
丑 官獄
艮 鬼門 祿
寅 天刑 龍背
甲 宅刑
卯 刑獄 龍右脇
乙 螣蛇

安居金鏡卷二 二

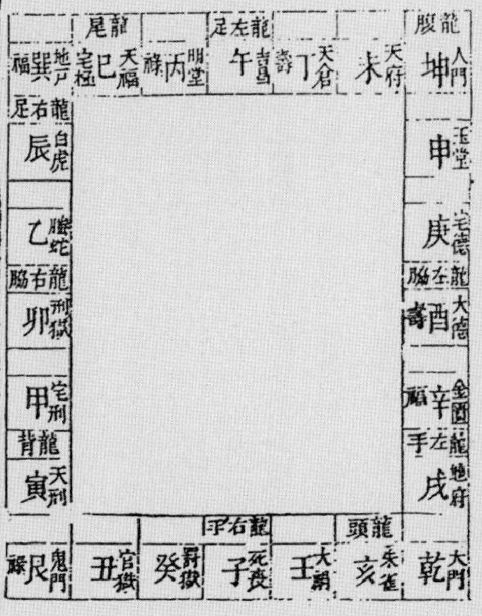

坐壬向丙　東四宅　陽龍陰向　水宜左倒右放丁方吉

水宅宜洸而忌露　水宜淺而不宜生旺旺則出遊蕩人亦主他鄉死

陽宅開門放水宜丁乙方忌辰巽坤方　陰地來水左到右吉右到左凶

內盤丙壬兼巳亥　外盤巳亥兼壬丙　分金坐丁亥向丁巳　分界七亥三壬　度坐室向翌

內盤壬丙兼子午　外盤壬丙兼亥巳　分金坐辛亥向辛巳　分界三亥七壬　度坐危向張

安居金鏡卷二 十三

坤 人門 龍腹
未 天府
丁 天倉 壽
午 吉昌 龍左足
丙 明堂 祿
巳 宅極 天福 龍尾
巽 地戶 福
辰 白虎 龍右足
乙 螣蛇
卯 刑獄 龍右脇
甲 宅刑
寅 天刑 龍背
艮 鬼門 祿
丑 官獄
癸 牢獄
子 死喪 龍右手
壬 大祿
亥 朱雀 龍頭
乾 天門
戌 地府 龍左手
辛 金匱 福
酉 大德 壽 龍左脇
庚 宅德
申 天堂

坐子向午　東四宅　陽龍陰向　水宜右到左
放丁甲庚方吉　水宅宜洸而忌露
陽宅開門放水宜丁甲辛方忌坤方　陰地右水到左吉
左水到右凶
內盤子午兼丙壬　外盤丙壬兼子午　分金坐丙午
子向
丙午　分界五壬五午　度坐危向張
內盤子午兼丁癸　外盤子午兼壬丙　分金坐庚午
子向
庚午　分界正子　度坐虛向星

龍尾 宅極 巳 天福　丙 明堂 祿　龍左足 午 吉昌　丁 天倉 壽　未 天府　龍腹 坤 人門　申 玉堂
庚 宅德　龍左脇　酉 大德 壽　辛 金匱 福　龍左手　戌 地府　乾 天門　龍頭　亥 朱雀
壬 大禍　龍右手 子 死喪　癸 天獄　丑 官獄　艮 鬼門 祿　龍背 寅 天刑
巽 地戶 福　龍右足　辰 白虎　乙 螣蛇　龍右脇　卯 刑獄　甲 宅刑

安居金鏡卷之一　十三

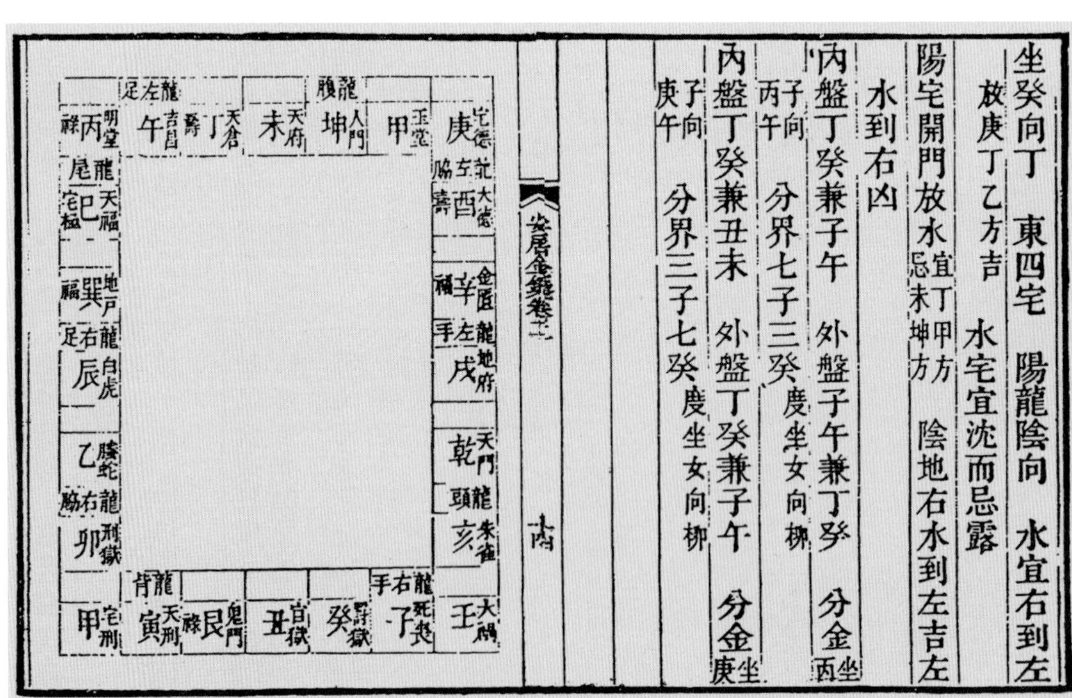
坐癸向丁　東四宅　陽龍陰向　水宜右到左
放庚丁乙方吉　水宅宜洸而忌露
陽宅開門放水宜丁甲方忌未坤方　陰地右水到左吉左
水到右凶
內盤丁癸兼子午　外盤子午兼丁癸　分金坐丙午
子向
丙午　分界七子三癸　度坐女向柳
內盤丁癸兼丑未　外盤丁癸兼子午　分金坐庚午
子向
庚午　分界三子七癸　度坐女向柳

丙 明堂 祿　龍左足 午 吉昌　丁 天倉 壽　未 天府　龍腹 坤 人門　甲 玉堂　庚 宅德
龍左脇　酉 大德 壽　辛 金匱 福　龍左手　戌 地府　乾 天門　龍頭　亥 朱雀
壬 大禍　龍右手 子 死喪　癸 天獄　丑 官獄　艮 鬼門 祿　龍背 寅 天刑　甲 宅刑
龍尾 宅極 巳 天福　巽 地戶 福　龍右足　辰 白虎　乙 螣蛇　龍右脇　卯 刑獄

安居金鏡卷之一　十四

坐丑向未　酉四宅　陽龍陰向　水宜左到右
放庚丙方吉　土宅宜厚而忌窄　土宜旺而
不宜尅尅則土崩不惟退財而男女主浮黃腫
黃泉煞在坤不宜開門
陽宅開門放水宜庚丙方忌坤申方　陰地去水吉來水凶
內盤丑未兼丁癸　外盤丁癸兼丑未　分金坐丁丑向丁未
分界五癸五丑度坐牛向井
內盤丑未兼艮坤　外盤丑未兼丁癸　分金坐辛丑向辛未
分界正丑度坐斗向井

安居金鏡卷二　卅七

午 吉昌 龍左足
丁 天倉 壽
未 天府
坤 入門 龍腹
申 玉堂
庚 宅德
酉 大德 龍左脇 壽
辛 金匱 福
戌 地府 龍左手
乾 天門
亥 朱雀 龍頭
壬 大禍
子 死喪 龍右手
癸 罪獄
丑 官獄
艮 鬼門 禍
寅 天刑 龍背
甲 宅刑
卯 刑獄 龍右脇
乙 騰蛇
辰 白虎 龍右足
巽 地戶 福
巳 天福 宅極 龍尾
丙 明堂 福

坐艮向坤　酉四宅　陽龍陰向　水宜右到左
放丙坤方吉　土宅宜厚而忌窄
陽宅開門放水宜坤丙方忌庚丁方　陰地來水右到左吉
左水到右凶
內盤艮坤兼丑未　外盤丑未兼艮坤　分金坐丁丑向丁未
分界七丑三艮度坐斗向井
內盤艮坤兼寅申　外盤艮坤兼丑未　分金坐辛丑向辛未
分界三丑七艮度坐斗向井

安居金鏡卷二　卅八

丁 天倉 壽
未 天府
坤 入門 龍腹
申 玉堂
庚 宅德 壽
酉 大德 龍左脇
辛 金匱 福
戌 地府 龍左手
乾 天門
亥 朱雀 龍頭
壬 大禍
子 死喪 龍右手
癸 罪獄
丑 官獄
艮 鬼門 禍
寅 天刑 龍背
甲 宅刑
卯 刑獄 龍右脇
乙 騰蛇
辰 白虎 龍右足
巽 地戶 福
巳 天福 宅極 龍尾
丙 明堂 福
午 吉昌 龍左足

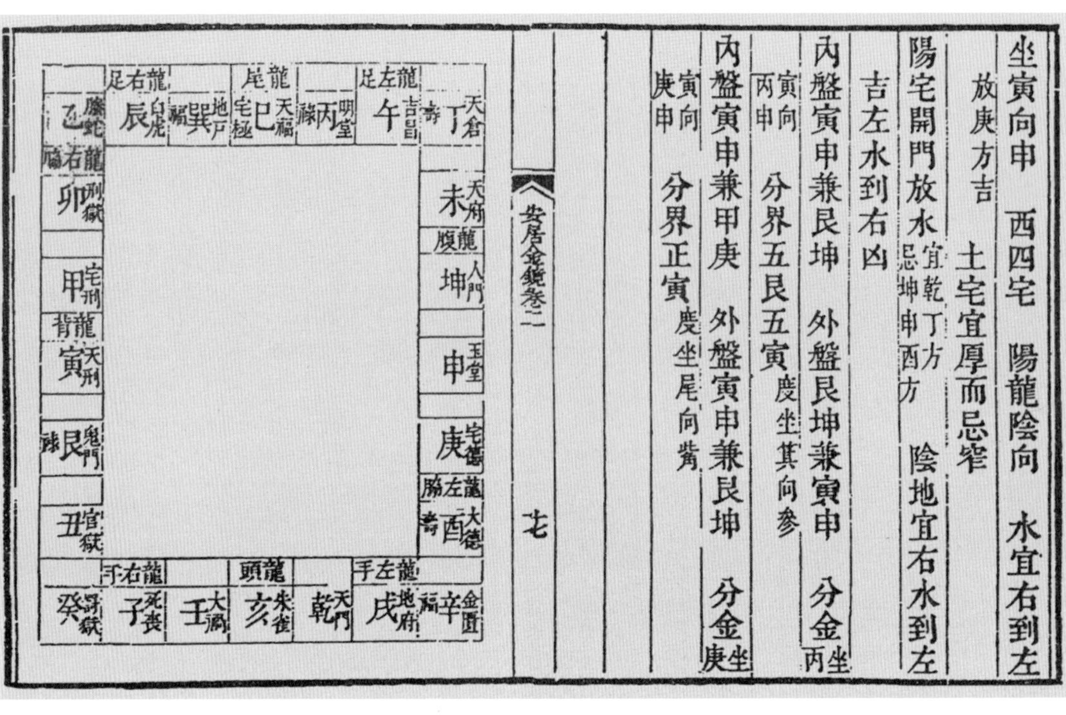

坐寅向申　西四宅　陽龍陰向　水宜右到左

放庚方吉　土宅宜厚而忌窄

陽宅開門放水宜乾丁方忌坤申酉方　陰地宜右水到左

吉左水到右凶

內盤寅申兼艮坤　外盤艮坤兼寅申　分金坐丙

寅向丙申　分界五艮五寅　度坐箕向參

內盤寅申兼甲庚　外盤寅申兼艮坤　分金坐庚

寅向庚申　分界正寅　度坐尾向觜

安居金鏡卷二　七

坐亥向巳　東四宅　陽龍陰向　水宜右到左

放丁巽方吉　金宅宜微明而不宜太明

陽宅開門放水宜甲丁方忌坤巽方　陰地右水到左吉左

到右凶

內盤亥巳兼乾巽　外盤乾巽兼巳亥　分金坐丁

亥向丁巳　分界五乾五亥　度坐室向翌

內盤巳亥兼壬丙　外盤亥巳兼乾巽　分金坐辛

亥向辛巳　分界正亥　度坐室向翌

安居金鏡卷二　八

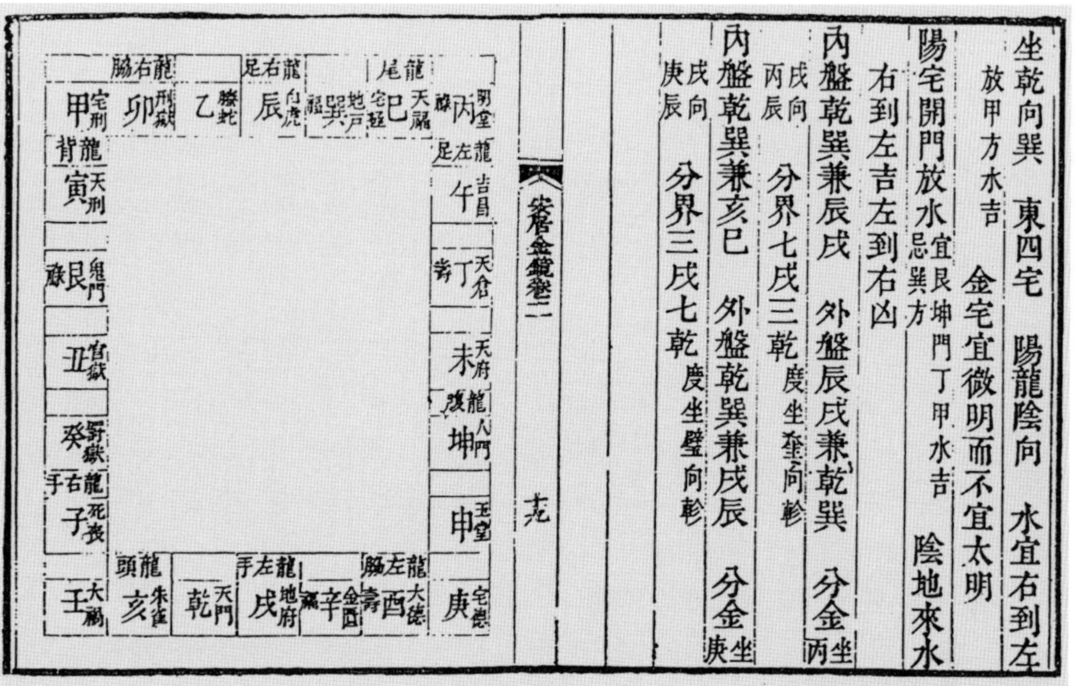

坐乾向巽　東四宅　陽龍陰向　水宜右到左放甲方水吉　金宅宜微明而不宜太明

陽宅開門放水宜艮坤門丁甲水吉忌巽方　陰地來水右到左吉左到右凶

內盤乾巽兼辰戌　外盤辰戌兼乾巽　分金坐丙戌向丙辰　分界七戌三乾　度坐奎向軫

內盤乾巽兼亥巳　外盤乾巽兼戌辰　分金坐庚戌向庚辰　分界三戌七乾　度坐壁向軫

安居金鏡卷二　十九

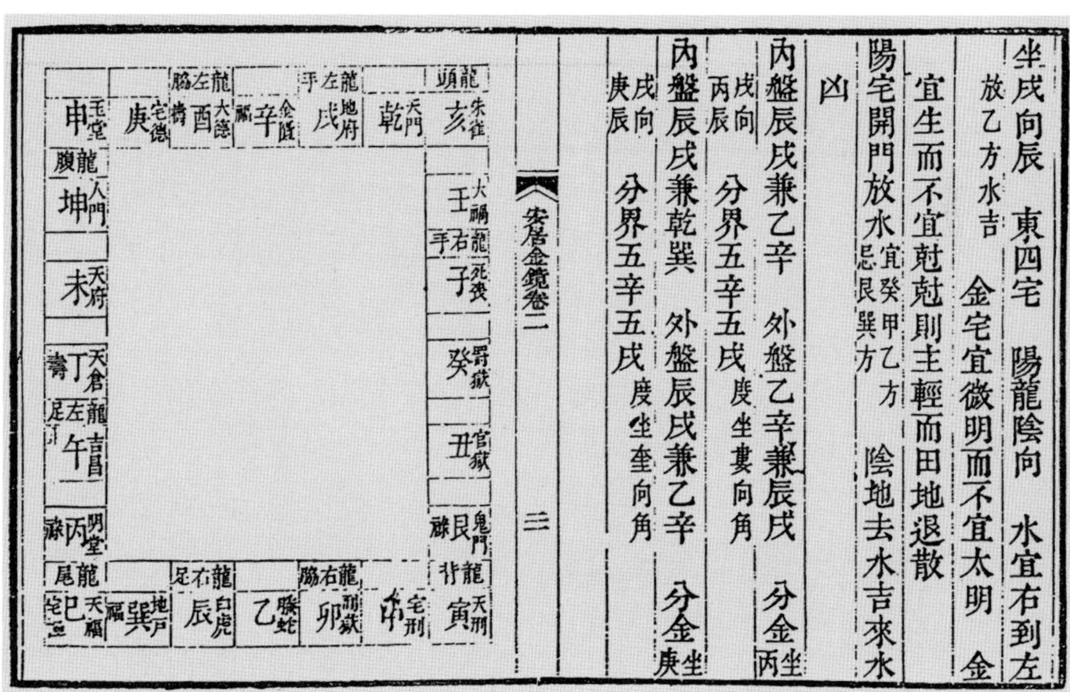

坐戌向辰　東四宅　陽龍陰向　水宜右到左放乙方水吉　金宅宜微明而不宜太明　金宜生而不宜尅尅則主輕而田地退散

陽宅開門放水宜癸甲乙方忌艮巽方　陰地去水吉來水凶

內盤辰戌兼乙辛　外盤乙辛兼辰戌　分金坐丙戌向丙辰　分界五辛五戌　度坐婁向角

內盤辰戌兼乾巽　外盤辰戌兼乙辛　分金坐庚戌向庚辰　分界五辛五戌　度坐奎向角

安居金鏡卷二　三

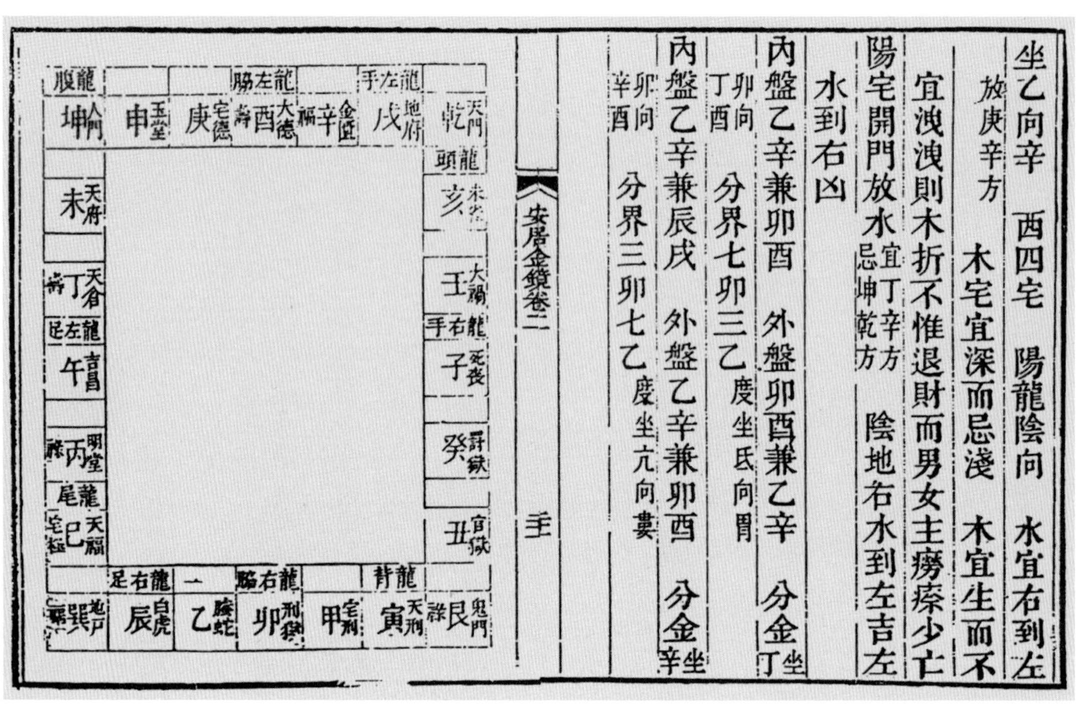

坐乙向辛　酉四宅　陽龍陰向　水宜右到左
放庚辛方　木宅宜深而忌淺　木宜生而不
宜洩洩則木折不惟退財而男女主癆瘵少亡
陽宅開門放水宜丁辛方忌坤乾方　陰地右水到左吉左
水到右凶
內盤乙辛兼卯酉　外盤卯酉兼乙辛　分金丁坐卯向丁酉
分界七卯三乙　度坐氐向胃
內盤乙辛兼辰戌　外盤乙辛兼卯酉　分金辛坐卯向辛酉
分界三卯七乙　度坐亢向婁

安居金鏡卷二　十二

坐卯向酉　酉四宅　陽龍陰向　水宜左到右
放辛方水吉　木宅宜深而忌淺
陽宅開門放水宜辛丙方忌坤方　陰地左水倒右吉右
水到左凶
內盤卯酉兼甲庚　外盤甲庚兼卯酉　分金丁坐卯向丁酉
分界五甲五卯　度坐房向昴
內盤卯酉兼乙辛　外盤卯酉兼甲庚　分金辛坐卯向辛酉
分界正卯　度坐氐向胃

安居金鏡卷二　十三

龍腹　坤 人門
申 玉堂
庚 宅德　壽
龍左脇　酉 大德
福　辛 金匱
龍左手　戌 地府
未 天府
乾 天門
壽　丁 天倉
龍頭　亥 朱雀
龍左足　午 吉昌
壬 大禍
祿　丙 明堂
龍右手　子 死喪
龍尾　巳 天福
宅極
福　巽 地戶
癸 天獄
龍右足　辰 白虎
乙 螣蛇
龍右脇　卯 刑獄
甲 宅刑
龍背　寅 天刑
祿　艮 鬼門
丑 官獄

坐甲向庚　西四宅　陽龍陰向　水宜左到右

放庚方水吉　木宅宜深而忌淺

陽宅開門放水 宜庚丁方 忌坤申酉方　陰地左水到右吉

右水到左凶

內盤甲庚兼寅申　外盤寅申兼卯庚　分金 坐丙

寅向 丙申　分界七寅二申 庚坐尾向畢

內盤甲庚兼卯酉　外盤甲庚兼寅申　分金 坐庚

寅向 庚申　分界三寅七申 庚坐心向畢

安居金鏡卷二　圭

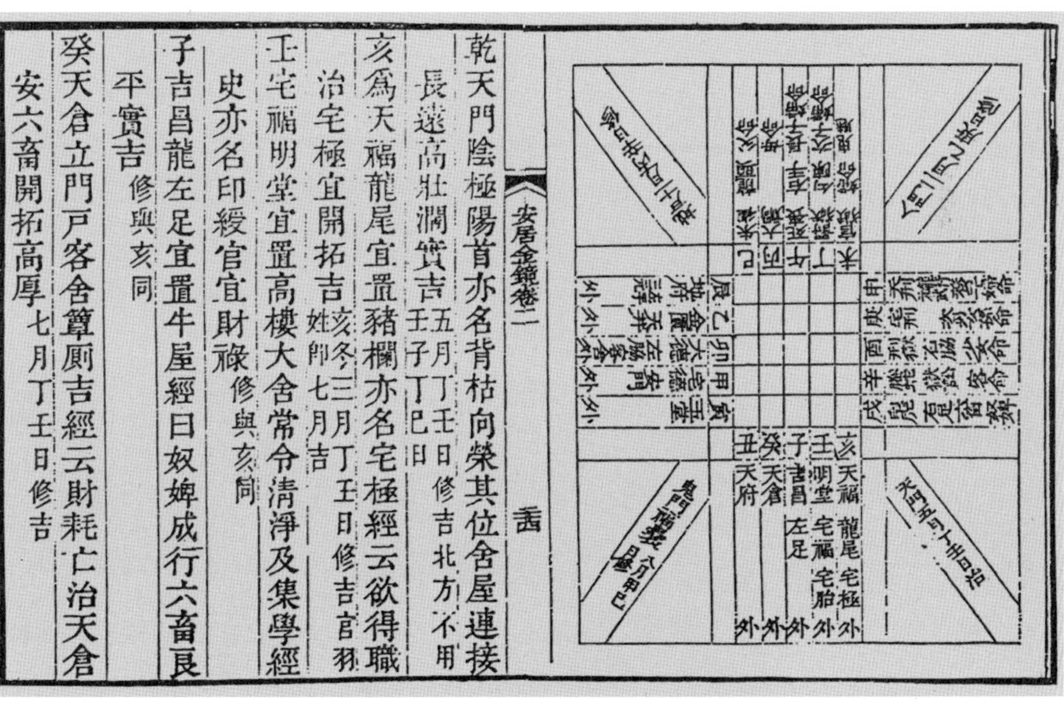

安居金鏡卷二　舌

乾天門陰極陽首亦名背枯向榮其位舍屋連接

長遠高壯潤實吉 五月丁壬日修吉北方不用 壬子丁巳日

亥爲天福龍尾宜置豬欄亦名宅極經云欲得職

治宅極宜開拓吉 亥冬三月丁壬日修吉官祿 姓卯七月吉

壬宅福明堂宜置高樓大舍常令清淨及集學經

史亦名印綬官宜財祿 修與亥同

子吉昌龍左足宜置牛屋經曰奴婢成行六畜艮

平實吉 修與亥同

癸天倉立門戶客舍篦厠吉經云財耗亡治天倉

安六畜開拓高厚 七月丁壬日修吉

丑天府高樓大舍牛羊奴婢居之大孳息倉厠並
吉修與癸同
艮鬼門龍腹福囊宜厚實重吉缺薄卽貧窮八月甲己
日修吉東方不用甲子日
寅玉堂宜置車牛屋主寶貝金玉之事宜開拓經
曰治玉堂錢財橫至六畜肥強大吉六月甲己日修吉
甲宅德安門宜置碓磑開拓連接壯觀吉清淨灾
殃自消修與寅同
卯大德龍左脇客舍經曰治大德富貴資財成萬
億亦名宅主主有德望修與寅同

乙金匱天井宜置高樓大舍常令清淨勤修泥尤
增喜慶卯與南十月修
辰地府青龍左手三元宜子孫當宜清淨經曰青
龍壯高富貴雄豪修與乙同
巽風地戶宜平穩不宜壅塞亦名陽極陰前背榮
向枯宜空缺通疎大吉十一月丙辛日修吉南
方不用丙子日
巳朱雀龍頭父命座不宜置井犯害命坐人口舌
飛禍吐血顛狂虵畜作怪己丙九月丙辛日修
吉
丙大禍母命不宜置門犯之害命坐人飛禍口舌
修與巳同

午爲死喪長子婦命座犯之害命座人失魂傷目
心痛火光口舌龍右手筋急修與巳同
丁罰獄勾陳次子婦命犯之害命坐人口舌鬬訟
瘡病等灾午日不用正月丙辛日修吉
未爲縣獄少子婦命犯之害命坐人鬼魅火瘡霹
靂盜賊刀兵流血六畜傷死家破逃散修與丁
同
坤人門女命座不宜置馬廄犯之偏枯淋腫等灾
此地宜荒缺低薄吉二月乙庚日修
申天刑龍背庶子婦長女命座犯之失魂病脇刑
傷牢獄氣滿火怪申北十二月乙庚修至酉吉

庚宅刑次女長孫命座不宜置門犯之害命坐人
病右脇口舌傷殘損墜修與申同
酉刑獄龍右脇少女孫命座犯者害命坐人失魂
刑獄氣滿火怪修與申同
辛爲臟蚍訟獄客命犯之害命坐人口舌妖怪死
喪灾起西北至戌四月乙庚日修
戌白虎獄訟龍右足奴婢六畜命座犯之足跛
蹇偏枯筋急修與辛同
外乾院與同院修造開拓令壯實高岡陵大樹並
吉宜家長延壽子孫榮祿不絕光映門族乾地

廣濶

外亥天福與宅極之鄉宜置大舍位次重疊深遠濃厚吉與宅福明堂相連接壯子孫聰明昌盛科名印綬大富貴

外天倉宜高樓重舍倉廩庫藏奴婢六畜等舍大孳息宜財帛五谷其位高潔開拓吉

外天府宜濶壯子孫婦女居之大吉亦名富貴飽溢之地遷職喜萬般悉有矣絶上

外龍腹福之位宜壅實如山吉遠近連接大樹長岡不厭開拓吉若低缺無屋舍卽貧薄不安

外玉堂宜子婦卽富貴榮華子孫興達其位雄壯卽官職異騰位至臺省寶帛金玉不少若陷缺荒殘卽受貧薄流徙他地

外宅德宜作學習道藝功巧立成亦得名聞千里四方來慕亦爲師統子孫居之有信懷才抱義壯勇無雙

外天德金匱青龍此三神並宜濃厚實大舍高樓或有客廳卿相遊宴過往一家富貴豪盛須賴三神尤宜開拓若冷薄荒缺敗陷卽貧窮也外青龍不厭清潔焚香設座延迓賓朋高道奇人

自然而至安井及水瀆甚吉

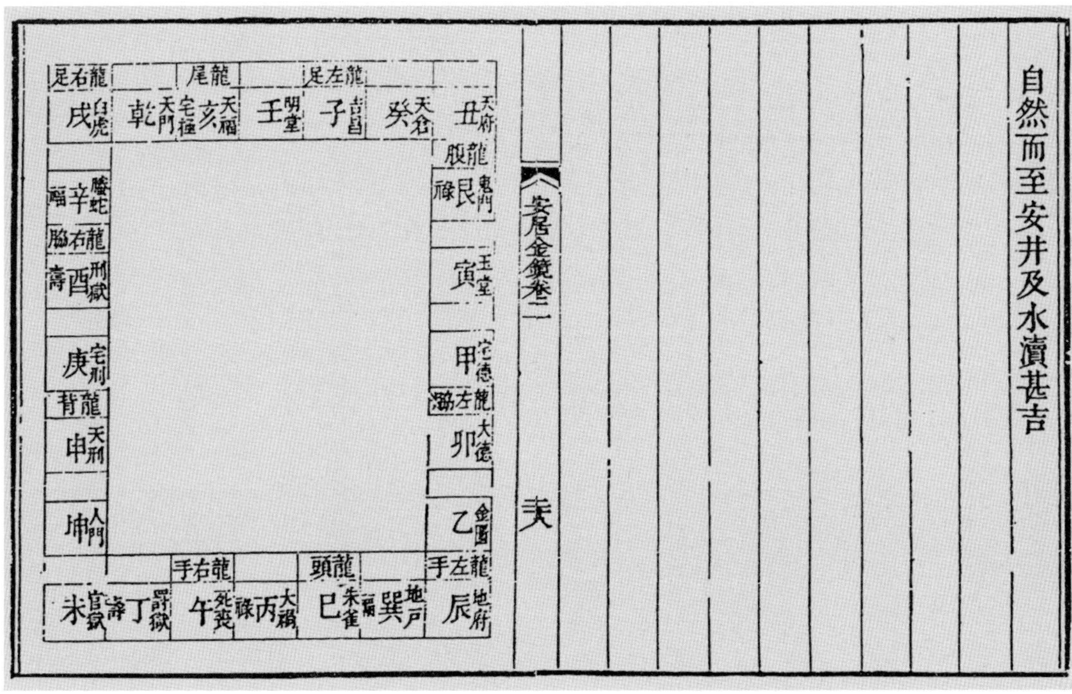

坐丙向壬 東四宅 陰龍陽向 水宜左到右放辛方水吉 火宅宜實而忌虛 火宜泄而不宜生旺旺則主寅午戌年傷人官非必驗

陽宅開門放水宜丁辛方忌乾癸子方 陰地來水左到右吉右到左凶

內盤丙壬兼巳亥 外盤巳亥兼丙壬 分金坐丁巳向丁亥 分界七巳三丙 度坐翼向室

內盤丙壬兼子午 外盤丙壬兼巳亥 分金坐辛巳向辛亥 分界三巳七丙 度坐張向危

龍腹 祿艮鬼門 丑天府 癸天倉 龍左足 子吉門 壬明堂 龍尾 宅極亥天福 乾天門

龍右足 戌白虎 福辛螣蛇 龍右脇 壽酉刑獄 庚宅刑 龍背 申天刑 坤人門

寅玉堂 甲宅德 龍左脇 卯大德 乙金匱 龍左手 辰地府 福巽地戶

龍頭 巳朱雀 祿丙大福 龍右手 午死喪 壽丁罰獄 未官獄

坐午向子 東四宅 陰龍陽向 水宜左到右放癸方水吉 火宅宜實而忌虛

陽宅開門放水宜癸方忌乾艮方 陰地來水左到右吉右到左凶

內盤子午兼丙壬 外盤丙壬兼子午 分金坐丙午向丙子 分界五午五丙 度坐張向危

內盤子午兼丁癸 外盤子午兼壬丙 分金坐庚午向庚子 分界正午 度坐星向虛

龍腹 祿艮鬼門 丑天府 癸天倉 龍左足 子吉門 壬明堂 龍尾 宅極亥天德 寅玉堂

乾天門 龍右足 戌白虎 福辛螣蛇 龍右脇 酉刑獄 庚宅刑 龍背 申天刑

甲宅德 龍左脇 卯大德 乙金匱 龍左手 辰地府 福巽地戶 龍頭 巳朱雀

祿丙大福 龍右手 午死喪 壽丁罰獄 未官獄 坤人門

坐丁向癸　東四宅　陰龍陽向　水宜右到左

放壬癸方吉　火宅宜實而忌虛

陽宅開門放水宜丁癸方忌乾艮方　陰地右水到左吉左

水到右凶

內盤丁癸兼子午　外盤子午兼丁癸　分金坐丙

午向丙子　分界七午三丁　度坐柳向女

內盤丁癸兼丑未　外盤丁癸兼子午　分金坐庚

午向庚子　分界三午七丁　度坐柳向女

安居金鏡卷之二　圭

龍左足　龍腹
甲宅德　寅玉堂　艮鬼門祿　丑天府　癸天倉　子吉昌　壬明堂
龍左脇　卯大德　乙金匱　龍左手　辰地府　巽地戶禍　龍頭　巳朱雀
龍尾　亥天禍　乾天門　龍右足　戌白虎　辛騰蛇禍　龍右脇　酉刑獄壽
丙大禍祿　龍右手　午死喪　丁罰獄壽　未官獄　坤人門　龍背　申天刑　庚宅刑

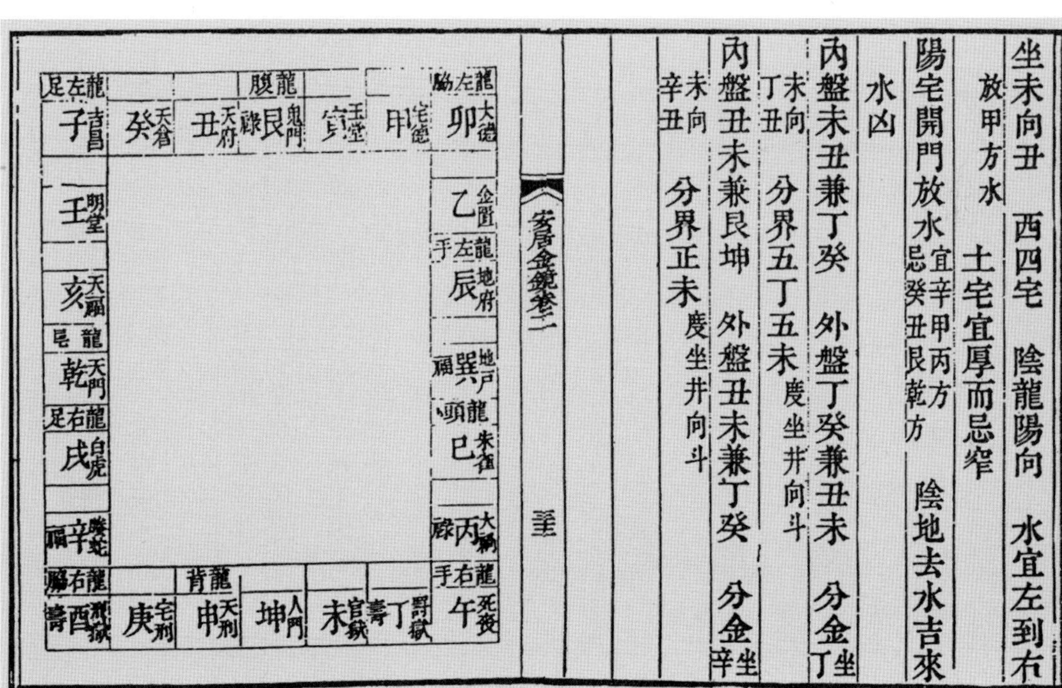

坐未向丑　西四宅　陰龍陽向　水宜左到右

放甲方水　土宅宜厚而忌窄

陽宅開門放水宜辛甲丙方忌癸丑艮乾方　陰地去水吉來

水凶

內盤未丑兼丁癸　外盤丁癸兼丑未　分金坐丁

未向丁丑　分界五丁五未　度坐井向斗

內盤丑未兼艮坤　外盤丑未兼丁癸　分金坐辛

未向辛丑　分界正未　度坐井向斗

安居金鏡卷之二　圭

坐坤向艮 西四宅 陰龍陽向 水宜右到左
放艮方水吉 土宅宜厚而忌窄
陽宅開門放水宜艮申丙方忌子癸甲方 陰地右水到左吉
左到右凶
內盤艮坤兼丑未 外盤丑未兼艮坤 分金丁坐
未向丁丑 分界七未三坤度坐井向斗
內盤坤艮兼寅申 外盤坤艮兼丑未 分金辛坐
未向辛丑 分界三未七坤度坐井向斗

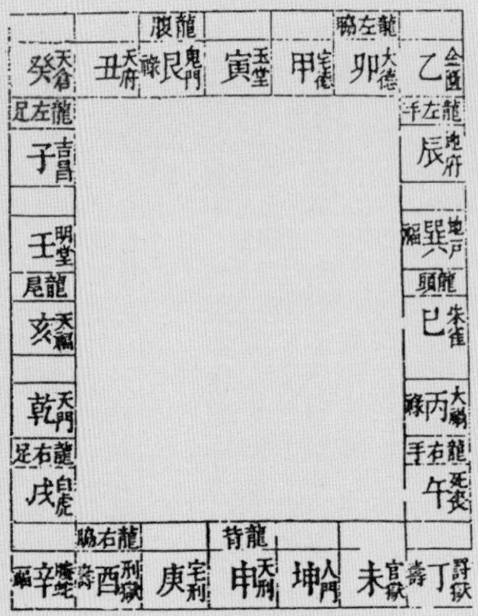

龍腹 龍左脇
癸天倉 丑天府 祿艮鬼門 寅玉堂 甲宅德 卯大德 乙金匱
龍左手 辰地府 福巽地戶 龍頭 巳朱雀 祿丙大禍 龍右手 午死喪 壽丁罰獄
龍左足 子吉昌 壬明堂 龍尾 亥天福 乾天門 龍右足 戌白虎
龍右脇 龍背
福辛螣蛇 壽酉刑獄 庚宅刑 申天府 坤人門 未官獄

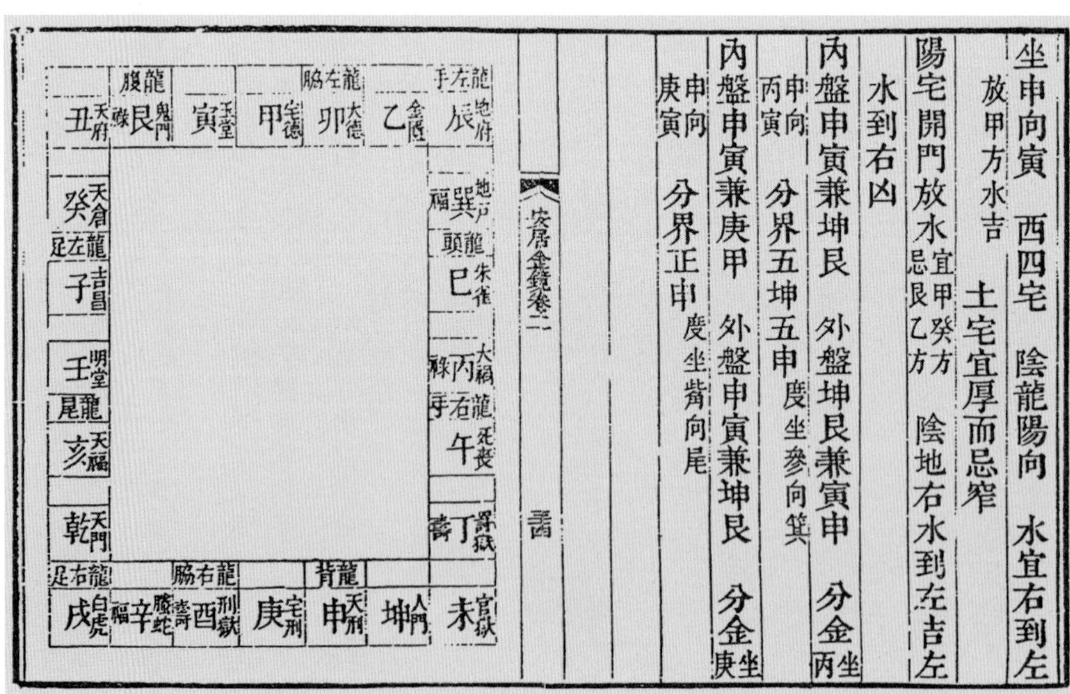
坐申向寅 西四宅 陰龍陽向 水宜右到左
放甲方水吉 土宅宜厚而忌窄
陽宅開門放水宜甲癸方忌艮乙方 陰地右水到左吉左
水到右凶
內盤申寅兼坤艮 外盤坤艮兼寅申 分金丙坐
申向丙寅 分界五坤五申度坐參向箕
內盤申寅兼庚甲 外盤申寅兼坤艮 分金庚坐
申向庚寅 分界正申度坐觜向尾

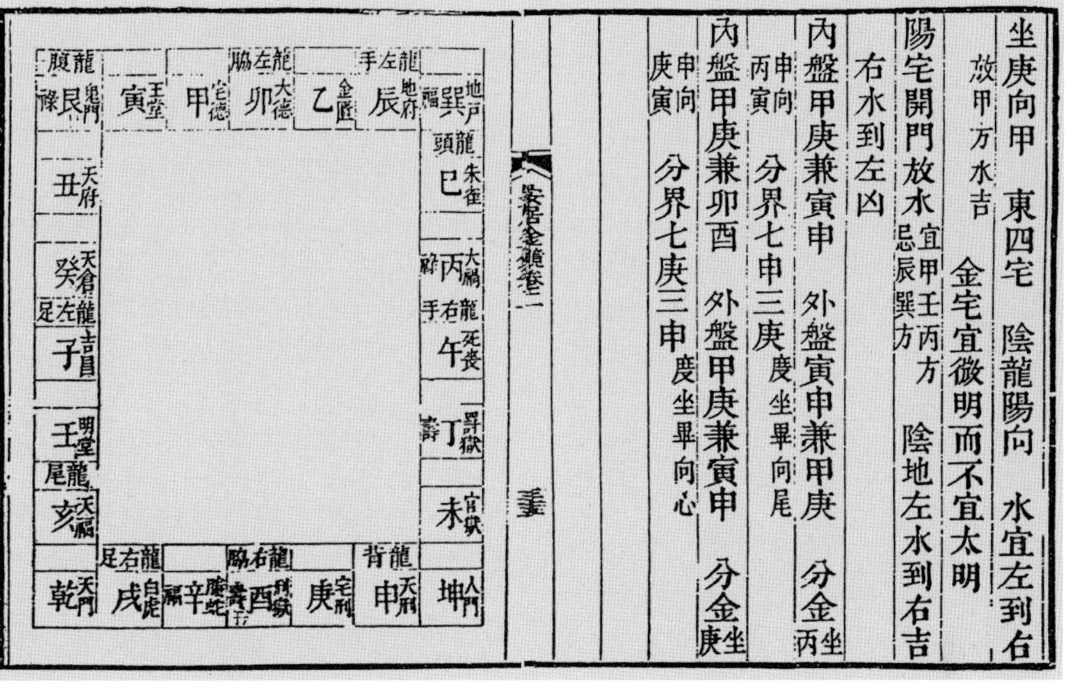

坐庚向甲 東四宅 陰龍陽向 水宜左到右
放甲方水吉 金宅宜徵明而不宜太明
陽宅開門放水宜甲壬丙方 忌辰巽方 陰地左水到右吉
右水到左凶
內盤甲庚兼寅申 外盤寅申兼甲庚 分金坐丙
申向 丙寅 分界七申三庚 度坐畢向尾
內盤甲庚兼卯酉 外盤甲庚兼寅申 分金坐庚
申向 庚寅 分界七庚三申 度坐畢向心

安居金鏡卷二 三十五

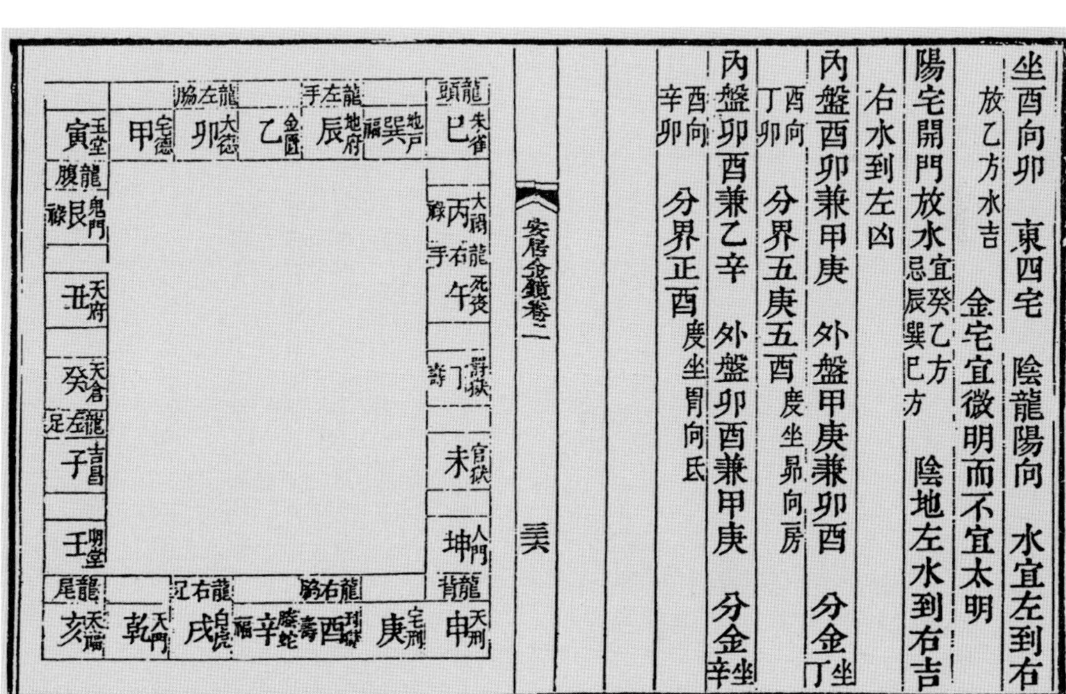

坐酉向卯 東四宅 陰龍陽向 水宜左到右
放乙方水吉 金宅宜徵明而不宜太明
陽宅開門放水宜癸乙方 忌辰巽巳方 陰地左水到右吉
右水到左凶
內盤酉卯兼甲庚 外盤甲庚兼卯酉 分金坐丁
酉向 丁卯 分界五庚五酉 度坐昴向房
內盤卯酉兼乙辛 外盤卯酉兼甲庚 分金坐辛
酉向 辛卯 分界正酉 度坐胃向氐

安居金鏡卷二 三十六

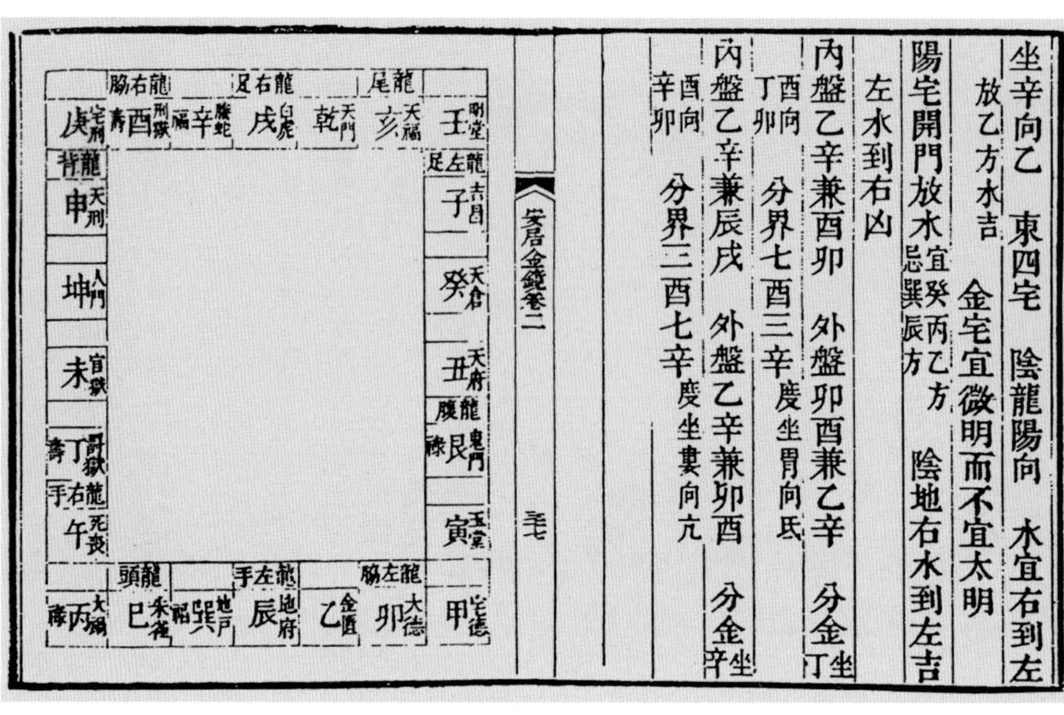

坐辛向乙　東四宅　陰龍陽向　水宜右到左
放乙方水吉　金宅宜徵明而不宜太明
陽宅開門放水宜癸丙乙方忌巽辰方　陰地右水到左吉
左水到右凶
內盤乙辛兼酉卯　外盤卯酉兼乙辛　分金坐丁
酉向丁卯　分界七酉三辛　度坐胃向氐
內盤乙辛兼辰戌　外盤乙辛兼卯酉　分金坐辛
酉向辛卯　分界三酉七辛　度坐婁向亢

安居金鏡卷二　卅七

坐辰向戌　西四宅　陰龍陽向　水宜右到左
放辛方水吉　木宅宜深而忌淺
陽宅開門放水宜丁辛方忌乾方　陰地去水吉來水凶
內盤辰戌兼乙辛　外盤乙辛兼辰戌　分金坐丙
辰向丙戌　分界五乙五辰　度坐角向婁
內盤辰戌兼巽乾　外盤辰戌兼乙辛　分金坐庚
辰向庚戌　分界五乙五辰　度坐角向奎

安居金鏡卷二　卅六

子 吉昌 龍左足
壬 明堂
亥 天福 龍尾
乾 天門
戌 白虎 龍右足
辛 螣蛇 福
酉 刑獄 壽 龍右脇
癸 天倉
丑 天府
艮 鬼門 祿 龍腹
寅 玉堂
甲 宅德
卯 大德 龍左脇
乙 金匱
辰 地府 龍左手
巽 地戸 福
巳 朱雀 龍頭
丙 大禍 祿
午 死喪 龍右手
庚 宅刑
申 天刑 龍背
坤 人門
未 官獄
丁 寡獄 壽

坐巽向乾 西四宅 陰龍陽向 水宜右到左
放癸方 木宅宜深而忌淺
陽宅開門放水宜庚癸方忌乾壬方 陰地右水到左吉左
水到右凶
內盤巽乾兼辰戌 外盤辰戌兼巽乾 分金丙坐
辰向丙戌 分界七辰三巽 度坐軫向奎
內盤巽乾兼巳亥 外盤巽乾兼辰戌 分金庚坐
辰向庚戌 分界三辰七巽 度坐軫向壁

癸 天官
丑 天府
龍腹
艮 鬼門 祿
寅 玉堂
甲 宅德
龍左脇
卯 大德
乙 金匱
龍左手
辰 地府
巽 地戶 福
龍頭
巳 朱雀
丙 大禍 祿
龍右手
午 死喪
丁 罰獄 壽
未 官獄
坤 人門
申 天刑
龍背
庚 宅刑
酉 刑獄 壽
龍右脇
辛 騰蛇 福
龍右足
戌 白虎
乾 天門
龍尾
亥 天福
壬 明堂
子 吉昌
龍左足

坐巳向亥 西四宅 陰龍陽向 宜右水到左
放癸方水 木宅宜深而忌淺
陽宅開門放水宜癸庚辛方忌乾壬方 陰地右水到左吉
左水到右凶
內盤巳亥兼巽乾 外盤巽乾兼巳亥 分金丁坐
巳向丁亥 分界五巽五巳 度坐翼向室
內盤巳亥兼丙壬 外盤巳亥兼巽乾 分金辛坐
巳向辛亥 分界正巳 度坐翼向室

欽定四庫全書

子部

宅經卷上 下